LE RADEAU DÉMOCRATIQUE

Du même auteur

L'impossible citoyen. L'étranger dans le discours de la Révolution française, Albin Michel, 1997

La liberté ou la mort. Essai sur la terreur et le terrorisme, La Fabrique, 2003

La Longue patience du peuple. 1792, naissance de la République, Payot, 2008

Les Émotions, la Révolution française et le présent, éditions du CNRS, 2009

La Révolution française. Un événement de la raison sensible, 1787-1799, Hachette supérieur, 2013

L'Intelligence politique de la Révolution française, documents commentés, Textuel, 2013

Sophie Wahnich

LE RADEAU DÉMOCRATIQUE

Chroniques des temps incertains

lignes

J'avais un cheval dans un champ de ciel
et je m'avançais dans le jour ardent.

Pour Lorenzo et Julia, et pour ceux
qui aiment les lettres, l'ardeur et les chevaux.

I

SENTIMENT D'HUMANITÉ

L'universel a-t-il jamais été abstrait ?

Qu'appelle-t-on l'universel abstrait ?

L'idée que l'homme universel des déclarations des droits de l'homme et du citoyen est une abstraction qui vaut pour tous les hommes et pour tous les temps, que cela renvoie à un concept d'homme, voire à une nature humaine et non à des hommes concrets doués de particularités socio-historiques.

Et c'est vrai ou faux ?

C'est à la fois vrai et faux.

Vrai car les déclarations de 1789 et de 1793, affirment un dogme : l'unité du genre humain et, pour postuler cette unité et en faire un invariant, il faut fabriquer une abstraction dans laquelle pourront se couler tous les hommes qui réclament leurs droits au regard de ces déclarations.

Mais c'est faux pour plusieurs raisons.

La première, c'est que justement, il y a eu plusieurs déclarations et qu'en conséquence nul ne peut ignorer qu'elles sont situées et révisables au gré du politique et qu'elles sont donc des objets culturels et politiques et non des objets naturels, même quand on valide encore, comme au XVIIIe siècle, l'idée de droit naturel. Ce droit naturel n'existe que s'il est déclaré culturellement.

La seconde, c'est qu'en 1793, on a conscience que les constitutions et même leurs principes normatifs ne peuvent être pensés pour l'éternité. Article 28 : « *Un peuple a toujours le droit de revoir, de réformer et de changer sa Constitution. Une génération ne peut assujettir à ses lois les générations futures.* »

La dernière c'est que cet universel n'est pas pensé comme une abstraction, mais comme un outil efficace très concret : une machine de guerre très concrète pour inclure des hommes très concrets eux aussi dans la sphère sociale d'un droit garanti.

Ainsi l'article 1 de la déclaration de 1789 : « *Les hommes naissent et demeurent libres et égaux en droits. Les distinctions sociales ne peuvent être fondées que sur l'utilité commune* » met à mal les castes d'Ancien Régime, la société d'ordre où l'on naissait noble ou non noble doté de privilèges ou doté de sa seule puissance de vie et de survie. Souvenez-vous de la tirade du Figaro de Beaumarchais « : *Parce que vous êtes un grand seigneur, vous vous croyez un grand génie !... Noblesse, fortune, un rang, des places, tout cela rend si fier ! Qu'avez-vous fait pour tant de biens ? Vous vous êtes donné la peine de naître, et rien de plus. Du reste, homme assez ordinaire ! tandis que moi, morbleu ! perdu dans la foule obscure, il m'a fallu déployer plus de science et de calculs, pour subsister seulement, qu'on n'en a mis depuis cent ans à gouverner toutes les Espagne* [...] »

L'utilité sociale vient compléter l'affaire car on accusait les nobles, qui n'étaient même plus capables de faire la guerre de défense, de ne servir à rien ! D'être hors le bien commun.

Mais cet article 1 va plus loin encore, car sa formulation conduit à remettre en question l'esclavage qui sévit dans les plantations des colonies. Là on pouvait naître esclaves, et c'est contre cette logique qui transforme des hommes en marchandises que cet article est aussi rédigé. Le XVIIIe siècle n'a cessé de questionner l'esclavage et l'abbé Jaucourt dans l'Encyclopédie avait bien expliqué que les marchands de chair humaine étaient impardonnables. « *L'achat de nègres pour les réduire en esclavage, est un négoce qui viole la religion, la morale, les lois naturelles et tous les droits de la nature humaine.* [...] *Les hommes et leur liberté ne sont point un objet de commerce, ils ne peuvent être ni vendus ni achetés, ni payés à aucun prix. Il faut conclure de là qu'un homme dont l'esclave prend la fuite ne doit s'en prendre qu'à lui-même puisqu'il avait acquis au prix d'argent une marchandise illicite, et dont l'acquisition lui était interdite par toutes les lois de l'humanité et de l'équité.* »

Olympes de Gouges écrit, elle aussi, sur le marronnage ; Robespierre, Grégoire défendent dès 1789 avec constance la cause des hommes libres de couleurs et des esclaves. Mais aussi Mirabeau dans ces termes : « *Pourrait-on cacher aux peuples éloignés cette révolution qui est votre gloire ? La proclamation des droits de l'homme et du citoyen retentira-t-elle dans toutes les parties du globe ?* […] *Si cet effet plus ou moins éloigné de la Révolution française est inévitable, une multitude d'esclaves resteront-ils seuls témoins immobiles, victimes résignées du privilège exclusif de la liberté ? Ne voudront-ils pas ou la conquérir ou qu'elle leur soit rendue ? Parviendra-t-on à leur voiler le spectacle, à les priver désormais de la raison et de la réflexion comme on les prive de la liberté ? Les Blancs suffiront-ils à maintenir par leur seule force le régime que vous avez détruit ? Ou pourront-ils se borner à en faire une parodie insolente ? Transformeront-ils en mystère religieux les usages et les devoirs des hommes libres ? Réserveront-ils la pratique de la liberté pour de certains lieux pour de certains jours ?*

Non […] *il faut dès cet instant préparer les Noirs à la possession d'un bien qu'aucun homme ne tient de son semblable et qui est le domaine universel de l'humanité.* »

Les royalistes et le lobby colonial ne s'y sont pas trompés. Ils espèrent faire tomber à la trappe cette déclaration qui est devenue leur terreur. Au moment où les Blancs cherchent à obtenir une représentation à la constituante et empêcher les libres de couleur d'avoir accès à ce pouvoir constituant, Rivarol s'indigne contre la déclaration dans ces termes : « *Les nègres dans nos colonies et les domestiques dans nos maisons peuvent, la Déclaration des droits à la main, nous chasser de nos héritages. Comment une assemblée de législateurs a-t-elle feint d'ignorer que le droit de la nature ne peut exister un instant à côté de la propriété ?* […] *L'assemblée nationale n'a pas voulu se souvenir que les hommes naissent inégaux, et que la loi est l'art de niveler les inégalités naturelles.* »

Alors cet universel qui peut apparaître abstrait est un outil concret, il permet de lutter contre l'esclavage en ayant effectivement une norme à mettre en crise qui permet d'argumenter dans l'espace social et politique.

Les mêmes royalistes ne supportent pas non plus la mobilité sociale que la déracialisation des nobles et non nobles peut produire au sein de la société française. Une société d'ordres, c'est-à-dire, au sens strict, sans désordre, chacun à sa place avec la certitude que cette place est héréditaire et immuable.

Or cette manière d'inscrire la place sociale dans le hors temps n'est pas moins abstraite, le futur est toujours soit un imaginaire soit une abstraction.

Mais cet outil est-il suffisant quand on est minoritaire, exploité voire aliéné pour obtenir ses droits ?

Non bien sûr, les droits ne sont effectifs que s'ils sont défendus par des luttes politiques puissantes en leur faveur.

Même pendant la Révolution cela prend cinq ans pour abolir l'esclavage. D'un côté, il y a ceux qui veulent réserver les droits de l'homme et du citoyen aux métropolitains blancs et abandonner à leur triste sort les esclaves et, de l'autre, ceux qui réclament cette abolition pour que la situation du droit positif soit conforme au droit naturel normatif. Mais la Déclaration des droits de 1789 fait ses preuves car elle ne se contente pas de déclarer l'humanité une, elle affirme le droit de résistance à l'oppression en le fondant sur le principe de la liberté réciproque. Là encore l'hypothèse d'une humanité une permet de fonder ce droit. Dans son exposition raisonnée des droits de l'homme qui précède la rédaction du texte, Sieyès affirme : « *Tous ayant un droit découlant de la même origine,* [...] *il suit que le droit de chacun doit être respecté par chaque autre, et que ce droit et ce devoir ne peuvent pas ne pas être réciproques. Donc le droit du faible sur le fort est le même que celui du fort sur le faible. Lorsque le fort parvient à opprimer le faible, il produit effet sans produire obligation. Loin d'imposer un devoir nouveau au faible, il ranime en lui le devoir naturel et impérissable de repousser l'oppression. C'est donc une vérité éternelle, et qu'on ne peut trop répéter aux hommes, que l'acte par lequel le fort tient le faible sous son joug, ne peut jamais devenir un droit ; et qu'au contraire l'acte par lequel le faible se soustrait au joug du fort est toujours un droit, que c'est un devoir toujours pressant envers lui-même.* »

Cette conception réciproque et anti-tyrannique du droit vient de la reconnaissance primordiale de la commune humanité de tous les êtres doués à la fois de sensibilité, de raison et de parole. La violence du droit, ce n'est pas n'importe quelle violence, c'est la violence qui permet de sortir de l'esclavage, pas la violence qui réduit en esclavage.

Mais alors, pour qui est-ce un problème, cet universel abstrait-concret ?

Là encore rien de surprenant, enfin dans un premier temps...

Ceux qui accusent les révolutionnaires d'être abstraits, et donc insensibles, sont ceux même qui défendent le lobby colonial et les royalistes. Les anti-Lumières : Edmund Burke en 1790, puis Joseph de Maîstre, Bonald. Ils ne supportent pas l'idée qu'on puisse avoir des émotions en faveur de cette nouvelle égalité ou liberté réciproque. Ils inventent une révolution univoque froide et dénuée de sentiments.

Burke affirme pour la première fois que « *la chose publique est désormais dépouillée de toutes ses ressources pour engager l'affection* », car il nie l'existence même de ce que les sensualistes et, à leur suite, de nombreux révolutionnaires nomment la « *raison sensible* ». Naît un motif qui oppose l'abstraction froide de la Révolution aux chaleurs de la religion et de l'hérédité nobiliaire. Burke récuse en particulier la liberté humaine comme résultant de l'usage de la raison, et affirme que les êtres humains sont des êtres de passion qui doivent de ce fait s'en remettre à Dieu. Selon lui, seule la providence divine organise le développement historique des hommes dans le déploiement incessant de la tradition, selon les règles de l'hérédité. La Révolution française est ainsi à la fois un blasphème et une négation des lois naturelles de l'histoire, au nom d'abstractions de « sophistes, d'économistes et de calculateurs ». Il affirme ainsi que « *l'idéal de l'Église et l'idéal chevaleresque sont foulés aux pieds* » par une révolution assimilée à un retour à la barbarie.

Mais si les anti-esclavagistes sont sensualistes et fondent la norme sur l'intuition sensible de la commune humanité, l'égalité politique et la justice d'équité, ceux qui ne veulent pas toucher aux colonies peuvent être ces Blancs qui se disent effectivement eux aussi révolutionnaires et fabriquent la parodie dénoncée par Mirabeau. Ce ne sont pas les seuls royalistes qui récusent l'intuition sensible de l'égalité, la protovaleur aristotélicienne, ce sont les tenants de la liberté économique illimitée qui est elle-même en contradiction avec la réciprocité du droit. Contre la politique qui repose sur des principes de justice, ils préfèrent déjà la *realpolitique* des intérêts.

La période n'est certes pas exempte de contradictions. Ceux-là vont utiliser la puissance du droit des déclarations pour s'autoriser à conquérir le monde par la force. Ils subvertissent le sens des déclarations sans vergogne.

Du coup cet universel une fois de plus n'est pas abstrait, il devient un alibi pour se poser en nation supérieure apte à conquérir le monde puis à le gendarmer. Face à cela, les mêmes acteurs révolutionnaires Grégoire, Robespierre, Saint-Just, Billaud-Varenne refusent ardemment cette logique de conquête. Robespierre déclare ainsi que « *celui qui opprime une seule nation se déclare l'ennemi de toutes* » ou encore que « *personne n'aime les missionnaires armés…* » – mais le mal est fait. On pourrait dire que le brouillage de l'histoire n'aura plus jamais cessé.

Ces hommes sans cœur, comment font-ils avec les déclarations ?

Ils s'en débarrassent !

Pas de déclaration des droits de l'homme dans une logique d'égalité entre 1795 et 1799, et ensuite plus de déclaration jusqu'en 1945. Un pur droit positif qui n'a plus de normes universelles et, ainsi, ce n'est pas un coup de force de rétablir l'esclavage en 1801 mais aussi de produire des statuts juridiques civils et politiques inégalitaires dans les colonies jusqu'en 1945, et de faire un statut spécifique pour les juifs en 1940. Quand l'unité du genre humain et l'égalité en droit ne sont plus déclarés, ça se passe très mal pour les groupes dominés ou minorisés. Le droit les enferme au lieu de les libérer de leur condition. C'est un fait. L'oubli et le mépris des articles 1 et 2 de 1789 produisent des horreurs.

Comment cela se fait-il que personne ne les ait réclamés avant 1945 ?

Certains les ont réclamés, mais à partir du moment où Marx lui-même n'y a vu que des idéaux fragiles, des droits formels, cela est devenu disqualifiant du côté gauche. Marx, dans le *Manifeste du parti communiste*, en réduisant la révolution à une révolution bourgeoise, fait entendre Burke en ventriloque et occulte à son tour, comme lui, le sensualisme révolutionnaire. « *La bourgeoisie a joué dans l'histoire un rôle essentiellement révolutionnaire. Partout où elle a conquis le pouvoir, elle a foulé aux pieds les relations féodales, patriarcales et idylliques. Tous les liens multicolores qui unissaient l'homme féodal à ses supérieurs naturels, elle les a brisés sans pitié, pour ne laisser subsister entre l'homme et l'homme d'autre lien que le froid intérêt, que le dur argent comptant. Elle a noyé l'extase religieuse, l'enthousiasme chevaleresque, la sentimentalité du petit-bourgeois, dans les eaux glacées du calcul égoïste. Elle a fait de la dignité personnelle une simple valeur d'échange ; elle a substitué aux nombreuses libertés, si chèrement conquises, l'unique et impitoyable liberté du commerce.*

En un mot, à la place de l'exploitation voilée par des illusions religieuses et politiques, elle a mis une exploitation ouverte, directe, brutale et éhontée. »

Pourtant aucun rentier n'a pris la Bastille !

Du coup, pour très longtemps la puissance de l'outil a été déniée et avec lui l'humanité une, y compris dans la tradition républicaine de la IIIe République qui renoue avec le directoire inégalitaire, et récuse les anti-colonialistes et anti-esclavagistes !

Depuis la Révolution française, ces déclarations, cet universel abstrait n'ont servi qu'à consolider la domination coloniale ?

Non, les peuples colonisés s'en sont emparés pour réclamer leurs droits en 1945. Hô Chi Minh déclare ainsi « *Tous les hommes ont été créés égaux* [...] *leur créateur leur a conféré certains droits inaliénables. Parmi ceux-ci, "il y a la vie, la liberté et la recherche du bonheur." Ces paroles immortelles sont tirées de la Déclaration d'Indépendance des États-Unis d'Amérique en 1776. Prises au sens large, ces phrases signifient : tous les peuples sur terre sont nés égaux ; tous les peuples ont le droit de vivre, d'être libres, d'être heureux. La Déclaration des droits de l'homme et du citoyen de la Révolution française (1791) a également proclamé : "Les hommes sont nés et demeurent libres et égaux en droits." Il y a là d'indéniables vérités.* » La notion de Tiers-monde vient d'ailleurs de la notion de tiers état et de sa volonté de compter désormais dans le jeu politique.

Et aujourd'hui ?

Aujourd'hui, nous sommes face à deux problèmes majeurs. Le côté gauche dans sa grande majorité s'est détourné de l'universel sans vouloir savoir quelles potentialités de lutte il recèle. Dès 1976 l'américain Eugen Weber, quand il écrit sur la France au XIXe siècle, évoque Frantz Fanon pour parler de l'Hexagone comme d'un empire colonial et fait de la

Révolution française l'origine de tous les maux. Les *postcolonial studies* refusent le plus souvent de prendre en compte la conflictualité politique de la période révolutionnaire au sein des révolutionnaires. Bref on en reste à l'héritage très problématique de la IIIe République, et on ne cherche pas souvent à aller plus loin, à commencer par Étienne Balibar qui affirme que le racisme français est noué à « *l'idée d'une mission universelle d'éducation du genre humain par la culture du pays des droits de l'homme* » loin de ce que disait Robespierre sur les missionnaires armés.

Pourtant c'est la prise au sérieux de la lettre et de l'expérience révolutionnaires, donc cette adhésion politique qui est productrice d'arguments qui mettent le doigt sur la contradiction entre ces principes politiques et la politique coloniale. Raviver l'expérience révolutionnaire, lire le texte révolutionnaire, raviver sa langue ne sont jamais vains. Les indépendances ne se font pas contre cette langue, mais avec cette langue, contre celle de Vichy. Mamadou Diouf, dans un premier temps, a maintenu cet horizon universaliste. « *Les discours des colonisés émettant des discours humanistes ancrés dans la Révolution française obligent les colonisateurs à explorer leur identité enfouie, recouverte. Et d'autre part obligent les colonisés à ne pouvoir ni s'approprier ni rejeter systématiquement les valeurs occidentales. Précisément à cause du décalage obscène entre ces valeurs professées et les monstruosités du système colonial.* » Ce discours était celui d'alliances possibles entre toutes les parties prenantes d'une volonté de contrôle de la cruauté, de la déshumanisation et de la perversion du droit, qu'elles soient occidentales ou non, la langue révolutionnaire de l'universel n'était pas répudiée car elle avait été reconnue comme ayant servi triplement : à la décolonisation, au rejet du régime de Vichy par définition anti-révolutionnaire et à ce que Sartre et Aimé Césaire avaient appelé le sauvetage moral de l'Europe par la décolonisation.

Mais aujourd'hui il est revenu en arrière car il veut faire face au deuxième problème majeur : c'est le côté droit qui en appelle à l'universel, le pervertit à nouveau en l'utilisant pour créer une barrière étanche entre groupes culturels. Il utilise les Lumières pour exclure au lieu d'inclure, récuse la possibilité d'une subjectivation et même d'une exemplarité. Il utilise les Lumières contre le projet des Lumières, devenir majeur dans une égalité des intelligences par l'usage de la raison sensible.

Les conflictualités politiques sont forcloses au profit d'une défense de l'Occident face à l'Orient. Pourtant il faudrait défendre la liberté de conscience et la liberté de penser pour retrouver un espace commun. Chacun peut croire, mais personne ne peut au nom des croyances transformer l'espace de liberté commune. Liberté de porter le voile et liberté de blasphémer, liberté de vivre même en communautés distinctes, mais sans que cela fasse appel à un droit différent. Maintenir l'horizon commun du droit et la possibilité pour chacun de ne pas être assigné à résidence par sa seule naissance…

Bien sûr cela ne résout pas les inégalités sociales, car le droit n'est pas le tout de la politique et l'universel relève à la fois du droit et de l'horizon utopique. Entre les deux, il y a le cambouis des luttes.

Mais alors ce serait juste de l'histoire, l'universel ?

Non, car même des grandes figures critiques de l'universalisme y reviennent, ainsi Judith Butler affirme qu'elle « *apprécie beaucoup l'idée que l'universel est un discours qui entre en crise de façon répétée sous l'effet des forclusions qu'il opère, et qui en conséquence contraint de se redéfinir.* […] *Le processus de l'universel est ouvert, indéterminé. L'universel en ce sens n'est pas violent ou totalisant,* […] *la tâche politique est de maintenir cette ouverture, de s'assurer que l'universel reste un site de contestation en crise incessante, d'empêcher sa clôture.* » Forclusion et crise pour les esclaves, les femmes, les pauvres, les colonisés, les immigrés, les gays..., là se dessinent les luttes qui ne peuvent se passer de cet outil concret pour des luttes concrètes.

Et puis, d'autres manières d'envisager l'universel sans abstraction sont apparues. L'hypothèse de la créolisation, le « *tout monde* » de Glissant et de Chamoiseau, fait du métissage culturel et des métis à la fois des vecteurs de créativité et de contrôle de la cruauté. Le « *tout monde* » c'est une proposition pour faire face à un désir puissant d'identité totalisante. Le métis c'est une figure concrète de l'universel singulier par la faille de l'identité et le travail qu'il convient de faire pour la vivre et l'assumer dans un accueil de l'altérité vécue en soi. La créolisation, c'est l'appel à la raison sensible et à cet accueil de l'autre en soi.

Mais la pensée de l'universel ouverte par la Révolution française peut aussi se retrouver dans l'hypothèse de peuples nationalitaires, selon l'expression de Richard Marienstras. Il s'agit d'accepter de penser à nouveau ce qui permet de penser la notion de peuple en dehors de l'État nation, de peuple en diaspora et de s'éloigner résolument d'un peuple national ou nationaliste identifié à des lois qui s'appliquent sur un territoire, de déterritorialiser le peuple comme communauté de vie. Ce peuple nationalitaire se donne sa force d'invention, un territoire interstitiel mental qui fait de chaque lieu de vie un espace où faire vivre la capacité de s'inventer soi-même comme peuple et de vouloir sauvegarder cette invention. Il s'agirait de sauvegarder une manière d'être au monde qui peut être qualifiée de juive, tzigane, bretonne, rom, mais dans un monde d'empires et de circulation, peut-être bientôt, tout aussi bien, de française ou d'indienne...

Ceux qui osent encore penser la dite « exception française » non comme principe territorial nationaliste, non comme archaïsme, mais comme ligne de vie universaliste et singulière à la fois, auront peut-être besoin de cette notion de peuple nationalitaire pour cesser d'être rabattus sur des nationalismes et des identités exclusives, fermées, mortifères. Défendre ainsi un autre nom français, une autre forme de vie que celle des soutiens du Front national. Ceux qui ont pensé les ethnoscapes, à la manière d'Appadurai, ou les lieux de la culture à la manière d'Homi Bhabha, pourraient eux aussi avoir besoin de cette notion, loin de tout essentialisme comme de toute négation oppressive.

Le peuple nationalitaire serait celui qui, face à la demande incessante d'homogénéisation, accepte d'affirmer que cela vaut encore la peine de singulariser un nom qui porte l'idée même d'universel singulier. Universel singulier que cette capacité inventive à créer les possibles de l'écart, aux limites de l'impossible affirmé par les dominants, sans pour autant rêver de le devenir à son tour. Diaspora, minorités, peuple, universel, ce sont les notions mêmes qui permettent de penser un devenir monde où les manières de vivre s'accueillent, sans se confondre, coexistent dans une porosité qui n'a nulle vocation à l'absorption assimilationniste, mais permet la pluralisation des grammaires de vie seules aptes à maintenir l'invention de chacun pour tous.

Certes c'est de l'histoire, mais une histoire à rejouer, loin des assignations identitaires, comme des dénis de culture, loin de l'État nation et dans la réaffirmation que, oui, les peuples diasporiques ou les minorités se sont toujours inventés non pas dans un essentialisme stratégique ; nulle essence dans l'invention, juste une ligne de vie.

(*Vacarme*, 2015)

Faire face à notre situation historique

Il fut des peuples libres qui tombèrent de plus haut[1].

Les événements des 7, 8, 9, 10 et 11 janvier 2015 ont été perçus en France, et bien au-delà, comme une nouvelle cassure historique analogue à celle du 11 septembre 2001, ce qu'on nomme en histoire un événement. Or ce qui caractérise un événement, c'est sa capacité à rendre lisible une situation qu'il révèle plus qu'il ne l'installe sur un mode spécifique qui est celui de la surprise. L'événement produit alors un effet de savoir qui conduit à avoir conscience, grâce à lui, d'un avant et d'un après. L'événement est venu trouer l'horizon d'attente et produire un nouveau champ d'expérience pour chacun des membres de la société où il a surgi. Car le propre de l'événement historique n'est pas seulement de fabriquer un passé, mais d'être infiniment marquant pour les générations futures, même si cette marque prend des formes toujours changeantes. Pour certains historiens, ce sont d'ailleurs les conséquences sur le déroulement à venir de l'histoire qui permettent de qualifier un événement d'historique. Sa capacité à agir sur les imaginaires sociaux, à en produire de nouveaux, que ce soit en France, en Europe ou dans le monde, constitue l'événement comme tel.

Faire face à un événement, c'est donc tenter de faire face à ce qu'il nous apprend ou ce qu'il requiert de savoir pour tenter de comprendre ce qui a eu lieu, ce que cet événement peut engendrer dans son sillage.

---

1. Saint-Just, *Troisième fragment*, *Œuvres complètes*, présentées par Miguel Abensour et Anne Kupiec, Paris, Gallimard, 2004, p. 1141.

Mais qu'est ce qui a eu lieu ? Les fils s'entremêlent dans une chronique française où plusieurs scènes se déploient. Celle d'actes de violence de guerre le 7 janvier où l'on met à mort une conférence de rédaction en affirmant venger le prophète et les blasphèmes proférés à son égard, dans un acte prémédité, commandité, revendiqué par Al-Qaïda Yémen. Celle d'une violence antisémite, intriquée à la première car une femme, Relia Carat, est d'abord épargnée comme femme, puis tuée comme femme juive après avoir dit son nom. La prise d'otage à l'Hyper Cacher intrique elle aussi ces deux dimensions : le djihad dont Amedy Coulibaly se réclamait et l'antisémitisme qui l'animait dans son choix de faire mourir en ce lieu.

Une troisième scène est celle de la réactivité de la population française à ces deux premières scènes. Des manifestations de grande ampleur, les premières spontanées dès le 7 janvier, la dernière, celle du 11, qualifiée de marche républicaine, effectivement de très grande ampleur mais confuse dans son sens car déployée à l'appel de partis politiques, de syndicats, d'associations, mais aussi du premier Ministre au nom de l'union nationale. Une sorte d'union sacrée de temps de guerre justement. Enfin, la quatrième scène est celle d'un polar à la française, des corps d'élite de la police et de la gendarmerie prennent en chasse les frères Kouachi en fuite, organisent la défense du site de la prise d'otage de Coulibaly ; finissent par tuer les trois personnages causes de ce film d'action. Les tueurs sont tués et la Mimesis évacue les règles ordinaires de la justice pénale sans soubresaut. Là aussi scène de guerre *in fine*.

Scènes de violence de guerre

1. Nommer la violence qui s'est déployée, non pas terrorisme, non pas attentats, non pas crimes, mais violence de guerre est un choix. Il n'est pas consensuel. Certes les armes étaient des armes de guerre, certes le mot djihad veut dire guerre sainte, mais nombreux sont ceux qui, face à ces

scènes, ont préféré d'autres vocables. Pourquoi refuser le mot « guerre » ? Car il renvoie aux positions prises en 2001 par Bush et que les guerres au terrorisme ont été contre-productives. Certains préfèrent encore parler de poison et renvoient aux causes profondes qui sont d'un autre ordre, et il faudra effectivement en venir à ces causes sociales et politiques, plus systémiques, et les analyser.

2. Mais justement. Il s'agissait en 2001 d'une guerre contre le terrorisme à engager, et aujourd'hui, cette guerre est de fait engagée dans une superposition complexe. Dans le feuilletage de complexités, la difficulté en général à prendre la mesure de ce qui se jouait et se joue au Moyen-Orient entre révolutions du printemps arabe, consolidation du pouvoir islamique en Iran sous couvert de nouvelle modération, impossible résolution du conflit israélo-palestinien. L'assistance à la Libye insurgée, la non-assistance aux démocrates syriens en 2011, l'envoi d'armes quand ces derniers ne sont déjà plus aux manettes de l'armée syrienne libre, le constat d'un affrontement terrible entre forces qui ne sont aucunement démocratiques aujourd'hui en Syrie, l'imagination logique qui pourrait conduire à déléguer à l'Iran une sorte de maintien de l'ordre dans la région, au nom, en partie, d'un bloc atlantique, signent des positions peu conséquentes à l'égard d'une quelconque garantie démocratique sans pourtant pouvoir prétendre à l'efficacité d'une réalpolitique pragmatique.

3. Or la violence de la guerre sainte, ce n'est plus seulement Al-Qaïda. Une série d'événements antécédents nous avait certes avertis, mais l'émotion n'avait pas créé d'alerte publique, ici en France, n'avait pas fait événement. Ceux du 7 au 11 janvier en France, ont mis en lumière, pour qui désormais veut savoir, toute une série d'organisations islamiques djihadistes qui se sont réjouies de ceux-ci et l'ont affirmé

haut et fort. Al-Mourabitoune, groupe djihadiste actif dans la région de Gao, au Mali et au nord du Niger, ayant des contacts en Tunisie, en Libye, au Soudan, en Égypte avec le Groupe des partisans de la maison sacrée, et au Nigeria avec Boko Haram, Al-Shabbaab (Somalie) et Jamaat al-Ahrar, une branche du Tehrik-e-Taliban (Pakistan), ont salué et glorifié les attentats de Paris. Amedy Coulibaly affirmait agir au nom de l'organisation djihadiste de l'État islamique qui n'a rien revendiqué mais a qualifié les trois tueurs de « *héros* ». Si le Hezbollah et le Hamas ont condamné les violences commises, des scènes de liesse se sont déployées en leur faveur au Liban, dans certains quartiers d'Alger, des énoncés de joie et de soutien ont circulé sur les réseaux sociaux très rapidement.

Il ne s'agit donc pas de vouloir ou non déclarer la guerre mais de prendre la mesure d'une situation de guerre. Car la France fait effectivement la guerre à ces organisations partout où elle envoie des soldats, mais aussi des tueurs ou des drones pour accomplir des assassinats ciblés qui ne sont désormais inconnus que de ceux qui ne veulent pas savoir.

4. En effet la CIA a procédé à des centaines de ces « assassinats ciblés », grâce aux frappes de drones *Predator*, transformant l'agence d'espionnage en organisation paramilitaire, au Pakistan comme en Afghanistan. Désormais, des membres du Congrès américain protestent contre une manière de faire la guerre qui ne permet plus de débat sur les opérations militaires en Irak, en Afghanistan, au Pakistan, en Libye et au Yémen. En France, le changement de régime d'action qui conduit à confondre espions et soldats commence tout juste à intéresser le public. Déclarer qu'il s'agit d'une guerre permettrait de réclamer le contrôle démocratique sur la guerre et de pouvoir accepter ou refuser ce nouveau régime d'action qui produit la possibilité d'épargner des vies de soldats vouées à la mort, mais aussi, en boomerang, des contre-attaques. Il faut débattre de ce que

veut dire aujourd'hui être un pays en guerre. Le désir de demeurer ignorant et irresponsable est certes bien présent en France : 60 % des Français, dit-on, sont d'accord avec l'idée de renoncer à certaines libertés publiques pour être protégés du terrorisme, quand le livre de Grégoire Chamayou *Théorie du drone*, nous a avertis depuis 2013 de quel genre de guerre et d'abandon politique le drone serait la cause. Nous savons que François Hollande a pris la décision d'intervenir au Mali, certes sans véritable débat public préalable mais sans secret, que la guerre faite à Daesh n'a pas été déclarée et se fait, en partie, sous la forme de ce « *deep state* » où espions et combattants sont indistincts sous prétexte de ne pas reconnaître le dit « Daesh », état islamique. Mais fallait-il le reconnaître formellement pour débattre du bien-fondé de cette guerre et peut-être permettre à chaque Français d'y réfléchir ? De savoir en conscience quelle place, chaque Français occupe dans le monde comme Français ?

5. De fait, la stupeur de janvier prouve que les Français ne savent pas ou ne veulent pas savoir quelle guerre est faite en leur nom. Qu'ils sont majoritairement à la fois en guerre et pacifistes ne voulant pas de la lucidité-blessure, préférant un certain attentisme et la remise de soi à un État supposé protecteur. Au moment de l'intervention au Mali, la seule conflictualité politique qui ait intéressé les Français divisait ceux-ci sur le mariage pour tous. Aussi importante que soit cette question sociétale, elle a de fait conduit à forclore d'autres enjeux politiques lourds qui ne sont pas seulement socio-économiques. Les Français veulent se croire en paix.

6. En situation de danger, le pouvoir exécutif peut donc trouver des ressources de légitimité pourvu qu'il affirme pouvoir épargner la mort aux ressortissants de son pays. Mais l'épargne de la mort peut se payer au prix fort en démocratie. Nous le savons aussi d'expérience, et c'est bien pour cela qu'il

y a besoin de débats. La question n'est pas neuve. Elle est même récurrente. Dans le débat sur la guerre qui se déroule de l'automne 1791 au printemps 1792 Robespierre affirmait que « *c'est pendant la guerre que le pouvoir exécutif déploie la plus redoutable énergie, et qu'il exerce une espèce de dictature qui ne peut qu'effrayer la liberté naissante.* [...] *C'est pour la guerre qu'ont été combinées par les nobles et les officiers militaires, les dispositions trop peu connues de ce code qui dès que la France est censée en état de guerre, livre la police de nos villes frontières aux commandants militaires et fait taire devant eux les lois qui protègent les droits des citoyens.*[1] » Robespierre affirme ainsi que toute nation en guerre est à la merci de l'exécutif. La nécessité faisant loi, les contrôles des pouvoirs n'existent plus et les rapports de pouvoir qui articulent le pouvoir législatif au pouvoir exécutif sont fondamentalement transformés. C'est ainsi que la situation de guerre s'apparente à une situation d'exception. « *C'est pendant la guerre que la loi investit les commandants militaires du pouvoir de punir arbitrairement les soldats.* [...] *Dans les temps de troubles, les chefs des armées deviennent les arbitres du sort de leur pays et font pencher la balance en faveur du parti qu'ils ont embrassé. Si ce sont des Césars ou des Cromwells, ils s'emparent eux-mêmes de l'autorité.*[2] » Plutôt que de laisser se déployer la violence d'une guerre qui donne lieu « *à des terreurs, à des dangers, à des complots* », il faut restaurer la sagesse des lois et « *se défier de l'exécutif* » ; or « *déclarer la guerre, c'est nous ôter notre seule ressource, le moyen de nous défier du pouvoir exécutif et il nous trahira...*[3] » Les mises en garde de Robespierre précédaient la guerre, et nous n'en sommes plus là, la guerre est déclarée sans que le débat public ait été sollicité et sans qu'il se soit vraiment manifesté. C'est pourquoi il s'agit bien de

1. M. Robespierre, 18 décembre 1791, *Œuvres complètes*, t. VIII, p. 48
2. M. Robespierre, *idem*, p. 49.
3. *Le Gardien de la Constitution*, n° 9, p. 110. M. Robespierre, *Œuvres complètes*, t. VIII, p. 38.

retrouver ce que Robespierre appelle alors l'art de se défier de l'exécutif qui peut tuer la liberté naissante mais aussi la liberté expirante. La liberté fragile.

La défiance est alors un refus de se soumettre, le refus de devenir esclave du pouvoir exécutif, le refus de subordonner la liberté au pouvoir exécutif. Cette question de la défiance engage ainsi le mode sensible du contrôle de la séparation des pouvoirs et de la non-subordination du pouvoir législatif au pouvoir exécutif. Ce que la guerre produit, c'est l'impossibilité de maintenir ce rapport libre au gouvernement, de maintenir la décision comme construction complexe d'un accord entre ces deux instances de pouvoir, entre ces instances et le pays. Nous y sommes.

Pour autant, les lois qui fondent notre sorte de Patriot Act, cyber-surveillance et incrimination pour apologie du terrorisme, loi sur le renseignement en préparation[1], ne sont pas des dommages collatéraux de janvier, mais bien nouées à une situation de guerre qui est effective très en amont. La déresponsabilisation effective du pouvoir législatif en matière de déclaration de guerre et de suivi de la guerre également.

7. Parler de guerre serait se donner la possibilité de réactiver la demande de contrôle démocratique sur des événements lourds de conséquence, la possibilité de débattre de nos responsabilités plutôt que d'agir en enfants surpris que le monde soit si terrible et, ne cesse-t-on de nous répéter, si incompréhensible.

Ne pas en parler et préférer la notion d'actes criminels ou de poison conduit à créer en fait une confusion entre situation de guerre, avec son droit de la guerre, et situation civile et son droit de la paix, justice guerrière et justice pénale. Si nous ne sommes pas en guerre, des criminels de nationalité française, même s'ils obéissent à des lois étrangères, ne

1. Au moment où j'écris ce texte.

doivent pas être abattus comme des guerriers mais arrêtés et, comme dans tout État de droit qui s'affirme tel, jugés pénalement. Or ceux qui disent non à la guerre n'ont pas interrogé la nécessité de cette liquidation sans autre forme de procès. Là est la confusion, la guerre n'est pas nommée, mais c'est une sorte de droit de la guerre qui s'applique sous forme d'assauts guerriers ultimes dans un geste vengeur qui ne se cache pas. Avons-nous décidé sciemment de ne pas être en guerre et pourtant de renoncer aux exigences les plus établies de l'État de droit ? 60 %, des Français, disait-on dans le sillage de la prolongation de l'état d'urgence, auraient été d'accord avec l'état d'urgence et ce genre d'exécution guerrière. Si ce chiffre a un sens, il est pour tout défenseur de l'État de droit, sans même parler d'ethos démocratique, inquiétant.

8. Ceux qui refusent de parler de guerre craignent l'amalgame entre islamistes et musulmans dans la désignation d'un ennemi, ils craignent une union nationale sacrée qui conduirait de fait à finir de forclore tout débat politique démocratique. Pour savoir si leurs craintes sont fondées, il faut quitter la scène guerrière et interroger les scènes manifestantes.

Scènes manifestantes

9. Le 7 janvier, en tout début d'après midi, un hashtag circule de téléphone portable en téléphone portable : « Je suis Charlie » appelant à une manifestation place de la République pour le soir même à partir de 17 heures.

Très tôt la place est saturée de monde. La revendication est celle du maintien de la liberté d'expression, celle de ne pas céder à la peur et de savoir se réunir pour faire face à l'adversité. Certains chantent la *Marseillaise* mais sont réprouvés par d'autres, des rituels qui s'apparentent à des rituels de deuils s'organisent au pied de la statue de la République, bientôt recouverte de draperies et de bougies. Les manifestants sont plutôt parisiens, bien vêtus, calmes et affligés, abasourdis mais dans la nécessité vécue d'avoir répondu présents. De nombreuses villes en France connaissent des manifestations analogues, certaines ont lieu également à l'étranger, notamment à Londres, Montréal, Berlin, etc. Il n'y a pas de slogans politiques, mais le sentiment qu'une profession a été agressée dans sa fonction de fabrique de l'espace public dans la plus grande liberté d'opinion ; rien pourtant ne vient dire que ce dont il s'agit, plus précisément, c'est de la liberté de blasphémer.

Ceux qui s'affirment alors « Charlie » ne sont pas tous des lecteurs de *Charlie hebdo* mais sont profondément choqués par l'événement de violence qui a eu lieu. Il s'agit de se réunir et, en marquant un rituel de deuil dans le silence et le recueillement de chacun, de ressouder un sentiment d'appartenance à une même communauté. Marcel Mauss, quand il analyse les rituels de deuil, explique qu'une « *catégorie considérable d'expressions orales de sentiments et d'émotions n'a rien que de collectif* ». Puis il ajoute « *disons tout de suite que ce caractère collectif ne nuit en rien à l'intensité des sentiments, bien au contraire* [...] *mais toutes ces expressions collectives simultanées, à valeur morale, et à force obligatoire, des sentiments de l'individu et du groupe, ce sont plus que de simples manifestations.* [...] *Il faut les dire, mais s'il faut les dire c'est que tout le groupe les comprend. On fait donc plus que manifester ses sentiments, on les manifeste aux autres, puisqu'il faut les leur manifester. On se les manifeste à soi en les exprimant aux autres et pour le compte des autres. C'est essentiellement une symbolique.*[1] » Dans ce cas, une représentation collective s'impose avec force et ne nécessite plus l'intervention des subjectivités individuelles. Plus exactement, chacun peut exprimer ce qu'il veut, voire ne rien exprimer du tout personnellement, rien ne vient déplacer la forme collective d'expression des sentiments. Marcel Mauss

1. M. Mauss, *Essais de sociologie*, Paris, Minuit, 1969, p. 88.

parle alors d'« *expression obligatoire des sentiments*[1] ». Certes on pouvait ne pas se rendre à l'appel du hashtag, mais s'y rendre permettait ainsi de refaire communauté après la violence effectuée dans une expression obligatoire des sentiments.

Une communauté meurtrie se reconsolide dans un deuil partagé. Reste à savoir de quoi il s'agissait de faire le deuil. Bien sûr, pour partie des personnes décédées, mais sans doute aussi de la quiétude ordinaire d'une vie d'Occidental. Ici aussi la mort violente pouvait frapper, et c'est bien de cela que chacun prend alors la mesure.

Chaque jour a vu son lot de manifestations entre le 7 et le 11 janvier en France et dans le monde. Mais celle du 11 janvier prend une tournure différente.

10. Si elle doit permettre à tous ceux qui n'ont pas pu venir avant de manifester cette expression du deuil (même s'il n'est pas vraiment nommé comme tel mais signifié par les couleurs grises, noire et blanches adoptées dans la communication), cette manifestation est effectuée sous une triple injonction, celle de cette expression des sentiments de deuil sous le même régime d'action que les 7, 8, 9 et 10 janvier ; celle des partis politiques, syndicats et associations sous le régime d'action de l'espace constitué de la société politique et civile ; celle du premier Ministre qui demande un acte d'union républicain. La manifestation est qualifiée de « marche républicaine » par l'État. Avec ce syntagme, un autre imaginaire se déploie car marcher et manifester ce n'est pas exactement la même chose. Les dernières marches en mémoire sont la marche pour l'égalité de 1983, que l'État a voulu commémorer en 2013, mais dans un échec difficile à relativiser, les marches de chômeurs qui ressemblent à des pèlerinages de station en station, la marche blanche en Belgique qui disait le désarroi face aux crimes sexuels commis sur des enfants. Appeler

1. *Idem.*

à une marche républicaine plutôt qu'à une manifestation sonne événement paradoxalement apolitique tel qu'il peut advenir dans une union sacrée. Celle-ci aura été juste troublée par le refus de cohabiter avec le Front national. Mais le républicanisme prend une drôle de tournure quand 44 chefs d'État sont accueillis pour défiler en tête de cortège aux côtés du président de la République française et du premier Ministre. La marche républicaine devient une démonstration de puissance/impuissance des pouvoirs exécutifs dans un mélange détonnant et surprenant. L'union sacrée est là. Pas celle du peuple mais des exécutifs du monde entier.

11. Dans cette marche, les énoncés d'identification et les manières de les diffuser se multiplient loin de toute cacophonie démocratique. Des affichettes « *Je suis Charlie, juif, flic, musulman, mais surtout républicain* » sont distribuées sans qu'on sache qui les a fait imprimer, car elles ne sont pas signées. La figure d'un républicain englobant permet d'associer des figures hétérogènes, ceux qui sont morts, ceux qui sont morts et qui risquent leur vie, ceux qui sont une cible de cette violence de guerre, ceux dont on parle et pour qui on craint que la vindicte ne se déchaîne. Là encore il s'agit de ressouder une communauté nationale meurtrie et de la qualifier de républicaine. Ce qui est affirmé, c'est que cette violence ne produira pas de segmentation sociale entre groupes qui n'ont pas la réputation contemporaine de savoir toujours parfaitement bien cohabiter. Dans une configuration potentiellement explosive et dissolvante du lien social, le philosophe du XVIIIe siècle Shaftesbury affirmait que l'intervention du « magistrat » comme figure incarnant l'État était requise. Il se devait de réguler les conflits potentiels de conventions. Shaftesbury, dans un contexte de guerre civile religieuse, réfléchissait à la possibilité de faire tenir ensemble un principe commun, unitaire et obligatoire et un pluralisme de conventions. C'est cette articulation entre

des principes intangibles et une multiplicité de conventions morales segmentées qui, dans un domaine où se confondent encore le politique et le religieux, devait permettre de réguler le religieux et d'amorcer une véritable distinction entre le politique civil et le religieux. La juxtaposition indissociable de religions révélées multiples et d'une religion civile unique devait permettre de garantir à la fois l'unité sociale civile et son pluralisme religieux.

Cependant, ces expressions obligatoires des sentiments orchestrées par des politiques publiques sont-elles compatibles avec le libre arbitre propre à l'homme démocratique ? Pour le dire d'une manière habermassienne, est-il possible d'articuler une adhésion à des principes moraux, qui reposent sur des processus émotifs d'identification à effet d'obligation morale, à un rapport critique à l'histoire d'une part, à des processus de subjectivation politique qui reposent sur des expériences du monde vécu, d'autre part ?

Dans ce contexte, cet embryon de religion civile comme union sacrée autour des exécutifs n'est-elle pas la négation d'un autre républicanisme, celui qui repose sur l'inventivité et la responsabilité des citoyens, inventivité et responsabilité présentes le premier jour et noyées le 11 janvier dans un événement devenu confus et qui ne permettait plus de distinguer les citoyens répondant à l'appel, des citoyens affirmant leur propre nécessité politique et symbolique. Il n'est pas sûr que le républicanisme des exécutifs puisse en fait ressouder une communauté déchirée.

12. L'union sacrée des peuples, dans un pluriel du XVIIIe siècle d'Ancien Régime, n'a pas eu lieu. Ceux qui n'étaient pas Charlie (on n'a pas osé dire ceux qui n'étaient pas républicains) n'ont pas défilé. La marche était blanche plus que multicolore et multiculturelle. Certains ont refusé d'observer à l'école la minute de silence. D'autres s'en sont offusqués. De fait, le conflit des sentiments l'a emporté sur l'union et l'expression obligatoire étatique et sacrée. Mais

ce conflit a été disqualifié, refusé. Il nous faut bien pourtant entendre et voir ce qu'une marche blanche et républicaine veut dire aujourd'hui dans notre république, cinquième du nom.

« La République, c'est comme la mobylette, ça marche au mélange », disaient les manifestants de la marche pour l'égalité en 1983. Mais la mobylette est restée en rade et certains de ceux qui avaient cru dans la possibilité d'une citoyenneté à parts égales se sont parfois radicalisés du côté d'une critique de la République. Critique virulente et parfois délétère, contre la question du genre enseignée à l'école, contre le métissage, contre le mariage pour tous, etc. Pour cette génération, l'échec, la déception ont produit une méfiance instinctive et politique à l'égard de la qualification républicaine.

Mais il faut remonter plus loin en amont, et lire les travaux de Todd Shepard[1] sur ce que la guerre d'Algérie a fait à la République française : elle l'a blanchie. Récusant l'apport des populations issues des colonies et ne valorisant le suffrage universel pour l'élection du Président que parce qu'elles en avaient été écartées, qu'elles soient noires ou arabes. Todd Shepard évoque Michel Debré qui, dans un entretien à *Paris Match*, défend alors le suffrage universel dans ces termes : « *Le suffrage universel ne pouvait pas se concevoir en 1958. Le corps électoral était le corps électoral de l'Union française, avec tous les Africains et les musulmans d'Algérie.* » Si, en mars 1962, les accords d'Évian mettant fin à la guerre d'Algérie stipulent le droit pour toutes les personnes d'Algérie de garder la nationalité française, en juillet une ordonnance déclare que « *les personnes de statut civil de droit local originaires d'Algérie ainsi que leurs enfants peuvent, en France, se faire reconnaître la nationalité française* », s'ils fournissent « *une déclaration acceptée par le juge responsable dans leur aire d'habitation dans la République française* ». On retire ainsi de fait la nationalité française aux

1. Lire Todd Shepard, *Comment l'indépendance algérienne a transformé la France*, Paris, Payot, 2008.

Français musulmans d'Algérie. On ne la leur redonnera que parcimonieusement et d'une manière arbitraire. Le 3 juillet 1962, une ordonnance présidentielle met fin aux mandats électoraux représentatifs des 55 élus d'Algérie dont son vice-président, Bachaga Saïd Boualem. L'exclusion brutale des harkis, des députés d'Algérie, la marginalisation de Monnerville, président du sénat noir et d'origine guyanaise, expriment la faillite d'un creuset français muticulturel et, par l'exclusion du vice-président qui tenta vaillamment de lutter contre l'emprise programmée du pouvoir exécutif sur le pouvoir législatif, la victoire de cette République exécutive qui, de fait, serait une République blanche.

La France, confrontée à son déni d'égalité et d'humanité, avait choisi contre ses intellectuels de gauche, Sartre, Fanon mais aussi Lévi Strauss, l'inégalité contre-révolutionnaire. On assiste en fait à une racialisation, ou un blanchiment du nom français. Blanchiment, car le nom français n'a pas toujours eu en République cette couleur ou, plus exactement, cette connotation raciale. Cette Ve République tournait de fait le dos à l'esprit des Lumières et de la Révolution qui consacrait par l'article 1 l'universalité de la condition politique du citoyen, en France, sans distinctions de classe, de race, d'ordre. « *Les hommes naissent et demeurent libres et égaux en droit. Les distinctions sociales ne peuvent être fondées que sur l'utilité commune.* » Il semble bien que ce soit cette Ve République blanche qui ait marché ce 11 janvier.

« *Ceux qui survivent aux grands crimes sont condamnés à les réparer* », affirmait Saint-Just en 1794. Plusieurs crimes historiques en France sont de l'ordre de l'irréparable : l'esclavagisme, le colonialisme et l'extermination des juifs aux côtés des nazis. Or l'expression obligatoire des sentiments orchestrée par le pouvoir exécutif ne permet pas de penser un quelconque rapport critique à l'histoire. Il s'agit moins en ce cas-là de penser que de se conformer.

13. Ceux qui réclament un rapport critique sont soit silenciés explicitement soit peu entendus. Silenciée, Marceline Loridan-Ivens quand elle exprime son sentiment : la marche n'aurait pas eu la même ampleur si seuls des juifs avaient été tués. Silenciés, ceux qui ont refusé d'adhérer à la sacralité proposée. Silenciés, ceux qui ont pointé la nécessité de reconnaître la guerre de fait dont l'issue serait déterminante, guerre interne à l'islam et pas seulement guerre externe.

Étienne Balibar, dans sa tribune du samedi 10 janvier dans *Libération*, l'exprimait publiquement dans ces termes : « *Notre sort est entre les mains des musulmans, si imprécise que soit cette dénomination. Pourquoi ? Parce qu'il est juste, bien sûr, de mettre en garde contre les amalgames, et de contrer l'islamophobie qui prétend lire l'appel au meurtre dans le Coran ou la tradition orale. Mais cela ne suffira pas. À l'exploitation de l'islam par les réseaux jihadistes – dont, ne l'oublions pas, des musulmans partout dans le monde et en Europe même sont les principales victimes – ne peut répondre qu'une critique théologique, et finalement une réforme du "sens commun" de la religion, qui fasse du jihadisme une contre-vérité aux yeux des croyants. Sinon, nous serons tous pris dans le mortel étau du terrorisme, susceptible d'attirer à lui tous les humiliés et offensés de notre société en crise, et des politiques sécuritaires, liberticides, mises en œuvre par des États de plus en plus militarisés. Il y a donc une responsabilité des musulmans, ou plutôt une tâche qui leur incombe. Mais c'est aussi la nôtre, non seulement parce que le "nous" dont je parle, ici et maintenant, inclut par définition beaucoup de musulmans, mais aussi parce que les chances d'une telle critique et d'une telle réforme, déjà ténues, deviendraient carrément nulles si nous nous accommodions encore longtemps des discours d'isolement dont, avec leur religion et leurs cultures, ils sont généralement la cible.* »

Balibar est le seul, pour avoir toujours tenu les deux bouts de l'argument, à n'avoir pas été taxé d'islamophobie pour de tels propos. C'est le seul du côté des militants anti-islamophobie à avoir explicité la question de ce « Jihad » qui fait peur.

Quand à Fethi Benslama, qui avait publié au printemps un ouvrage intitulé *La Guerre des subjectivités en islam*, il n'a pas été si fréquemment sollicité pour penser une situation qui relève pourtant bien aussi de cette guerre-là. Quand à ceux qui voudraient réfléchir sur le double droit au blasphème et à la liberté d'opinion même religieuse, là encore ils n'ont guère été entendus, car l'incantation laïque a obstrué la possibilité de penser le réglage en situation de droits avant tout pragmatiques. Mais ça peut encore venir me dira-t-on, et Robespierre peut encore nous chuchoter de bons conseils. Face aux mascarades déchristianisatrices, âne mitré, etc., il avait pris une position qui visait à concevoir un rapport possible entre croyants et incroyants, ce qui ne voulait pas dire un respect immuable pour le fait religieux en soi quand il devient intolérance enthousiaste : « *Plus les convulsions du fanatisme expirant sont violentes, plus nous avons de ménagements à garder. Ne lui redonnons pas des armes en substituant la violence à l'instruction. Pénétrez-vous de cette vérité, qu'on ne commande point aux consciences.* » Quant aux causes historiques de nos maux, il faut bien sûr les pluraliser car les poisons sont multiples et se nourrissent les uns les autres, le néolibéralisme nourrissant toutes les positions identitaires et se protégeant en s'affirmant anti-fondamentaliste. Mais cela peut-il faire oublier que le compte n'y est pas ? Ni du côté de l'État de droit, ni du côté de la possibilité critique, ni du côté de l'ethos démocratique.

Refuser le mot « guerre », ou simplement refuser d'entendre ce que veut dire « Jihad » résonnent avec cet impossible retour critique sur notre histoire française qui a rendu à plusieurs reprises la communauté impossible. L'irresponsabilité d'aujourd'hui consonne avec la responsabilité refusée de nos « hiers » multiples et feuilletés. Si nous devons vivre avec de l'irréconcilié, ce reste impossible à résorber provenant de ces histoires irréconciliables qui rejouent et rejoueront sans cesse, alors le deuil ne suffit pas, la remise de soi sacrée encore moins, le déni de la guerre n'est pas non plus une réponse adéquate. Il faut au moins être pensif et assumer la part mélancolique de notre *ethos* démocratique, refuser de faire le deuil des Lumières et savoir d'une conscience à nouveau historique que la République est un effort, pas une donnée[1]. Un effort pour obtenir le bonheur et la liberté, la justice ici-bas, l'équité. La République consonne avec l'utopie, pas avec la soumission à un ordre mondial qui fabrique une guerre civile mondiale. Un effort de ce fait parfois acculé à devoir faire face à ce qui se nomme « guerre ». La question se joue alors au quotidien : enseigner les Lumières sur un mode optionnel, est-ce vraiment être républicain ? Laisser l'Allemagne, la France, les institutions européennes humilier la souveraineté du peuple grec, est-ce vraiment être républicain ? Laisser mourir les damnés de la mer, est-ce vraiment être républicain ? Gouverner avec la peur et imposer une loi « renseignement » liberticide, est-ce vraiment être républicain ?

Vouloir s'épargner la mort en échange d'une soumission à nos exécutifs, ce n'est certes pas être républicain. Là est le poison, ce que les révolutionnaires français les plus hardis appelaient la corruption de l'esprit public.

Alors oui, encore un effort pour être vraiment républicains… sans deuil de la Révolution française, dans la complexité de ses échelles du politique intriquées du plus local au cosmopolitique, où la responsabilité individuelle est réciproque et engage ainsi de proche en proche l'avenir de tous. Faire l'effort d'une quête assumée et lucide d'un avenir tout autre, fût-il pour une part mélancolique.

(*L'Homme et la société*, 2015)

1. L'expression « irréconcilié » est de Marie Cuillerai dans « L'irréconcilié, histoire critique aux marges de l'amnistie », dans S. Wahnich (dir.), *Une Histoire politique de l'amnistie*, Paris, Puf, 2007, p. 93-120.

Entretien avec le fantôme de Maximilien Robespierre

Depuis les attentats du 13 novembre 2015, le mot « guerre » est redevenu prononçable dans l'espace public. Pensez-vous que ce soit une bonne ou une mauvaise chose ?

Je suis adepte d'un langage de vérité, et il est difficile de cacher plus longtemps cet état de fait : la France fait effectivement la guerre à quantité d'organisations islamiques djihadistes, partout elle envoie des soldats, mais aussi des tueurs ou des drones, pour accomplir des assassinats ciblés qui ne sont désormais inconnus que de ceux qui ne veulent pas savoir. Depuis ma condition de fantôme, je l'observe depuis un moment. On pourrait dire qu'enfin les Français prennent conscience qu'une guerre se mène en leur nom.

Cette méconnaissance vient à mon sens des institutions de votre Ve République. Elles donnent au président de la République, ce que nous, révolutionnaires français, avions réussi dès 1790 à ravir au roi. Ainsi le droit d'examiner si les motifs d'une guerre sont justes ne devait pas être attribué au roi/président/chef de l'exécutif mais à la nation souveraine. Je vous rappelle notre décret du 22 mai 1790 qui était loin d'être parfait, mais affirmait malgré tout comme articles constitutionnels que « *Le droit de la paix et de la guerre appartient à la nation. La guerre ne pourra être décidée que par un décret de l'Assemblée nationale.* [...] *Dans le cas d'hostilités imminentes ou commencées, d'un allié à soutenir, d'un droit à conserver par la force des armes, le roi sera tenu d'en donner sans aucun délai la notification au corps législatif et d'en faire connaître les causes et les motifs.* » Et ce qui me paraît le plus important : « *Sur cette notification, si le corps législatif juge que les hostilités commencées sont une agression coupable de la part des ministres, ou de quelque autre agent du pouvoir exécutif, l'auteur de cette agression sera poursuivi comme coupable de lèse-nation. ; l'Assemblée nationale déclarant à cet effet que la nation française renonce à entreprendre aucune guerre dans la vue de faire des conquêtes, et qu'elle n'emploiera jamais sa force contre la liberté d'aucun peuple.* »

Certes, mais pensez-vous que les situations de guerre d'aujourd'hui peuvent être analysées avec les outils de la Révolution française ?

Sur un certain plan non, car les armes ont changé et la guerre ressemble plus à des opérations de maintien de l'ordre plus ou moins arbitraires qu'à des opérations de conquêtes ou de simple défense, même si l'on continue à parler de villes prises, perdues, reprises et que la guerre reste, aussi, une affaire territorialisée. Pas seulement, mais aussi. Nous n'avions pas inventé les assassinats ciblés, organisés par les institutions législatives et ou exécutives. Les meurtres politiques existaient, ils étaient ceux d'individus qui prenaient la responsabilité de détruire un tyran, ou une figure politique au nom de la possibilité de reconquérir de la liberté contre la tyrannie. On pouvait discuter pour savoir si alors « tuer n'était pas assassiner » et discuter du bien-fondé de l'accusation de tyrannie. Mais envoyer des tueurs comme des brigands, cela ne correspondait nullement à l'idéal révolutionnaire ; par contre, nous savions que nos ennemis étaient capables de le faire. Nous avons aussi connu des actes terribles au XVIIIe siècle, où des populations civiles ont fait les frais des affrontements guerriers ; en Acadie, au Bengale, dans les îles, les Britanniques ont fait une guerre déjà fortement déritualisée.

Mais là où il y a quelque chose où notre expériencc de révolutionnaires français peut servir, c'est dans la régulation du débat sur la guerre, car « *pendant tout le cours de la guerre, le corps législatif pourra requérir le pouvoir exécutif de négocier la paix ; et le pouvoir exécutif sera tenu de déférer à cette réquisition* ».

Là encore, me direz-vous, négocier une paix suppose d'avoir des négociateurs et votre situation nous éloigne de mon évocation. Mais ce que nous avions inventé c'est un vrai contrôle du droit de paix et de guerre pour ne pas laisser le pouvoir exécutif décider seul, et ainsi obliger à débattre de ces questions dans l'Assemblée et dans la société.

J'ai lu que des parents de victimes accusent les gouvernements successifs d'avoir mené une politique désastreuse sans ouvrir de véritable débat sur tout ce qui était engagé au Proche-Orient et en Afrique. L'un d'eux parle « *d'érosion de la compétence politique dramatique pour notre pays* » et affirme que les « *derniers présidents ont agi avec une légèreté inconcevable, portés par des vues à court terme*[1] ».

Le non-contrôle de l'exécutif dans les institutions de votre Ve République me paraît déterminant dans cette érosion et cette légèreté.

Mais, Maximilien Robespierre, quand le pouvoir législatif est sollicité, est-il vraiment plus compétent ?

Ce pouvoir législatif se sent bien trop soumis au pouvoir exécutif et trop autonome à l'égard du peuple qu'il représente. Ce peuple lui-même semble aujourd'hui ne plus savoir ce que veut dire être libre. Il ne débat plus, ne disposant plus de lieux du politique, ces assemblées primaires, qui permettaient d'exercer un droit de censure sur les mauvaises lois après des délibérations vives et houleuses, mais aussi de faire des propositions.

Le peuple actuel semble avoir accepté de s'en remettre complètement au pouvoir exécutif et législatif à toutes les échelles de vos divisions administratives. Il a été silencié par le pouvoir d'hommes professionnalisés dans l'art politique.

---

1. http://www.huffingtonpost.fr/eric-ouzounian/moi-pere-dune-victime-je-nirai-pas-aux-invalides_b_8653672.html

Dé-professionnalisez cette fonction politique, et cela ira sans doute beaucoup mieux.

Alors, finalement, vous semblez accuser le peuple de ne plus vouloir la liberté ?

Ce n'est pas une accusation, mais plutôt une déploration. Le vrai moyen de témoigner son respect pour le peuple n'est point de l'endormir en lui vantant sa force et sa liberté, c'est de le défendre, c'est de le prémunir contre ses propres défauts, car le peuple même en a. Personne ne nous a donné une plus juste idée du peuple que Rousseau, parce que personne ne l'a plus aimé : « *Le peuple veut toujours le bien, mais il ne le voit pas toujours. Pour compléter la théorie des principes du gouvernement, il suffirait d'ajouter : les mandataires du peuple voient souvent le bien mais ne le veulent pas toujours.* […] *Le peuple cependant sent plus vivement et voit mieux tout ce qui tient aux premiers principes de la justice et de l'humanité que la plupart de ceux qui se séparent de lui, et son bon sens est souvent supérieur à l'esprit des habiles gens. Mais il n'a pas la même aptitude à détourner les détours de la politique artificieuse qu'ils emploient pour le tromper et pour l'asservir et sa bonté naturelle le dispose à être la dupe des charlatans politiques. Ceux-ci le savent bien et ils en profitent.*[1] » Il me semble que l'avilissement de l'esprit public démocratique est arrivé à son comble. Ils sont nombreux ceux qui ont cherché à égarer et à dégoûter le peuple plutôt qu'à l'honorer en lui fournissant l'espace d'élaboration de sa conscience. De fait il s'égare par dégoût et par peur, le vote Front national en témoigne, et le désir de sécurité semble avoir pris le pas sur celui de liberté. Le peuple est sidéré.

Que pensez-vous de l'état d'urgence décidé puis prolongé avec le consentement du Parlement réuni, et dont on évoque désormais la possibilité de le

1. Robespierre cite Rousseau le 2 janvier 1792.

constitutionnaliser ? N'est ce pas finalement analogue à votre gouvernement révolutionnaire jusqu'à la paix dont vous avez défendu le principe du 10 octobre 1793 au 9 thermidor 1794 ?

Cet état d'urgence peut s'entendre dans l'immédiateté de la tuerie, mais sa prolongation et sa constitutionnalisation sont signes d'une prise de pouvoir, que le gouvernement révolutionnaire ne s'est jamais arrogé de la sorte. J'aimerais juste, pour mémoire, rappeler que les comités n'étaient prolongés que sur un vote de l'assemblée qui avait lieu chaque mois ; parfois, c'était aussi l'occasion de les renouveler. Le gouvernement révolutionnaire est un gouvernement subordonné au législatif, on pourrait même dire législatif, certes de situation d'urgence mais surtout de fondation fragile. Même Hannah Arendt, qui ne nous a jamais été vraiment favorable, fait cette distinction entre temps de fondation de la liberté et temps de conservation de la liberté. Or dans ce temps de fondation et de guerre de la liberté contre la tyrannie, nous avons cherché constamment à nous prémunir de la dictature. Le gouvernement révolutionnaire ne s'autonomise jamais du pouvoir législatif et maintient une frontière intangible entre pouvoirs militaires et pouvoirs civils. J'en sais quelque chose car, ne pouvant m'accuser de dictature, j'ai été accusé le 9 thermidor de « *dictature d'opinion* », une métaphore bien utile, mais qui montre que cette période dite de la terreur par les historiens, ne peut se confondre avec une prise de pouvoir par l'exécutif. Le temps de l'exécutif, c'est celui justement des Thermidoriens et du Directoire qui utilisent l'armée pour réprimer les royalistes victorieux dans les urnes.

Il s'agit de savoir si votre état d'urgence ressemble à notre gouvernement révolutionnaire ou aux coups d'État successifs du Directoire. Qu'est ce qui diffère fondamentalement de ces deux situations ? Dans la première, le nouveau gouvernement a été « *terrible pour les conspirateurs, coercitif envers les agents publics, sévère pour les prévarications, protecteur des opprimés, favorable aux patriotes, bienfaisant pour le peuple* ». Dans la seconde, vous pouvez tout opposer terme à terme, les conspirations prolifèrent, les agents publics ont les mains libres, la corruption est partout, les opprimés ont faim et les patriotes sont incarcérés. Dans le premier cas, le contrat liait des individus égaux et libres dont le gouvernement n'était que la médiation. Que redoutions-nous ? De sombrer dans une situation où il n'y aurait eu que des dirigeants et des gouvernés. Une situation où chaque individu isolé abandonne son pouvoir et sa liberté au gouvernement. C'est la situation du Directoire. Le danger d'un tel contrat est qu'il contient en germe à la fois le principe de l'autorité absolue, d'un monopole absolu du pouvoir où la volonté de tous les nationaux est censée se trouver incorporée au gouvernement. Or en l'an II nous avons constamment lutté contre ce monopole absolu du pouvoir. Nos adversaires thermidoriens nous ont d'ailleurs reproché d'avoir construit un espace public constamment délibérant, et j'oserais dire que le 9 thermidor signe notre bonne foi dans ce désir de ne pas monopoliser les pouvoirs. Même au moment du plus grand danger, j'ai refusé de détourner le contrat à mon profit et aux profits de mes proches politiques. Notre double préoccupation était celui d'établir malgré l'adversité une stabilité tout en maintenant l'esprit de nouveauté et de changement.

Qu'observe-t-on aujourd'hui ? Des perquisitions anormales, des assignations à résidences étranges. De fait tout le monde sait que cet état d'urgence a conduit à plus de portes fracassées chez des individus ordinaires qu'à des arrestations de « dangereux radicalisés », et qu'il a permis d'inquiéter une autre radicalité, celle qui travaille sur le côté gauche du gouvernement, notamment dans les Zads. Il restreint de fait l'espace public démocratique en interdisant les manifestations.

Quand à cette constitutionnalisation, cela me rappelle l'époque où mes adversaires ont constitutionnalisé l'esclavage.

Comment voulez vous faire coïncider dans une constitution la Déclaration des droits de l'homme et du citoyen et l'esclavage ? Eh bien, comment de même faire coïncider un état d'exception permanent, l'état d'urgence constitutionnalisé, et la Déclaration des droits qui fait partie du bloc constitutionnel ? Il y a là à nouveau une contradiction qui n'est pas seulement symbolique. On fait coïncider la chose jugée utile avec le droit *a posteriori* et ainsi on renie les principes fondateurs du droit gouvernement, c'est-à-dire ne pas produire de droit rétroactif, se soumettre au contrôle de constitutionnalité et de légalité en temps réel. « *Le citoyen n'a rien à gagner à voir inscrites dans la Constitution des mesures de circonstance qui permettent de déroger à l'État de droit. Constitutionnaliser, c'est-à-dire institutionnaliser, banaliser, naturaliser l'état d'exception, n'est pas un progrès pour la démocratie. Ainsi, plutôt que de maltraiter la Constitution, il vaut mieux en ce moment – dans cette période très difficile – élaborer un arsenal législatif conciliant, toujours difficilement, l'ordre public avec la liberté*[1] », c'est ce que disait l'un de vos bons juristes dans le journal, le 1er décembre.

Nous étions dans cette difficulté en 1793, et nos juristes avaient inventé un outil très subtil, « *l'état de siège fictif civil*[2] ». Les premières mesures de la Terreur sont notamment nées au début de septembre 1793 lorsque les demandes des manifestants populaires ont été en partie détournées. Alors qu'un « *état de siège réel militaire* » était réclamé et aurait pu naître de la journée révolutionnaire du 5 septembre, un « *état de siège fictif civil* » a été mis en place avec une Terreur conçue comme un « *système auxiliaire transitoire* », « comme si *Paris devait être en état de siège* » en raison d'une menace étrangère imminente. Nous étions préoccupés de maintenir le caractère

---

1. O. Beaud, « Il ne faut pas constitutionnaliser l'état d'urgence », *Le Monde*, 1er décembre 2015.
2. A. Simonin, *Le Déshonneur dans la République. Une histoire de l'indignité*, 1791-1958, Paris, Grasset, 2008.

provisoire des mesures à prendre, mesures nécessaires mais dangereuses, et surtout de ne rien livrer en direct à l'armée, de bien la subordonner au pouvoir législatif. Or désormais un corps d'armée, la gendarmerie, se confond avec la police dans un même ministère de l'Intérieur…, et l'exécutif, quoi qu'il en soit, n'est plus subordonné au législatif. J'avoue avoir aussi eu beaucoup d'inquiétude au moment de la cérémonie de deuil organisée pour les victimes civiles dans un lieu militaire : les Invalides. Comment voulez-vous que les citoyens maintiennent leur lucidité quand on organise la confusion des genres ? Il aurait mieux valu faire une cérémonie place de la République dans un syncrétisme avec la piété civile populaire, plutôt qu'un syncrétisme avec la ritualité militaire.

Pourtant votre pessimisme se heurte à vos exemples, il y a bien des citoyens lucides, chez les parents de victimes, chez Air France, dans les syndicats, à la radio, dans les journaux, chez les juristes, et si ce mal produisait un bien et qu'on passe à défaut de conservation de la liberté à sa refondation ?

Certes le désir de liberté n'est pas éteint, mais il est vacillant, incarné chez une petite minorité qui trouve difficilement les outils de sa résistance, il y a un refus de la situation qui témoigne malgré tout d'une transmission des idéaux révolutionnaires de liberté et d'égalité, mais résister c'est aller au-delà du refus, c'est agir. J'ai entendu beaucoup de pensées sensées, mais je n'ai pas vu d'actions adéquates. Pour refonder la liberté, il faut l'agir.

(*Vacarme*, 2015)

L'amnistie comme « politique »

1. Thrasybule, après avoir chassé du pouvoir les trente tyrans d'Athènes en 403 avant J.-C., proposa à l'Assemblée des citoyens de voter une loi considérée aujourd'hui comme une première amnistie. Nicole Loraux nous invite à revenir sur le dispositif civique qui devait conduire à la réconciliation : un décret – « *Il est interdit de rappeler les malheurs* » –, un serment prêté à la première personne – « *Je ne rappellerai pas les malheurs* » –, une exception — l'interdit de la mémoire ne s'applique pas aux trente tyrans. Seuls les chefs sont donc déclarés responsables du sang versé.

Le nom de chaque Athénien est alors inscrit sur une stèle où « *il est simultanément citoyen et* idiotes [simple particulier] *à la fois encadré par les structures institutionnelles* [...] *et invité à jurer en son nom propre.*[1] » Simultanément, le décret affirme qu'il ne faut pas provoquer la souffrance liée au souvenir et à la représentation d'événements douloureux, et qu'il convient de s'engager personnellement à renoncer à une mémoire de la haine où « *le rappel des faits actif* [est] *dirigé contre autrui*[2] ». Le serment : « *Je ne rappellerai pas les malheurs* » n'est donc pas un simple serment d'oubli, d'amnésie, mais un serment qui se présente comme l'envers du serment vengeur : « Je n'oublierai jamais ». Ce à quoi chacun doit renoncer c'est à la réouverture d'un cycle de la vengeance où l'on intenterait des procès aux vaincus.

Un simple citoyen ne respecta pas son serment et manifesta un goût immodéré pour la vindicte. Il fut traîné devant

---

1. N. Loraux, *La Citée divisée*, Paris, Payot, 1997, p. 144-145.
2. *Idem.*, p. 145.

le conseil par le modéré Arkhinos et condamné à mort sans jugement. Aristote qualifie ce dernier de bon politique et commente dans ces termes les pratiques des démocrates athéniens : « *Il semble bien qu'ils aient usé de leurs malheurs passés de la façon la plus belle et la plus politique.* » Nicole Loraux conclut : « *La politique c'est faire comme si de rien n'était, comme si rien ne s'était produit. Ni le conflit, ni le meurtre, ni la rancune (ou la rancœur).*[1] »

2. Des résistants italiens, pour avoir poursuivi leur combat antifasciste les armes à la main en 1945, ont purgé de longues peines de prison alors que des fascistes notoires, pour s'être rendus, ont vécu paisiblement, entourés de leurs femmes et de leurs enfants. Il s'agissait d'être *politique* avec les uns comme avec les autres.

3. Michel de l'Hospital, grand conseiller de Catherine de Médicis, réclama qu'on ne rappelle plus les guerres de religion et leurs massacres, qu'on efface du vocabulaire même les mots qui pouvaient en provoquer le souvenir tel que « Huguenot ». Les partisans de ce point de vue furent appelés « *politiques* ».

4. Lorsque des lois d'amnistie ont permis en France de 1950 à 1953 à des collaborateurs d'effacer leurs crimes, nombreux ont été ceux, à gauche, qui en ont été choqués, percevant ces mesures comme relevant de la volonté opportuniste de blanchir les élites compromises. Lorsque cette tradition de 1962 à 1968 a permis d'absoudre les crimes de la guerre d'Algérie, cela est apparu inacceptable à tous ceux qui considèrent que l'oubli, ici, est une manière d'occulter tout un pan de l'histoire contemporaine de notre pays, une manière de refuser de l'interroger, une manière de refuser le débat

1. *Idem.*, p. 155.

sur les crimes d'État impardonnables et la fluidité historique nécessaire. Lorsque les généraux félons, auteurs du putsch de 1961, ont eux-mêmes bénéficié d'une réintégration dans le cadre de réserve, cette décision, qui relevait d'une raison d'État en partie électoraliste et outrepassait scandaleusement la tradition républicaine d'amnistie, le débat avait été houleux au sein même de la gauche au pouvoir. Dans ces amnisties où l'interdit sur la mémoire ne s'est pas accompagné de l'exception pour fixer clairement la responsabilité des malheurs passés, on pourrait considérer que le dispositif politique grec du « comme si rien ne s'était passé » avait été encore aggravé.

5. Jules Isaac, lorsqu'il fait le récit de la tyrannie des Trente dans les *Oligarques*, raconte aussi les premières années du régime de Vichy : « *méditant en 1942 sur la réconciliation de 403, il se demande avec amertume si en pareille circonstance les méchants sauront être aussi magnanimes.*[1] »

6. Clémenceau, lorsqu'il se battait pour l'amnistie des communards, avait affirmé qu'« *à toutes les époques, quand l'amnistie a été accordée, les gouvernements précédents avaient parfaitement compris ce qu'il y avait de chance à erreur à faire juger les accusés par des hommes qui, peut-être avaient reçu, ou du moins leurs compagnons d'armes, leurs coups de feu. Et l'histoire a parfaitement approuvé ces sortes d'amnistie*[2] ».

7. Edgar Quinet, en 1865, dans son livre *La Révolution*, affirme qu'au sortir de la Terreur « *les conventionnels qui avaient voté les barbaries par faiblesse, les punirent par une autre faiblesse. Peut-être aussi eussent-ils mieux aimé qu'on oubliât ; mais ils n'osèrent l'ordonner et ils n'auraient plus eu la force de se faire*

1. Cité par N. Loraux, *La Citée divisée*, *op. cit.*, p. 156.
2. G. Clemenceau, débat sur le projet Raspail, *Journal officiel*, 17 mai 1876, p. 3340.

obéir[1] ». « *Cette grandeur manque à la Convention d'oser répondre pour tout un peuple, et de couvrir de son nom les fureurs passées. Elle n'avait qu'un moyen de sauver la mémoire de tous, mais elle n'osa pas prendre sur elle les choses qu'elle avait commandées ; elle les rejette sur les comités, sur les individus* [...]. *Voilà pourquoi la Convention n'entre pas dans l'histoire, elle n'a pas su imposer silence à la postérité.*[2] »

« *La Terreur avait été une première calamité ; une seconde qui perdit la République fut le procès fait à la Terreur*[3] ». On pourrait dire dans la langue d'Aristote que la Convention de la période de la Terreur comme celle de Thermidor – le même personnel politique en majorité — n'ont pas été *politiques*. Il n'est pas certain cependant que ce soit au même titre.

8. Le 25 août 2002, la justice française extradait Paolo Persichetti accusé de « *participation morale et psychique à assassinat* » et condamné par contumace par la justice italienne. Des voix se sont élevées pour protester contre cette trahison de la parole donnée de protéger en France les réfugiés qui étaient sortis de « *la machine infernale* » du terrorisme des années de plomb. En Italie, seule une minorité d'intellectuels, les Verts et Refondation communiste considérèrent ces pratiques d'extradition inacceptables et demandèrent l'amnistie des prisonniers politiques, condamnés pour certains à plus de trente ans et qui, souvent, avaient déjà purgé de longues peines. « *La démocratie italienne, au nom de ses principes, doit savoir tourner la page, fermer de façon* politique *l'histoire de ces années de plomb* [...] *d'autant qu'à l'époque des faits, l'extrême droite ne se priva pas d'attentats massifs, dont les auteurs condamnés depuis et en fuite notoire ne sont pas du tout inquiétés,*

1. E. Quinet, *La Révolution* (Paris, 1865), Paris, Belin, 1987, p. 631.
2. *Idem.*, p. 630.
3. *Idem.*, p. 628.

et que des franges des services secrets manipulèrent activement certains réseaux terroristes[1] ».

Vertige et aplomb : intermède premier

Cette succession de situations historiques produit le vertige car le même mot vient nommer des clôtures qui, à l'évidence, n'ont ni la même forme, ni la même visée ni la même portée politique. Retrouver l'aplomb d'une amnistie revendiquée suppose de ne pas se laisser piéger par cette confusion et de bien comprendre ce qui distingue, comme le disait avec simplicité Jules Isaac, l'amnistie des « bons » *et celle des* « méchants ».

D'abord que s'agit-il d'amnistier ou de ne pas amnistier ? Le sang versé et la remise en question de l'ordre public sous la figure de la tyrannie, du coup d'État ou du putsch, sous la figure de la collaboration à crime de guerre ou à crime contre l'humanité, sous la figure de l'insurrection, sous la figure de la lutte armée, sous la figure plus complexe encore de la terreur exercée par un gouvernement révolutionnaire.

Si l'amnistie porte sur l'action judiciaire, elle est aussi un rapport politique *à la mémoire de ces actes. La notion d'amnistie, quand elle leur est appliquée, fait de ces actes des crimes. Mais outre le fait qu'il est parfois difficile de reconnaître, quand on est concerné, cette valence de l'action anticonstitutionnelle violente, peut-on ainsi mettre sur le même plan et englober dans le même opprobre crime contre l'humanité et résistance à l'oppression ? Il y a là un jeu d'équivalences qui, à bien y réfléchir, laisse perplexe quant à l'analyse de la violence dans l'histoire. L'amnistie des uns et des autres est-elle toujours simplement une remise à zéro des compteurs de l'histoire, qui, pour pouvoir redémarrer du côté de la vie au lieu de s'enfermer dans le ballet mortifère de la rancœur et de la vengeance, auraient besoin de cette sagesse* politique *de l'amnistie ?*

1. Cité par Danielle Rouard, « À Rome les tenants de l'amnistie restent minoritaires », *Le Monde*, 24 septembre 2002.

Refus de l'amnistie et procès d'exception

9. Les communards, qui avaient eu la terrible prétention d'exercer un pouvoir souverain insurrectionnel concurrent de celui de l'État en guerre, subirent une répression féroce en 1871 : Semaine sanglante, déportation en Guyane, jugements militaires expéditifs, jugements qui voilent la dimension politique de l'événement en faisant passer pour brigands et délinquants de droit commun nombre de communards.

L'amnistie des communards est cependant demandée quelques mois après cette répression par les républicains les plus radicaux et les plus antimonarchistes. Elle est refusée. Les dénonciations vont bon train, la police est chargée de retrouver de supposés coupables qui se cachent, les fuyards. Les radicaux qui ont demandé l'amnistie sont accusés d'avoir approuvé les massacres d'otages et de prêtres. La gauche modérée estime que l'heure de l'amnistie n'est pas venue. Il faut seulement réussir à distinguer les « *innocents* » qu'il faut libérer des « *égarés* » envers qui il faut être indulgent et rester extrêmement sévère à l'égard des « *incendiaires* ». Lorsque les républicains gagnent les élections en 1876, la proposition d'amnistie générale présentée par Raspail et Hugo est repoussée par les amis de Gambetta. Ne seront accordées que des grâces pour faire preuve de clémence. Mac-Mahon, président de la République accepte que la justice militaire soit dessaisie à la condition que l'on poursuive « *ceux qui n'ont respecté ni la vie, ni la liberté des personnes, ni les propriétés pour satisfaire leur vengeance ou leur cupidité*[1] ». Mais n'est-ce pas ici un énoncé qui avoue un point d'importance : ce qui est reproché aux communards c'est d'avoir eu à se *venger*.

1. Rapport, Paris, 28 juin 1876, p. 4594., cité par Stéphane Gacon, *L'Amnistie de la Commune à la guerre d'Algérie*, Paris, Seuil, 2002, p. 63

10. La gauche italienne est majoritairement contre l'amnistie des militants des années de plomb et considère que les Français qui protègent ou souhaitent qu'on protège les réfugiés italiens font de l'angélisme, que ces hommes ont du sang sur les mains, que les procès qui ont eu lieu sont légitimes puisque l'Italie n'a cessé d'être une démocratie. Ces procès conduits dans un contexte de justice d'urgence entraînèrent pourtant « *les protestations d'Amnesty international et de nombreux observateurs étrangers dont le gouvernement français*[1] ».

Les procédures s'inventèrent en situation et donnèrent naissance à deux figures juridiques nouvelles : le repenti et le dissocié. Le premier peut voir sa peine oubliée ou fortement réduite en échange d'informations sur son organisation et ses actions. Il est récompensé comme traître. Le second s'engage à reconnaître les délits qui lui sont reprochés et à ne plus faire usage de la violence, en bref, à se dissocier de son organisation, il est récompensé comme renégat. Le sort des repentis, devenus témoins à charge contre leurs ex-camarades, dépend de l'étendue de leur dénonciation. Le décret-loi Cossiga du 15 décembre 1979 intitulé « *mesures d'urgence pour la défense de l'ordre démocratique et de la sécurité publique* » jeta les bases du repentir. Il y en eut 389 classés en collaborateurs ou grands repentis, 134 simples repentis, 177 dissociés. C'est cependant à l'initiative de Toni Negri que naît la véritable figure du « *dissocié* » consacré par la loi du 18 février 1987. Est alors considéré comme dissocié « *l'inculpé ou condamné pour des délits au but de terrorisme ou de subversion de l'ordre constitutionnel, qui a définitivement abandonné l'organisation ou le mouvement terroriste ou subversif auquel il a appartenu, a admis des actions réellement exécutées, présente un*

1. Information précisée dans le texte d'« Appel à l'opinion publique française » signée par une centaine d'intellectuels italiens dont Valerio Evangelisti, Lello Voce, Giorgio Agamben, Wu Ming. *Libération* , 3 septembre 2002.

comportement objectivement et sans équivoque incompatible avec la permanence du lien associatif, refuse la violence comme méthode de lutte politique[1] ».

Aujourd'hui le dirigeant démocrate de gauche Emanuele Malacuso entend « *distinguer au cas par cas, selon la gravité des crimes commis* ». Il faut, dit-il « *demander la grâce pour ceux qui ont abandonné la lutte armée, et par contre les irréductibles doivent purger leur peine*[2] » Le post-fasciste Domenico Nania, sénateur membre de l'Alliance nationale affirme que la « *grâce ne doit être concédée qu'à celui qui se repent et qui obtient le pardon des victimes*[3] ».

11. Le 9 fructidor an III, Fréron, profite d'un discours sur la liberté illimitée de la presse pour affirmer la nécessité de rendre justice à l'humanité des crimes du système de la Terreur ; il dresse un tableau du système de terreur et de sang, et interroge : « *En traçant ce tableau, ne dois-je pas craindre d'avoir accusé la convention nationale auprès de la France et la France auprès de l'Europe et de l'humanité. La France et l'Europe, étonnées de l'oppression où ont vécu les représentants d'un peuple libre en plaignant nos malheurs, nous demandent aussi compte de notre conduite ; n'avons-nous pas à rougir comme à gémir de tant d'excès et de tant de maux que nous avons soufferts.*[4] »

Fréron associe la honte et la plainte, la culpabilité et l'irresponsabilité. Toute la question est de savoir de quoi les conventionnels doivent encore se racheter : d'un silence trop longtemps complice ? de leur lâcheté ? de leur participation aux procédures terroristes ? Si tel était le cas il s'agirait

1. Cité par Isabelle Sommier, « Repentir et dissociation, la fin des années de plomb en Italie ? », in John Crowley dir., *Culture et conflits, pacifications, réconciliations*, Paris, l'Harmattan, 2001, p. 47-48.
2. Cité par Danielle Rouard, « À Rome les tenants de l'amnistie restent minoritaires », art. cit.
3. *Ibid.*
4. *Le Moniteur universel*, t. 21, p. 602

d'expier la condition même du conventionnel qui, comme représentant du tout de la communauté, a dû assumer la brûlure de la vengeance sacrée du peuple face aux contre-révolutionnaires. Car c'est telle a été vécue la Terreur, comme vengeance publique « *plus sacrée que l'insurrection elle-même* » pour asseoir la souveraineté populaire trop longtemps bafouée malgré sa victoire du 10 août 1792.

Les 12 et 13 fructidor an III, Lecointre met en accusation sept coupables, complices de Robespierre et crée un débat tumultueux. Pour les uns, il s'agit de ne pas revenir sur ce qui ne peut être jugé et de mettre en pratique une sorte d'amnistie, de jeter un voile sur une Terreur qu'il ne faudrait plus revisiter comme il avait fallu jeter un voile sur les massacres de Septembre, certes insupportables mais légitimes pour la plupart des spectateurs de l'événement. Pour les autres, il s'agit de juger les complices de Robespierre, de constituer des coupables pour ressouder la convention et la nation face à un bouc émissaire et, du même mouvement, d'enfouir toute autre faille, tout autre soupçon qui pourrait s'exprimer chez les spectateurs européens. Les Tallien, les Freron craignent trop le ressentiment des victimes de leurs missions pour se contenter d'une amnistie générale. Pour faire oublier ses crimes il faut dénoncer ceux des autres.

Bronislaw Baczko[1] considère qu'un « *instinct d'auto-défense* », un « *sentiment de solidarité* » et un « *sentiment de culpabilité collective* » conduisaient à considérer que tout le monde était coupable de la Terreur ou que personne ne l'était. Il y a une autre hypothèse possible. La volonté d'oubli n'était pas pour tous un déni de responsabilité, elle était volonté de mettre un terme au ressentiment sans fin, à la quête illimité des coupables et le moyen de sauver, après leur fondation, les

1. B. Baczko, *Comment sortir de la Terreur*, Paris, Gallimard, 1989, p. 91.

principes révolutionnaires. Refuser l'oubli, c'était par contre se dissocier de l'épisode révolutionnaire et *in fine* le renier.

Le 13 fructidor an III, un anonyme s'écrit : « *Puisque la France a été opprimée ainsi que la Convention, il faut donc accuser aussi le peuple de ne s'être pas insurgé.*[1] » Dans le schéma révolutionnaire de la responsabilité politique, la réciprocité du droit de résistance à l'oppression et le devoir d'insurrection ne permettent à aucun membre de la Convention de se désolidariser des autres, ni au peuple de se désolidariser de la Convention. Ce qui est ainsi affirmé, c'est l'idée d'une responsabilité collective des peuples politiques, indissociables de leur gouvernement. Le conventionnel Goujon avait ainsi souligné que les reproches faits aux sept accusés portaient sur la Convention elle-même : « *C'est la Convention qu'on accuse, c'est au peuple français que l'on fait le procès puisqu'elle a souffert la tyrannie de l'infâme Robespierre.*[2] » Goujon refuse de renier sa part de responsabilité dans l'exercice du gouvernement révolutionnaire : « *Comment Lecoîntre me prouvera-t-il que je n'ai pas toujours voté librement, je le répète cet acte d'accusation est contre-révolutionnaire.*[3] » Thuriot argumente dans le même sens : « *Tous les actes que l'on vous a cités sont autant d'actes du gouvernement que la Convention a scellé par ses lois – et c'est lorsque vous avez tout approuvé par vos décrets qu'on vient vous proposer de dire que vous n'avez rien fait, que vous n'avez aucune existence – et cependant par une contradiction inexprimable, sept d'entre nous, qui n'ont reçu leurs pouvoirs que de nous, auraient eu une existence tandis que nous n'en avions pas.*[4] »

L'argument d'une responsabilité collective conduit à soutenir l'action du gouvernement révolutionnaire au nom du peuple. Tallien, au contraire, l'attaquait en même temps

1. *Le Moniteur universel*, t. 21, p. 627.
2. *Idem*, p. 623.
3. *Idem*, p. 627
4. *Ibid.*

qu'il révoquait la valeur d'un peuple en insurrection comme sa possibilité. Pour lui ce peuple ne pouvait être responsable car il avait, comme les Conventionnels, été trompé ou anéanti par la terreur, un peuple « *victime, jamais complice*[1] ».

Robert Lindet, le 4e sans-culottide an III, présente un long rapport qui vise à contenir la vengeance qui pourrait s'exercer à l'encontre du personnel sectionnaire qui a peuplé les comités de surveillance, le personnel politique impliqué dans la loi des suspects. Il déclare ainsi qu'« on ne doit jamais oublier *les services que ces citoyens ont rendus à la République ;* faisons oublier à nos concitoyens les malheurs inséparables d'une grande révolution, *disons que le passé n'est plus à nous, qu'il appartient à la postérité*[2] ». Chez Robert Lindet, le devoir d'oubli tisse ainsi le présent, la mémoire doit se taire et laisser toute la place à l'histoire qui s'écrira plus tard. Seuls ceux qui n'ont pas eu à vivre la révolution pourront en faire l'histoire. En attendant, il conviendrait de se souvenir de la nécessité révolutionnaire et d'oublier des erreurs à ne pas confondre avec les crimes. « *Nous ne devons pas dissimuler à la France que plusieurs se sont étrangement écartés de l'objet de leur institution ; nous devons dire que les fautes de plusieurs n'ont été que des erreurs de l'entendement : ils n'avaient pas assez médité la loi dont l'exécution leur était confiée* [...] *l'égarement ne se confond point avec la perfidie.*[3] »

La responsabilité collective doit empêcher toute *dissociation* contre-révolutionnaire. Un sujet politique collectif doit assumer la Révolution après l'avoir faite.

Du côté de l'oubli, on reconnaît que le peuple a été révolutionnaire, sans indulgence dans sa vengeance, parfois même égaré, mais qu'il n'a pas à en avoir honte, ni à s'en justifier

1. *Le Moniteur universel*, t. 21, p. 612.
2. *Archives parlementaires*, t. 97, p. 321.
3. *Archives parlementaires*, t.97, p. 321.

aujourd'hui. La justice judiciaire n'a pas à juger l'histoire politique, affirmait Cambon.

Du côté du refus d'amnistie, le peuple révolutionnaire et souverain disparaît au profit d'une interprétation dictatoriale de son désir de vengeance. Le peuple n'est plus le souverain, mais le jouet de dictateurs d'opinion, un alibi manipulé par les hommes de sang. Le peuple n'aurait le choix qu'entre deux rôles révolutionnaires : bourreau sanguinaire ou la victime innocente et naïve. Dans un tel récit, le peuple qui décide n'existe pas. Il faut incriminer les tyrans et leurs suppôts, quitte à ce que le peuple y perde sa souveraineté, ou pourvu que le peuple y perde sa souveraineté et sa responsabilité de résistant potentiel.

Intermède second : cacher ces insurgés que je ne saurais voir

Séparer un sujet politique collectif de lui-même ou le nier, c'est là l'objectif des procès construits contre la possibilité d'une amnistie ou d'un oubli assumé de violences politiques qui ont effectivement eu lieu. Il faut distinguer, graduer les crimes, les peines, les grâces, les culpabilités pour affirmer d'abord que ces conflits violents, cette terreur exercée n'ont pas été l'expression de conflits politiques majeurs mais des actes d'inhumanité dont il faut toujours rougir après coup. Le cas par cas de l'expiation solitaire d'un individu livré à la solitude de l'échec vient ainsi à bout de la politique. « À l'autre bout de la chaîne, repentis et dissociés inventent une nouvelle figure : celle de "l'irréductible", le monstre irrécupérable qui, non seulement n'abjure pas, mais serait susceptible de recommencer dès sa sortie de prison.[1] » *Quatre grands coupables pour cacher le sens de la terreur, le refus de l'amnistie en l'an III, complexifient cette configuration, car la gauche modérée est au pouvoir et veut se dissocier de sa jeunesse révolutionnaire. Elle fait le procès des radicaux et jette l'opprobre sur quelques monstres. Le peuple insurgé serait-il toujours coupable ?*

1. I. Sommier, art..cit., p. 57.

Car ce que ces procès viennent interdire, c'est l'amnistie des effets de violence pure, de la violence insurrectionnelle, de la violence des résistants, de la violence de la terreur comme seule possibilité pour fonder la souveraineté populaire, la liberté et l'égalité face à la contre-révolution. Les amnisties refusées sont celles qui effaceraient l'opprobre dont les honnêtes gens couvrent tout peuple qui s'insurge.

Revendiquer l'amnistie : un rapport à la construction du récit historique

12. Le même mot en grec « *alastor* » désigne un criminel qui a commis des actes inoubliables et le génie vengeur du mort qui inlassablement poursuit le meurtrier.

Aristote lorsqu'il évoque l'amnistie athénienne oppose le comportement du *demos* des Athéniens à celui des autres cités qui, en pareil cas, n'hésitent pas à prendre des mesures beaucoup plus radicales[1]. « *Non seulement les Athéniens n'usèrent point de leur "kratos"* [victoire] *pour s'approprier la cité comme souvent le font les factieux victorieux, mais ayant procédé à un partage équitable des droits civiques,* [...] *les démocrates en firent un titre de gloire.*[2] » Il leur avait été suggéré de ne pas se venger pour rassurer les honnêtes gens. Le génie vengeur des crimes de la tyrannie des Trente ne sera pas réveillé...

Désormais l'histoire d'Athènes ne sera plus celle d'une *democratia* où la politique est fille du conflit assumé, mais celle d'une *politeia* (constitution) ou, plus souvent encore, d'une *polis*. « *L'appel à la polis est devenu un opérateur très efficace dans le processus de neutralisation de* democratia, *ou plus exactement comme neutralisation de* kratos, *comme partie intégrante de ce mot. Car c'est désormais de sa "douceur" que les orateurs athéniens louent la démocratie.*[3] »

1. Aristote, *Constitution d'Athènes*, 40, 3.
2. N. Loraux, *op.cit.*, p. 262.
3. *Idem.*, p. 271.

« *Par un retournement des évidences premières, on n'aurait sans cesse rappelé leur victoire aux démocrates que pour mieux leur suggérer qu'ils se devaient de faire oublier qu'ils l'avaient emporté en oubliant, eux, l'étendue du tort qu'ils avaient subi.* [...] *Oubli de la victoire contre oubli du ressentiment. Mais qui ne voit qu'il était en fait demandé au même camp d'assumer les conséquences de ce double oubli ?* [...] *C'est ainsi que les politiciens modérés procédèrent à une remarquable opération de détournement de cette victoire même qu'ils ne cessaient de rappeler solennellement.*[1] » C'est finalement la victoire démocratique et la souveraineté incarnée par l'acte de rendre la justice qui est refusée au peuple par ce détournement.

13. La logique d'oubli des égarements contingents à la nécessité révolutionnaire prônée par Robert Lindet ne réussit pas à s'imposer. Du 2 au 7 brumaire an III, on met au point une procédure d'accusation pour les criminels terroristes ; le 22 brumaire, le club des Jacobins est fermé ; le 3 frimaire débute le procès Carrier. Le 12 ventôse an III le rapport de Saladin contre Barère, Collot d'Herbois, Billaud-Varenne et Vadier « *conclut à la tyrannie exercée sur le peuple français et à l'oppression de la représentation nationale* ». La responsabilité collective de la convention quant à l'exercice de la terreur est ainsi effacée au profit d'une accusation qui fixe désormais la responsabilité de la Terreur sur « *quatre grands coupables* ». Il n'y aura pas de politique d'amnistie comme oubli politique, mais tentative politique de fixer et délimiter les crimes et leurs acteurs, tout en alimentant par l'image, le pamphlet, les pratiques, un imaginaire horrifié du sang versé par les « terroristes », froids penseurs d'une violence inhumaine, ou buveurs de sang avinés. *Il fallait faire des procès aux terroristes pour rassurer l'Europe et les honnêtes gens.*

---

1. *Idem.*, p. 262-263.

Le « *gouffre de la Terreur* » n'est pas clos pour autant. Ces quatre protagonistes du gouvernement révolutionnaire qui avaient pleinement contribué au 9 thermidor, ne réussirent pas à faire oublier leur propre engagement dans les décisions de Terreur ; de la même manière, la Convention ne réussit pas à se dissocier du gouvernement révolutionnaire. Sous couvert d'inculper des grands coupables, ce fut la Révolution elle-même qui bientôt fut enveloppée dans l'accusation d'infamie. Loin de sceller la réconciliation, les reniements ne cessèrent de déchirer et de fragiliser le nouveau régime thermidorien puis directorial. La responsabilité fixée sur ceux qui seront bientôt exilés en Guyane, ne vient pas faire oublier les malheurs, mais les imprime comme une tache indélébile, infamante et impossible à oublier. Entre-temps, le droit de résistance à l'oppression et le devoir d'insurrection ont été effacés des principes de la toute nouvelle déclaration des droits et devoirs. Le peuple n'existe plus comme souverain responsable et universel. Le suffrage est désormais censitaire et conditionné à des capacités culturelles, telle que la lecture, qui excluent de fait tous ceux qui ont fait de la politique pendant la Révolution dans des pratiques discursives orales. Le peuple retourne à sa vie familiale, on lui demande de ne plus avoir d'opinion.

Le récit thermidorien de la Terreur aura été celui d'une violence sans frein effectuée par des fous qui couvrirent du voile de l'idéalisme, soif de sang, puissance illimitée et dictature. Un autre récit permet de restituer la vengeance terrible d'un peuple souverain bafoué dans son identité politique, vainqueur de la Bastille en 1789, vainqueur du 10 août en 1792, vainqueur de Valmy et dont pourtant la volonté politique est trop souvent et trop longtemps considérée comme inopportune. Demander l'amnistie pour cette vengeance terrible, c'est demander qu'on reconnaisse cette version du récit et la victoire du peuple. Cette revendication d'amnistie historique et historiographique est d'actualité.

14. Le premier mai 1876, Camille Pelletan affirme que l'histoire de la Commune reste à faire. Contre l'histoire officielle qui fait de la commune un complot ou une affaire de brigandage, il est temps de lui donner sa véritable dimension de révolution politique. Clémenceau le 16 mai 1876 propose un nouveau récit à la Chambre. Il présente les causes qui expliquent l'émeute du 18 mars : Paris a été victime de l'Empire qui a privé la ville de ses franchises, a dressé la province contre la ville rouge ; Paris a été victime de la guerre, puis du gouvernement du 4 septembre qui a refusé que la garde nationale soit engagée contre l'ennemi ; Paris a été victime de la capitulation-trahison après les sacrifices du siège ; Paris a été victime des monarchistes qui ne la reconnaissent pas comme capitale. Pour Clémenceau le coupable c'est « *la chimère, le rétablissement de la monarchie à laquelle les députés de la majorité ont sacrifié la paix publique*[1] ». L'été 1876, Xavier Raspail publie un ouvrage intitulé *De la nécessité de l'amnistie*, il est poursuivi pour « *défense et justification de l'insurrection de 1871* ». Il est jugé coupable de faire porter la responsabilité de l'insurrection sur l'Assemblée nationale et le gouvernement, d'accuser l'armée d'exécutions sommaires. Il est condamné.

15. En Italie les procès faits aux terroristes des années de plomb voilent le récit de l'enchaînement des faits : une période fasciste de vingt ans ; une guerre civile qui oppose fascistes et résistants après le fiasco de Mussolini ; à la Libération, un parti communiste, allié à la démocratie chrétienne, qui désarme et incrimine les résistants refusant de faire cesser l'épuration et liquidant encore leurs ennemis ; dans les années 1960, le fascisme domine encore le pourtour méditerranéen, en Grèce, au Portugal, en Espagne, en Turquie. Des réseaux mafieux, la loge maçonnique P2, le

1. Clémenceau cité par Stéphane Gacon, *op.cit.*, p. 65.

réseau Gladio sont financés par la CIA ; le 12 décembre 1969, l'explosion d'une bombe dans la banque de l'agriculture Piazza Fontana à Milan fait 16 morts et 98 blessés ; c'est l'attentat fondateur de la « *stratégie de la tension* » ; il est le fait de militants fascistes membres du groupe Ordre nouveau et reste pourtant imputé à l'extrême gauche. Ce terrorisme noir fit plus de morts que le terrorisme rouge qui l'a combattu[1]. « *À l'époque les partis en place depuis la libération, la démocratie chrétienne et le parti communiste italien, empêchaient la mise en place d'une réelle expression politique alternative, formant un bloc handicapant sérieusement le vrai débat social et le traitement des problèmes de la société civile, notamment des ouvriers, des paysans, et des habitants du sud de la péninsule.* […] *Les acteurs de la gauche italienne radicale étaient des ouvriers, des chômeurs, des étudiants et la seule réponse qu'ils reçurent pour leur mal-être fut la mise en place d'un régime répressif excédant les normes démocratiques et la mise en place d'un État d'urgence où le judiciaire appuyé sur le militaire put entreprendre son œuvre de moralisation dont on connaît maintenant les effets dévastateurs.*[2] »

Revendiquer l'amnistie pour Paolo Persichetti et les autres prisonniers politiques italiens des années de plomb, c'est demander qu'on reconnaisse cette version du récit qui n'est pas celle fabriquée par les juges avec l'aide des repentis.

La veuve du général Giorgeri, interrogée dans *La Repubblica* dès le lendemain de l'extradition de Paolo Persichetti, trouve dérisoire une telle arrestation qui n'est propice, dit-elle, ni à l'avancement de la vérité ni à la connaissance des réelles responsabilités. Francesco Cossiga, président

1. Selon les statistiques du ministère italien de l'Intérieur, 67,55% des violences commises en Italie de 1969 à 1980 sont imputables à l'extrême droite, 26,5% à l'extrême gauche ; les premiers ont fait 150 morts, les seconds 94.
2. T. Wuillème, « Contre l'amnésie. Amnistie et armistice », *Drôle d'époque* n° 11, automne 2002, p. 12-13.

de la République italienne de 1985 à 1992, sénateur de la démocratie chrétienne, a écrit à Paolo Persichetti en prison. Il affirme dans sa lettre que « *l'extrémisme de gauche n'était pas un terrorisme au sens propre* [...] *mais un mouvement politique qui, se trouvant dans la situation de combattre un appareil d'État, usait de méthodes terroristes comme l'ont toujours fait tous les mouvements de libération, y compris la Résistance, en croyant amorcer – et c'est là qu'était l'erreur, même sur le plan formel – un mouvement véritablement révolutionnaire.* » Il poursuit : « *Vous avez été battus par l'unité politique entre la Démocratie chrétienne et le parti communiste italien et parce que vous n'avez pas su entraîner derrière vous les masses dans une véritable révolution. Mais tout ceci appartient à une période historique de l'Italie dont la page est tournée. À présent la prétendue justice qui s'est exercée et qui s'exerce encore à votre encontre, même si elle est légalement justifiable, tient politiquement de la vengeance et de la peur.*[1] »

Intermède conclusif

Nous avons désormais une réponse à l'interrogation de Jules Isaac. L'amnistie comme interdit de la vengeance est toujours demandée au peuple bafoué lorsqu'il est vainqueur, mais rarement accordé lorsqu'il est vaincu. Lorsqu'il a été vainqueur un moment pour avoir su convoquer « alastor », *le génie vengeur face à ses ennemis, le peuple n'a pas été indulgent en l'an II, mais il a connu la victoire. Le prix de cette victoire a été celui de la brûlure de la violence divine. Mais ceux qui devaient en accepter la représentation et l'assumer comme une nécessité l'ont refusé et ont refoulé la victoire. Les thermidoriens laissent ainsi l'opprobre et l'infamie recouvrir la nécessité sublime de cette séquence historique.*

L'amnistie n'est pas alors une affaire morale de magnanimité, mais un combat politique à mener et à gagner dans l'ouverture de nouveaux possibles politiques. L'amnistie n'est pas, dans ces

---

1. Francesco Cossiga, lettre à Paolo Persichetti, sept. 2002, parue dans *Drôle d'époque*, *op. cit.*, p. 21-23.

cas-là, une manière de remettre les compteurs de l'histoire à zéro mais une manière de reconquérir pour le peuple le kratos *et la dignité de son combat.*

(*Lignes*, 2003)

II

L'EUROPE, LE SOL DE LA GUERRE

Libération et modes de fictionnalisation dans les musées d'histoire du XXe siècle européen

Le musée d'histoire invente une autre écriture de l'histoire, tendue entre le livre d'histoire qui raconte et qui montre dans une double visée civique et pédagogique, et le musée d'art qui instaure un rapport esthétique avec le visiteur. Dans ces musées, l'ensemble des médias culturels qui existent pour construire des récits sont mobilisés : des images fixes, des gravures, des peintures, des photographies, des sculptures, des images cinématographiques, des monuments, des objets de toutes sortes à valeur ou non de reliques, des voix, des sons, des saynètes théâtrales, l'ensemble étant mis en espace, scénographié. Le texte n'occupe *in fine* qu'une fonction de liant ou de médiation. Les historiens des musées ont révoqué, peut-être à leur corps défendant, « *la ligne de partage aristotélicienne entre deux histoires, celle des historiens et celle des poètes, laquelle ne séparait pas seulement la réalité et la fiction mais aussi la succession empirique et la nécessité construite*[1] ». Le musée d'histoire des guerres articule « *le réalisme qui nous montre les traces poétiques inscrites à même la réalité* » dans la présence matérielle de la collection d'objets, et « *l'artificialisme qui monte des machines de compréhension complexes* » où le récit est spatialisé et produit ses effets sur un mode éminemment sensible.

Avec le musée d'histoire des guerres, la tension est cependant complexifiée, car il s'agit de construire le discours historique du rachat des morts, sans doute le plus fondateur du devenir des sociétés qui le reçoivent dans l'après-coup des événements vécus, le plus fondateur et le plus sensible.

1. J. Rancière, *Le Partage du sensible*, Paris, La fabrique éditions, 2000, p. 59.

Or, la Libération est l'un de ces événements qui ressortent à la fois de décisions politiques et militaires collectives qui, dans leurs réceptions sensibles, mettent en conflit deux registres de l'intolérable[1]. Le premier est l'intolérable humaniste d'une commune humanité qui déclare que ce qui est intolérable, c'est qu'on fasse violence aux hommes et donc qu'on fasse la guerre. Le second est l'intolérable d'une humanité qui déclare intolérable la version nazie des rapports humains et qui, pour lutter contre, accepte de diviser l'humanité entre amis et ennemis, accepte de faire violence aux ennemis et affirme du même mouvement qu'il y a des valeurs qui valent la mort d'un homme, que dans chacun des camps on peut accepter de mourir et de faire mourir pour des valeurs. Pour maintenir ce second intolérable, il faut, dans l'événement même, accepter de mettre à mal le premier, c'est le point de vue politique et militaire de la Grande Alliance et de la Résistance, et cela ne pose pas alors de problèmes moraux insurmontables. Il faut souligner que ce sont alors les collaborateurs au pouvoir qui déplorent les morts civils de la Libération pour argumenter contre les soi-disant libérateurs.

Mais plus on s'éloigne de l'événement et plus le conflit entre les deux intolérables s'exacerbe, accompagnant l'oubli des clivages politiques initiaux. C'est alors que le processus de fictionnalisation entre en scène, pour faire tenir ensemble publiquement ce qui s'excluait dans le discours public contemporain de l'événement.

Ce sont ces manières de faire qui ont retenu mon attention, mais ces manières de faire sont elles-mêmes historiquement

---

1. Sur cette question de l'intolérable nous renvoyons à Patrice Bourdelais et Didier Fassin (dir.), *Les Constructions de l'intolérable. Études d'anthropologie et d'histoire sur les frontières de l'espace moral*, Paris, La Découverte, 2005 ; et, plus particulièrement, à notre article, « La révolution comme conflit d'intolérables. Comment définir l'inhumanité en période révolutionnaire ? »

configurées, et dans le contexte actuel de l'élargissement européen, ce conflit d'intolérables connaît une nouvelle valence. Ce ne sont plus deux intolérables qui entrent en concurrence et contradiction, mais trois : l'intolérable des crimes nazis, l'intolérable des crimes communistes et l'intolérable de la violence faite aux corps en général. Représenter une Libération effectuée par une Grande Alliance qui incluait les communistes de l'Union soviétique devient un exercice dangereux pour la stabilité des récits historiques. Mon second objectif sera de montrer comment les machines de sens constituées par les musées d'histoire conduisent à mettre en doute la valeur fondatrice collective de la Libération au profit d'une autre libération, celle qui a pris place en Europe centrale et orientale depuis le 9 novembre 1989 et la chute du mur.

J'analyserai dans un premier temps les effets des conflits d'intolérables en termes d'ambivalence à l'égard des héros de la Libération voire de déshéroïsation, puis dans un second temps, je montrerai les effets des processus de victimisation sur le regard porté sur la Libération.

Je focaliserai l'attention sur trois lieux qui me paraissent emblématiques aujourd'hui de cette configuration historique : la maison des terreurs à Budapest, en contrepoint le Statue Park de Budapest, le mémorial pour la paix de Caen.

La maison des terreurs est un projet soutenu par les libéraux des années 1990 et présente un espace muséal scénographié sur les trois étages du 60 boulevard Andrassy qui est l'immeuble qui a abrité les polices politiques des nazis puis des communistes au plein centre de Budapest. Elle est très visitée par les scolaires. Le parc aux statues résulte de volontés multiples. Celle des habitants des quartiers d'où les statues ont été déboulonnées ; celle d'organismes politiques qui firent pression sur la municipalité ; celle de l'architecte qui a gagné l'appel d'offres lancé par la municipalité. Le sort de chaque statue ayant été voté au cas par cas, celles qui étaient conservées pour le parc devaient permettre de revisiter l'histoire de la période communiste. De fait ce parc est le produit de l'investissement d'anciens communistes critiques de longue date du régime communiste : architecte, poètes, historiens. Il est très décrié par les libéraux mais, construit comme objet touristique, il est visité par les touristes.

Le mémorial de Caen très visité depuis son ouverture en 1988 par les scolaires et les touristes, se présente désormais comme un musée de l'histoire du XXe siècle. Il a ouvert un nouvel espace en 2001 qui porte sur la guerre froide et les cultures de paix, et a inventé des dispositifs pour relier l'histoire de l'avant-guerre et de la guerre à ces nouveaux espaces.

I. le regard ambivalent porté sur les héros de la Libération

Les héros soviétiques dans un jeu de cache-cache

Dans la maison des terreurs de Budapest, la déshéroïsation des Soviétiques est le fruit explicite d'une ellipse pure et simple de la Libération comme événement. La salle qui malgré tout est amenée à la mettre en scène s'intitule : « Double occupation » et refuse d'évoquer la Libération par les Soviétiques le 27 août 1944 dans ces termes. L'occupation, affirme le musée, « *commence le 19 mars 1944 avec l'invasion nazie et la perte de souveraineté nationale, et s'achève avec le départ du dernier soldat soviétique qui quitte la Hongrie le 19 juin 1991.*[1] »

Cette salle sur la double occupation prolonge très explicitement la logique de mise en équivalence de la terreur nazie et de la terreur communiste mise en exergue à l'entrée du musée, à l'extérieur comme à l'intérieur. En effet le sigle choisi par le musée intrique le symbole des croix fléchées nazies hongroises et celui de l'étoile rouge communiste. Ce symbole qui permet de mettre en équivalence les deux « terreurs » est présent sur le toit du musée et visible depuis la rue et est scénographié dans l'entrée du musée. La rampe

1. Feuille de salle du musée.

d'accès d'escalier de marbre noir est divisée en deux, une musique lugubre se déclenche sous les pas du visiteur dont le regard est capté par un double monument, une stèle noir avec une croix fléchée pour la terreur nazie, une stèle rouge avec une étoile pour la terreur communiste.

Dans la salle de la « double occupation », après avoir visionné un montage vidéo cartographique qui explique les difficultés de la petite Hongrie à maintenir sa souveraineté de 1919 à 1944, on est invité à tourner autour d'un mur central qui sépare l'espace en deux, où l'on retrouve d'un côté le symbole des croix fléchées des nazis hongrois et de l'autre l'étoile rouge communiste. Sur chacune des faces de ce mur, défilent en boucle des images vidéos.

Mais ce ne sont pas des images qui concernent spécifiquement la Hongrie ou encore les nazis puis les Soviétiques comme occupants, mais des images qui ont statut d'icônes signalétiques. On trouve ainsi les images du drapeau soviétique hissé sur le Reichstag par un soldat soviétique radieux, les images terribles du camp de Bergen Belsen tournées en avril 1945 par les Britanniques qui poursuivent ici leur longue migration[1], les images très connues elles aussi des foules nazies à Nuremberg, des défilés au pas de l'oie.

On trouve ensuite des images moins connues. Des soldats allemands décrochent un aigle et le donnent aux soldats soviétiques sans que le spectateur puisse savoir exactement où se déroule cette scène – il ne peut que dénoter les symboles et les uniformes. Des foules en liesse à l'arrivée des soldats soviétiques, des foules en liesse devant les soldats nazis, des villes détruites, des violences dans les rues entre civils et soldats, des batailles de rue, l'armée allemande à Moscou, des soldats allemands prisonniers de guerre. Aucun commentaire.

1. Voir S. Lindeperg, *Les Actualités filmés de la Libération : archives du futur*, Paris, CNRS éditions, 2000.

Ainsi la Libération n'est pas présentée comme un sujet en soi, elle n'est qu'évoquée au sein d'images qui la signalent en l'externalisant : « Ça a existé, mais ailleurs et pas pour nous. » Mais si l'on fait exception de la Libération des camps de la mort, ces images non commentées sont des images qui rendent interchangeables les formes de l'occupation et les formes de la Libération : une armée entre dans une ville, transforme l'espace symbolique et des foules l'acclament.

Dans un tel dispositif, la figure du héros soviétique n'a plus de place. On le retrouve cependant dans les marges du musée, c'est-à-dire dans son exposition temporaire qui porte en juin 2004 sur l'extermination des juifs hongrois. Deux salles sont consacrées à cette exposition. Un mur de projection vidéo présente les témoignages de rescapés. Un vieux monsieur raconte « sa » Libération, l'arrivée des soldats soviétiques dans Budapest, l'un d'eux s'approche de lui avec un couteau à la main, il a peur, l'autre sourit et tend son bras et d'un geste sec découd avec son couteau l'étoile jaune du petit garçon juif hongrois qu'il était.

On retrouve également ces héros soviétiques dans le parc des statues. Ici l'architecte a souhaité présenter les statues selon un plan singulier, un mur qui bloque le parc affirme l'échec de l'utopie communiste, mais les allées du parc sont des allées infinies où l'on peut sans fin revisiter l'histoire. La première des trois allées infinies est consacrée aux monuments de la Libération. Il y a ainsi dix stations consacrées à la Libération parmi lesquelles des monuments aux héros soviétiques, une allégorie de la Libération, des représentations de l'amitié hongroise-soviétique, une pierre commémorative de la libération des pionniers. L'héroïsation est alors celle du réalisme socialiste, mais, dans ce parc inachevé et assez pauvre en moyens, dans l'environnement fait de pylônes électriques, d'affiches publicitaires et de pavillons, elle acquiert un caractère dérisoire. Les statues du « monument aux héros soviétiques » semblent s'élever à la gloire des pylônes électriques, l'inscription qui allait avec l'un des monuments : « *Gloire éternelle aux héros tombés dans les combats pour la liberté, l'indépendance de l'Union soviétique et pour la libération du peuple hongrois* », n'y est plus. Enfin dans la guérite qui sert d'accueil, le message est celui de l'ironisation mordante, on vend des tee-shirts du tourisme de la terreur.

Cependant le petit livret que l'on peut acheter pour rendre intelligible une visite sans inscription et sans signalétique qui, sinon, est difficilement lisible, propose une lecture historique plus complexe que cette simple dérision. Il affirme que « *la deuxième guerre mondiale s'est terminée pour la Hongrie avec l'entrée de l'armée soviétique. Il est certain que les forces fascistes qui occupaient le pays ont pu être battues grâce à cette intervention, mais en même temps la Hongrie devenait à nouveau territoire occupé ; c'était le début de 45 années d'influence communiste. Le 4 avril 1945, les dernières troupes allemandes ont été chassées du pays ; le jour de la Libération est resté fête nationale jusqu'en 1989.*[1] » Pour chacune des statues le même guide explique les tribulations subies (statue renversée, décapitée, recouverte de graffitis, resculptée, nettoyée, déplacée, remplacée, etc.) en 1956, en 1989 et en 1991. Le déboulonnage de la Libération est une énième tribulation ; si le communisme a été une impasse, le sol de l'histoire est bien une allée infinie.

Ces héros soviétiques de la Libération ne sont pas absents du mémorial de Caen, mais également dévalorisés par la connaissance de la suite de l'histoire. Certes, grâce à des films, on a accès à la bataille de Stalingrad, mais, pour ne donner qu'un exemple, la légende du tableau représentant la jonction des troupes soviétiques et américaines le rend immédiatement dérisoire, comme si l'événement fugace mais fondateur de la Libération par la grande Alliance ne faisait pas le poids par rapport à la guerre froide : « *Peinture soviétique évoquant la jonction fraternelle des troupes alliées*

1. Livret, description du monument 5 de l'allée.

à Torgau, sur l'Elbe. Bientôt la grande Alliance cédera la place à la guerre froide.[1] »

Les héros du camp occidental, une solidité apparente

Les vrais héros de la Libération, à Caen, sont les libérateurs américains. Deux films leur sont consacrés l'un sur le D. Day, l'autre sur la bataille de Normandie, constitués l'un et l'autre d'images d'archives et de fictions cinématographiques. Ces films font suite à l'espace 3 « *Largement ouvert, très lumineux, guerre mondiale, guerre totale qui symbolise l'espoir représenté par l'entrée en guerre de l'URSS et des États-Unis, et l'omniprésence de l'industrie, des sciences, de la technique dans la mondialisation du conflit*[2]. »

Toute la question est de savoir quel sens donner aux émotions qui sont ici volontairement sollicitées, l'objectif annoncé et justifiant le mélange d'images d'archives et de fictions étant de « *donner la plus large place à l'émotion*[3] ». En effet, le spectacle de la guerre reste un spectacle toujours captivant, il produit la jouissance de l'aventure même si on en connaît le dénouement. Mais, rien ne permet d'appréhender les deux films, valorisés par le mémorial pour leur qualité technique et le confort offert au spectateur, comme des films fondateurs de valeurs, ou simplement réfléchissant la question des valeurs. Le montage vise surtout à maintenir le caractère palpitant de ces événements au pluriel, par leur caractère aléatoire. Il s'agit d'avoir le sentiment d'y être vraiment. Des images de cimetière entrecoupent le film sur le D-Day, évoquant la question du sacrifice et la dette alors contractée à l'égard des soldats américains. Ces interludes, peu convaincants sur le plan du montage, viennent

1. Document visible dans *Le Grand livre du mémorial*, mémorial de Caen, éditions du Regard, 2002, p. 106.
2. *Le Guide du mémorial*, p. 16.
3. *Idem*, p. 20.

cependant corriger le pur spectacle et produisent des effets de distanciation. La réélaboration des films pour l'ouverture de la deuxième tranche du musée l'a fait disparaître. Il faut donc attendre le film *Espérance* pour être dans ce registre des valeurs et trouver un sens à une victoire due à une supériorité technologique et industrielle, au nombre et à la chance. La guerre, nous a-t-on dit, est toujours un rapport de forces en présence. La Libération exprime ce rapport de force. Mais « Libération » n'est pas « victoire », *Espérance* doit donner le sens de la victoire. Selon les termes du réalisateur Jacques Perrin, ce montage est plus « *impressionniste qu'historique* » et propose « *tels des morceaux épars d'un puzzle, le monde qui se fait et se défait au gré des événements, d'illustrations emblématiques*[1] ». De ce fait le registre de l'événement historique « Seconde Guerre mondiale » disparaît sous le flot du registre des événements du XXe siècle saisis en direct par la caméra de reportage journalistique, de la lutte non violente du Mahatma Ghandi à la chute du mur de Berlin en passant par l'élection de John Fitzgerald Kennedy, président des États-Unis en 1960, les accords de paix entre Anouar El Sadate et Menahem Begin, l'arrivée de Gorbatchev au pouvoir, etc.

Ce patchwork transforme la Seconde Guerre mondiale en un élément parmi d'autres de l'histoire tourmentée du XXe siècle. Elle n'est plus un événement singulier, mais un élément de la ritournelle sur la violence, la paix, la guerre.

Les héros de la Seconde Guerre mondiale et de la Libération n'acquièrent donc pas de valeur singulière pour avoir été les remparts contre le nazisme. La galerie des Prix Nobel de la paix parachève le refoulement de l'événement au sens fort du terme. En affirmant que la paix est le fruit des hommes de bonne volonté, elle présente des situations où les ennemis ont été réconciliables, tels les Irlandais David Trimble et John Hume en 1998, tel Ytzhak Rabin, Yasser

---

1. *Idem*, p. 25.

Arafat et Shimon Pérès en 1994, tel Marin Luther King en 1964. Or la spécificité de la Seconde Guerre mondiale est d'avoir mis face à face des ennemis irréconciliables. Entre le nazisme et la démocratie, il n'y avait pas de conciliation possible, sinon Munich, entre la collaboration et la résistance, il n'y avait pas de voie médiane qui puisse avoir un effet historique contre le nazisme. Ainsi la question de la commémoration de la Seconde Guerre mondiale est celle de la conscience d'une situation où l'ennemi est irréconciliable et où la guerre engage totalement la forme politique des sociétés à venir sans que l'on sache jamais qui va perdre ou gagner. Autant dire que cet événement impossible à domestiquer a été ici finalement évacué au profit d'une histoire de la guerre comme événement répétitif.

Les seuls vrais héros du temps présent de ce mémorial sont les prix Nobel, c'est-à-dire des figures de bonne volonté qui œuvrent pour la paix d'une manière désintéressée. Une place non négligeable dans la séquence consacrée à la France des années noires est cependant dévolue aux résistants. Mais sont-ils ici des figures de héros ? L'image emblématique des deux jeunes gens pendus en ferait plutôt des figures de martyrs.

In fine, les guerres, et la Seconde Guerre mondiale avec, sont des « dommages », non des événements fondateurs de normes. Le commun postulé était l'humanité, le commun produit est celui du camp des démocrates. La paix n'est donc pas un projet mais un état de non-guerre propre aux démocraties. On comprend désormais pourquoi *le guide* du musée n'a pas peur d'affirmer que la phrase mise en exergue au fronton du musée : « *La douleur m'a brisée, la fraternité m'a relevée, de ma blessure a jailli un fleuve de liberté* », peut s'appliquer « *aussi bien à une résistante qu'à une ville martyre*[1]. »

1. *Idem* p. 6.

II. La Libération à l'ère des victimes

Mettre en scène un humanisme pacifique et relativiste

La jonction entre la première partie du mémorial de Caen et la seconde qui porte sur la guerre froide et les cultures de paix, s'effectue en passant dans une rue des villes détruites. En fond, une citation de Fénelon, lisible de partout : « *Toutes les guerres sont civiles, car c'est toujours l'homme contre l'homme qui répand son propre sang, qui déchire ses propres entrailles.* » Le visiteur circule entre des bâtiments métalliques et longe un mur de plâtre où l'on peut voir, incrustées dans le plâtre, les empreintes des vêtements des victimes des bombardements. Sur ce mur sont accrochées en petits formats intimes des images fixes de villes bombardées. La scénographe Zette Cazalas explique qu'il s'agit « *d'une sorte d'archéologie humaine de ces bombardements. Des civils, il reste seulement la trace de leurs vêtements. La ville est vue comme un souvenir, un souvenir des choses très quotidiennes, pas une vue de l'esprit*[1] ».

On ne peut pas davantage désingulariser la Seconde Guerre mondiale et, au sein de cette guerre, les différentes situations de destruction des villes bombardées.

L'explicitation de la scénographe permet d'entendre ce qui autorise à juxtaposer pêle-mêle des images qui renvoient à des situations de guerre aussi différentes que les bombardements de Londres en 1941 par les nazis, les bombardements sur Hambourg par les Britanniques en 1943, les bombardements de Caen par les alliées en 1945, ceux de Dresde par les mêmes alliées mais sur le territoire ennemi cette même année 1945 mais plus de six mois plus tard, d'Hiroshima toujours par les alliés encore six mois plus tard, la destruction de Leningrad par les nazis, puis Coventry, etc. Ici tous les bombardements se valent au regard des morts et du patrimoine détruit. Sont alors confondues sous une figure commune du désastre les violences offensives contre

1. Z. Cazalas dans *Le Grand livre du mémorial*, *op. cit.* p. 95.

l'ennemi, les dommages de la Libération en territoire occupé dans l'ambivalence de la France entre résistance et collaboration, les bombardements de représailles ou d'avertissements faits à l'ennemi pour qu'il capitule. Cette mise en équivalence de toutes les villes détruites et de tous les morts, au mieux brouille la valeur de la Libération, au pire l'efface en la désingularisant. Le livre du mémorial parle cependant d'un « *tribut* » mais ajoute « *comment, avec le recul de plus d'un demi-siècle et la paix revenue, pourrait-on se contenter de dire que c'étaient des villes ennemies ? Comment soutenir aujourd'hui que les bébés carbonisés de Dresde et irradiés de Hiroshima furent des ennemis ?*[1] » Finalement il n'y a plus de capacité à entendre l'échange sacré entre valeurs et corps, en guerre de part et d'autre d'une ligne séparant non plus des individus mais des camps ennemis. Le recul interdit de penser une situation où il y a eu des valeurs qui valaient la mort d'un homme et même le désastre de devoir faire mourir ceux qui incarnaient la déshumanisation de l'ennemi, même si c'était à leur corps défendant. Ce qui finalement devient un impensable, c'est l'idée même de guerre juste comme forme anthropologique du rendu de la justice dans des situations où il n'y a plus rien de commun entre les adversaires qui deviennent ainsi des ennemis[2]. Le regard porté est celui qui pourrait l'être sur une humanité parfaitement réconciliée, partageant les mêmes valeurs et les mêmes systèmes symboliques de toute

1. *Idem*. p. 101.
2. Nous reprenons ici les thèses de Raymond Verdier, *La Vengeance, études d'ethnologie, d'histoire et de philosophie*, Paris, éditions Cujas, 1980, vol. 1, p. 16. Il montre ainsi que le rendu de la justice ne prend pas la même forme si les sociétés sont ou non unifiées. La justice pénale concerne les sociétés unifiées et juge des individus ; la vengeance juge des groupes sociaux divisés en deux groupes vindicatoires et vise au rachat d'une dette de sang et d'honneur qui ramènera l'unité ; la guerre juge l'ennemi et doit avoir la force de le détruire, force aussi bien morale que physique.

éternité et pour toujours. On retrouve ainsi une humanité mythique dénuée de divisions et de conflictualités. Ce qui est ainsi refoulé c'est l'historicité et le caractère politique de la Libération et des actions qui y conduisent.

On retrouve ainsi dans ces contextes muséaux, le discours devenu maintenant de sens commun, qui, face aux violences fondatrices, affirme une fois la liberté fondée qu'elles étaient peut-être inutiles. Le mécanisme consiste à amener le visiteur à être partie prenante dans le présent d'une situation[1] passée et à devoir à nouveau en assumer la violence ou à le désavouer[2]. Cette concaténation des situations fait oublier qu'il y a eu événement, qu'en tant que tel il n'est pas réversible ni même révisable, que les hommes du présent ont a jouir de ses conséquences, bonnes et mauvaises, mais n'ont pas à se demander ce qu'ils auraient fait, mais à se demander ce qu'ils en font maintenant.

Des deux intolérables en tension dans l'événement, intolérable des corps meurtris ou tués, intolérable des valeurs absentées, on semble ne vouloir conserver que le premier. Celui-ci ne peut cependant tenir qu'une fois passé l'orage et la société humaine réconciliée avec elle-même pour avoir obligé l'ennemi à renoncer à sa folle prétention fasciste ou nazie, pour avoir obligé l'ennemi à redevenir humain, c'est-à-dire à se soumettre par la force aux valeurs d'une commune humanité symbolique et non pas simplement physique.

---

1. Nous employons ce terme dans le sens où l'emploie le philosophe Claude Romano qui distingue entre *événement* et *situation*, la situation étant caractérisée par le doute et l'indécidable, quand l'événement vient clôre cet indécidable.

2. Le mécanisme est le même que celui qui permet au *Nouvel observateur* d'interroger en janvier 1993 : « Fallait-il tuer le roi ? », ou encore, au même moment, dans le spectacle de Robert Hossein, de demander au spectateur de voter pour ou contre la mort de Marie-Antoinette.

Les scénographies des musées font ainsi oublier les fondations terribles y compris lorsqu'elles représentent, la guerre et la mort. L'impératif est un impératif d'oubli.

Oubli à plus d'un titre car ces villes détruites permettent à chacun de communier à nouveau en oubliant ceux qui n'avaient plus la chance d'être innocent en ville, mais innocent dans les camps de la mort. À Caen, le petit couloir qui leur est consacré ne produit pas un tel horizon d'universelle humanité, ni pendant le déroulé de la guerre ni à la Libération. Les déportés et gazés restent ainsi hors de cette victimisation généralisable. Tout un chacun est victime de la guerre, mais justement pas des camps d'extermination ou de la guerre d'extermination. Une fois encore c'est la singularité d'une Libération du nazisme qui est manquée et sans doute l'un des sens à donner à la Libération en termes de fondations de valeurs spécifiques à notre temps.

Une autre Europe occupée, la guerre froide et la chute du Mur

Ce mur des villes détruites qui est inaugural pour avancer dans le siècle connaît une sorte d'équivalent dans la maison des terreurs de Budapest. Il s'agit du mur des victimes. Des visages extrêmement nombreux découpés comme des ombres fortes sur du métal couvrent un mur devant lequel est installé le char soviétique, celui de la Libération en 1944, comme celui de la répression en 1956. Une nappe d'huile recouvre le socle où il repose et dégouline s'insinuant partout dans l'espace qui lui est imparti. Ce mur dans le hall central du musée est supposé rendre hommage à toutes les victimes, mais, de fait, ce sont les victimes du communisme qui sont ici mises à l'honneur. Des juifs sauvés grâce à l'arrivée des chars, on ne parlera pas ici. Des victimes du nazisme hongrois et allemand non plus. D'ailleurs, seules deux salles sont consacrées à la terreur nazie quand le musée consacre trente-huit salles à la terreur communiste.

Dans un tel contexte, la véritable libération, ce n'est pas celle de 1944, mais celle de 1991 dans le sillage du 9 novembre 1989 et la chute du Mur. Les images qui font tressaillir de joie les visiteurs, ce sont celles de 1991 présentées en images vidéo à la fois dans une salle du musée et dans la salle de cafétéria.

Cette autre libération et cet autre avènement de la liberté ne sont pas boudés à Caen. Elles clôturent la visite de l'exposition sur la guerre froide. Les couleurs imaginaires convoquées relient alors le film *Espérance* et la chute du mur. Les nouveaux héros sont ceux qui ont fait tomber le Mur.

Les représentations muséales que nous avons tenté d'analyser conduisent à faire oublier le sens de la victoire contre les nazis comme fondation d'une liberté antinazie, antiracialiste et promotrice d'une humanité de semblables. Elles conduisent à mettre en équivalence toutes les violences politiques faites aux corps dans toutes les situations d'affrontement violent, sans distinction des situations et des projets à l'œuvre. Enfin elles conduisent à mettre aujourd'hui en concurrence deux imaginaires de la fondation européenne, l'imaginaire lié à la Libération de 1945 et celui lié à la chute du Mur. On substituerait ainsi à l'Europe antinazie, une Europe fondamentalement anticommuniste et conforme aux fondations cachées de cette construction de guerre froide[1]. On comprend dès lors la volonté du gouvernement italien de faire reconnaître le 9 novembre 1989 comme fête nationale italienne et la volonté du commissaire européen Franco Fratinni d'harmoniser la législation criminelle européenne qui interdirait aussi bien les insignes nazis que ceux du communisme.

(Colloque « Les médias et la
Libération en Europe », 2005)

1. Sur ce point nous renvoyons aux travaux de Pieter Lagrou.

Soixante ans après la Libération, le sol touristique de l'Europe

Attendus, mars 2005

Harmonie

Franco Frattini commissaire européen italien a proposé le 3 février 2005 que soit prohibé en Europe le port de la faucille et du marteau au même titre que celui de la svastika et des symboles nazis. Il s'agit, dit-il, d'élaborer une première « *harmonisation pénale des limites légales de la liberté d'expression* ». L'évocation de l'histoire communiste comme histoire monumentale serait ainsi criminalisée. Cette idée n'a pas surgi dans le subtil cerveau de ce commissaire dans la solitude de l'étude. Elle provient d'une demande de Vyautas Landsbergis, député européen lituanien, ancien président de Lituanie, et de Joszef Szajer député européen hongrois. La proposition a été créditée par de nombreux autres députés d'Europe de l'Est qui entendent assimiler nazisme, stalinisme et communisme. L'ensemble a fait l'objet d'une conférence de presse relayée par *Voice of America*. Le récit historique proposé était le suivant : « *La Seconde Guerre mondiale était le fruit du pacte germano-soviétique et les États unis ont vaincu à la fois le nazisme et le communisme.* » Le 26 février 2005, le Conseil européen a jugé bon de laisser aux différents pays constituant l'entité européenne la possibilité de légiférer en ce sens. Pour le moment il n'y a donc pas encore d'« *harmonisation pénale des limites légales de la liberté d'expression* » dans l'espace de l'Europe élargie.

Élargissement

Action d'élargir, fait de s'élargir, agrandissement, « peu de menton, peu de crâne entre les deux un élargissement progressif » *(Romains)*

Action de rendre plus ample, fait de s'étendre, « un élargissement de l'âme et de la sensation » *(Maupassant)*

Mise en liberté, (d'un détenu), libération, relaxation.

Une définition du *Petit Robert* ouvre toujours des horizons, des connexions. À nous de jouer.

Depuis mai 2004, l'Europe s'est élargie.

1. Où est le menton, où est le crâne ?

2. De nouvelles destinations touristiques ont fait leur apparition dans les catalogues des agences de voyages. Dubrovnic en particulier a été une destination très prisée à l'été 2004 par les amateurs d'art et d'histoire. Tous les espoirs sont permis pour l'été 2005.

3. L'Europe se libère et annonce très clairement la couleur de cette libération.

La Libération

La délivrance d'un pays occupé, d'un peuple asservi est une « libération » depuis 1870. Mais en Europe, *La Libération* c'est celle des territoires occupés par les troupes allemandes durant la Seconde Guerre mondiale.

Enfin, pas tout à fait dans toute l'Europe.

Il existe quelques nations irréductibles (par exemple la Hongrie et la Lituanie) qui, maintenant qu'elles sont européennes, peuvent bien dire leur point de vue : il n'y a pas eu de Libération en 1945, et il y a eu libération dans le sillage du 9 novembre 1989.

Un tourisme de la Terreur

Tee-shirt et logo

Il existe à Budapest un musée situé au 60 bd Andrassy qui s'appelle : « Maison des Terreurs ». Il a ouvert dans les années 1990 et valorise un lieu de mémoire. Ici la police politique nazie puis la police politique communiste ont sévi. Ici un seul insigne permet d'intriquer les deux mémoires, de les mettre en équivalence. L'étoile communiste est devenue indissociable de la croix fléchée des nazis hongrois. Le musée en fait son logo.

Le tourisme de la terreur, ça ne rigole pas, il trouve pourtant de multiples arguments de ventes, invente des produits dérivés, même des tee-shirts...

« Double occupation » à Budapest

La première salle de l'exposition chronologique de la Maison des terreurs porte le nom de « double occupation ». Montage cartographique : depuis 1919 la petite Hongrie peine à maintenir sa souveraineté. Sur un mur de séparation de l'espace qualifié d'un côté par la croix fléchée et de l'autre par l'étoile rouge, défilé d'images de la Libération en boucle sur une série de petits écrans vidéo. Des archives sont exposées pèle mêle. Certaines portent sur la Libération, d'autres pas. En vrac, les terribles images de Bergen Belsen tournées par les Britanniques en avril 1945, le drapeau soviétique hissé sur le Reichstag par un soldat soviétique radieux, les foules nazies à Nuremberg. Des soldats allemands décrochent un aigle et le donnent à des soldats soviétiques. Des foules en liesse à l'arrivée des soldats soviétiques, des foules en liesse devant les soldats nazis, des villes détruites, des violences dans les rues entre civils et soldats, des batailles de rue entre soldats, l'armée allemande à Moscou, des soldats allemands prisonniers de guerre. Aucun commentaire. Rien d'explicite sur Budapest, une Libération qui ne concerne pas la Hongrie. Des formes interchangeables : une armée entre dans une ville, transforme l'espace symbolique, des foules l'acclament. L'extermination nazie comme reste, des images comme des icônes.

Ici il n'y a pas eu de Libération, il n'y a eu que des occupants qui ont manipulé les foules. La confusion comme soustraction de la Libération.

À la fin du trajet de l'exposition permanente, donc plus de 30 salles plus tard, on retrouve des images vidéo avec des hommes en liesse : ils fêtent le départ des soldats soviétiques et la fin de la terreur. Les images sont en couleur. Une autre libération…

Marges

Exposition temporaire de la même Maison des terreurs : l'extermination des juifs hongrois. Un bon produit touristique d'appel. Deux salles lui sont consacrées. Un écran présente des témoignages de rescapés. L'un d'entre eux était un petit garçon à Budapest en 1945. Il raconte sa peur en voyant arriver un soldat soviétique, un large sourire accroché au visage et un couteau à la main. Il s'approche de l'enfant figé d'effroi et s'accroupit devant lui. Avec son couteau, il tranche les fils qui reliaient l'étoile jaune à son paletot…

Un historien hongrois m'a expliqué son aversion pour cette Maison des terreurs, dans laquelle défilent tous le public scolaire du pays. À la fin du trajet, est présentée une liste des bourreaux de la terreur communiste. Les noms sont souvent à consonance juive et, d'après lui, l'anticommunisme trouve ses ressources encore aujourd'hui dans une politique antisémite dont les racines ont été volontairement oubliées, refoulées par le musée.

« *De 1932 à 1936 Gömbös, Premier ministre* […] *entretient des relations étroites avec Hitler et Ludendorff. Proche collaborateur de l'amiral Horthy, il fait figure de leader de l'aile fascisante du parti gouvernemental. Il oppose le capital chrétien créatif et juste au capital juif injuste et exploiteur. Il reprend les idées de Gottfried Feder utilisés par Hitler. Il affectionne les grands rassemblements de masse, les défilés des milices nationalistes, les acclamations scandées par la foule. Dès les années vingt il avait proposé une réforme agraire radicale qui exproprierait les couches possédantes israélites. C'est à cette époque qu'il songea à une marche sur Budapest. Mais Gombos devint ministre de la Guerre en 1929, sa formation ayant été dissoute et lui-même ayant rallié le parti gouvernemental. Une centaine de mouvements se réclament alors du national-socialisme. Gömbös meurt en 1936. Cette fascisation des esprits a été suffisamment forte pour créer à la veille de la seconde guerre mondiale un mouvement d'opinion dont bénéficie la plus importante des formations fascistes hongroises : le parti des croix fléchées de Ferenc Szalazi. 150 000 adhérents en 1938 et 31 sièges à la chambre des députés aux élections de 1939...*[1] » Voici ce que nous apprend la lecture de Pierre Milza, un classique de l'historiographie des années 1980 en France.

L'allée infinie des monuments de la Libération

Le parc des statues de l'époque communiste est vanté dans tous les espaces d'information touristique de Budapest. Les témoignages des touristes sont sollicités et produisent l'argumentaire de cette autre face du tourisme de la terreur : « *Nous avons été pris dans une atmosphère étrange, il n'y a pas d'endroit similaire* [...] *40 ans de communisme, nous pouvions encore sentir le souffle de l'enfer. Une expérience formidable* » ; « *Eh bien c'est exactement pour voir cela que ça valait la peine de venir des États-Unis. C'est un endroit formidable, fantastique très impressionnant* ».

Ont été réunies ici les statues déboulonnées que l'on souhaitait malgré tout conserver. Un choix parmi toutes celles qui ont été mises au rebut a été fait par les habitants des quartiers d'où elles venaient. Il est bon de ne pas brûler les livres, avait affirmé l'architecte du futur parc... Certaines statues ont eu moins de chance que d'autres et ont bel et bien disparu.

---

1. P. Milza, *Les Fascismes*, Paris, le Seuil, 1991.

Ce parc est loin du centre-ville, il est pauvre, inachevé, un peu triste, installé dans un environnement qui le rend un peu dérisoire. Les pylônes électriques rivalisent avec le réalisme socialiste. Mais, ici, la Libération est de retour. On lui consacre même une allée infinie… de dix monuments : monuments aux héros soviétiques, allégories de la Libération, représentations de l'amitié Hongrois-Soviétiques, une pierre commémorative de la Libération posée par des pionniers.

« *Gloire éternelle aux héros tombés dans les combats pour la liberté, l'indépendance de l'Union Soviétique et pour la libération du peuple hongrois.* » Ce genre d'inscriptions qui accompagnaient les statues *in situ* ont disparu. Cependant, le petit livret que l'on peut acheter à l'entrée réhistoricise la dérision. On apprend ainsi que « *la deuxième Guerre Mondiale s'est terminée pour la Hongrie avec l'entrée de l'armée soviétique. Il est certain que les forces fascistes qui occupaient le pays ont pu être battues grâce à cette intervention, mais en même temps la Hongrie devenait à nouveau territoire occupé ; c'était le début de 45 années d'influence communiste. Le 4 avril 1945, les dernières troupes allemandes ont été chassées du pays ; le jour de la Libération est resté fête nationale jusqu'en 1989* ». Pour chacune des statues le même guide explique les tribulations subies (statue renversée, décapitée, recouverte de graffitis, resculptée, nettoyée, déplacée, remplacée, etc.) en 1956, en 1989 et en 1991. Le déboulonnage de la Libération est une énième tribulation. Mais si le communisme a été une impasse, le sol de l'histoire est bien une allée infinie, explique l'architecte de ce parc.

Euro-nostalgie, détour par Berlin Est

En Europe, il y a d'autres jeux de cache-cache touristiques avec le héros soviétique, le soldat communiste : « Il reviendra, le soldat, il reviendra »

Ce soldat est celui du cimetière soviétique de Berlin Est. Il est le retournement du temps annoncé par un riverain interrogé par Sophie Calle dans ses *Souvenirs de Berlin Est.*

Ici aussi la ville a été débarrassée de sa statuaire communiste et certains habitants y ont perdu leurs repères intimes.

« *Toute cette situation c'est comme si on vous réaménageait votre maison. L'ennui c'est que des décisions affectant la conception et le climat de la ville dans son ensemble sont prises par des gens qui n'habitaient pas ici avant. C'est le problème des Wessis qui ne veulent rien nous laisser.*[1] »

Sophie Calle a photographié les monuments absents et interrogé les habitants présents. Le touriste doté de son livre peut saisir la ville dans le bougé de ces deux rives du temps. Un parc des statues portatif, avec les habitants en plus.

L'intimité perdue avec ce soldat soviétique est à double sens : « *Ce n'est pas qu'il me manque. Ce qui fait défaut, c'est le repère. Il se tenait pile au milieu de la place. Pour s'orienter, il suffisait de regarder de son côté, de chercher du regard le drapeau rouge.*[2] »

La nostalgie de la présence militaire communiste et soviétique et de l'imaginaire antifasciste peut encore être plus explicite : « *Autrefois se tenait ici la garde d'honneur de l'armée nationale du peuple. Des uniformes gris ardoise. Pas le gris de terrain de la Wehrmacht allemande – une couleur entièrement nouvelle. Un ruban d'honneur blanc avec une boucle plaquée argent, une boucle ronde. Et un cordon d'honneur. Le casque en acier habituel mais de forme ovale, légèrement aplati, pas comme le Stahlhelm allemand. Une carabine automatique K-44 de fabrication soviétique. Ils repéraient un point au loin, le fixaient et ne bougeaient plus.*[3] »

L'horizon… Le progrès passait par la dénationalisation de l'armée. « *Il reviendra, le soldat reviendra.*[4] » L'horizon d'attente est bien cerné. Comme pour les Maoris, le futur

1. S. Calle, *Souvenirs de Berlin-Est*, Arles, Actes-Sud, *2013*, p. 20.
2. *Idem.*, p. 52.
3. *Idem.*, p. 65.
4. *Idem.*, p. 52

est derrière. Une autre définition de la révolution des astres, par les astres ? étoile…

Vacances romaines

Martyrs et héros européens

À Rome, les jeunes d'*Allianza nazionale* sont dans une perspective européenne. Ils ont à défendre la mémoire de « *martyrs européens* ». Une grande soirée commémorative a rendu hommage à Mikis Mantakas, mort dans un attentat des terroristes rouges, il y a trente ans. Le jeune Grec venait à Rome consolider les relations internationales qui unissaient « *les étudiants qui avaient le courage d'organiser la résistance européenne au communisme* ». Les mêmes affirment « *Années de plomb, nous voulons vérité et justice* » sur fond de flamme ; qu'on ne s'y trompe pas, ce n'est pas « vérité et réconciliation » mais « vérité et justice ». Faire la vérité sur les attentats des gauches communistes pour leur faire payer, se venger en d'autres termes… mais pour la République de Salo, il faut réinclure tous les héros parce qu'ils ont été héroïques quels que soient leurs camps. Une affiche des jeunes fascistes apparemment non contemporaine paraît tout droit sortie de cet univers :

> *J'ai choisi* d'être moi-même, individu absolu, d'aimer mon orgueil ma solitude d'aimer la fatalité, la joie et ma mort.
>
> *J'ai choisi* la beauté ce qui est difficile l'ordre naturel des choses, le dépassement de ce qui encore en moi humain, le symbole solaire d'une impersonnalité active ; l'intransigeance et la solidité inébranlable et cristalline d'une forme intérieure au-delà du bien et du mal, le mépris de ce qui est petit, mesquin, servile, laid, craintif, conformiste, bas, vil, normal.
>
> Le fait de me mesurer à moi pour les vaincre ; l'obéissance totale à mon propre code d'honneur et de mettre un écran face à la morale, à la loi du profit, aux gens […].
>
> *J'ai choisi* l'action et le défi, le militantisme national populaire pour la construction de l'Europe une, nation libre, aristocratique, socialiste, payant de ma personne quand il le faudra.

J'ai choisi de vivre dans l'idée d'être l'idée.

J'ai choisi la lutte comme vie, la vie comme jeu, le jeu comme lutte. (Front national des jeunes)

Deux autres éléments ornent cette affiche, une image de jeune homme en chemise blanche, les manches retroussées, et un graffiti *post-scriptum* rajouté au stylo : PS. *Je veux être ce que je suis : une tête de con.*

Certes, il y a la résistance des graffitis, des électeurs qui ont rejeté à Rome les fascistes et les post-fascistes et, malgré tout, des parlementaires. Lorsqu'un projet de loi a été présenté par le gouvernement pour transformer l'anniversaire de la chute du mur de Berlin, le 9 novembre en fête nationale italienne, puisque l'Italie c'est l'Europe et que, ce jour, l'Europe a été libérée du communisme, le projet a été mis en minorité.

Rois et reines

La même semaine, la Villa Medicis, haut lieu de la culture française en Italie, présentait une exposition de l'artiste allemand Anselm Kiefer. La commande qui lui avait été faite consistait à représenter, dans une création, les femmes européennes présentes dans le bâtiment de la villa.

Des séries de femmes ou des figures de femmes singulières l'ont conduit à proposer des tableaux, des sculptures, des installations. Les reines de France présentées par leurs noms s'offraient avec, en clin d'œil, une rose rouge commémorative pour cette pauvre Marie-Antoinette (qui sera bientôt l'héroïne du dernier film de Madame Coppola qui tourne en ce mois de mai à Versailles). Les pauvres républicaines et autres femmes françaises révolutionnaires ou de la période révolutionnaire, puisque Charlotte Corday côtoyait Lucile Desmoulins ou Louise Robert, bénéficiaient quant à elles de tombeaux métalliques. Ils prenaient parfois des allures de bassins où l'eau ferrugineuse laisse des traces brunes, ou encore des cristaux verts, ou simplement prenait cette allure un peu croupie de ce qui n'est plus entretenu ou qui ne mérite plus de l'être. Dans le grand jeu du journal *Le Monde*, sur : « Qu'est-ce que nos grands ancêtres auraient voté au référendum sur le traité en vue d'une constitution pour l'Europe », Louis XVI aurait voté : Oui.

Mémoires et enfances

Giovanna Marini présentait au même moment un spectacle intitulé *La tour de Babel* au théâtre Eliseo. Dans ce spectacle produit par Lausanne, elle racontait que son petit-fils ne savait plus rien de précis sur ce qui s'était passé en Italie dans les années quarante en général, et dans les fosses adréatines en particulier ; qu'il lui fallait reprendre la narration. Raconter que c'était un Italien qui avait dressé la liste des prisonniers qui seraient fusillés, et qu'il avait pris l'initiative de choisir les juifs en l'absence d'ordres précis…

Au musée du Risorgimento (ouvert à tous dans la fameuse « machine à écrire », monumental monument à Vittorio Emmanuel…), un film documentaire fasciste sur la guerre de 1914 et ses suites est présenté comme un document sur l'histoire des techniques du cinéma documentaire sans autre forme de procès. Les scolaires sont nombreux. Bribes de conversation entre petits garçons : « *Ils étaient forts les Italiens, je comprends qu'ils aient gagné !* »

Voyages diplomatiques

Désir russe

Le président russe Vladimir Poutine a invité les principaux dirigeants du monde à fêter à Moscou le 60e anniversaire de la victoire sur l'Allemagne nazie.

Refus balte

Les États baltes souhaitent que la Russie fasse acte de « *repentance* » pour les années d'occupation qu'ils ont vécues jusqu'en 1991. Le président russe a refusé de faire plus que ce qui a été fait dans ce domaine en 1989, lorsque le soviet suprême de l'époque avait condamné la conclusion du pacte germano-soviétique de 1939, par lequel l'Allemagne et l'URSS s'étaient attribué des zones de domination sur le dos des Baltes. Un an après avoir été annexées par Moscou, la Lituanie, l'Estonie et la Lettonie ont été occupées, en 1941, par les troupes du IIIe Reich.

Le ministre russe dénonce une nouvelle tentative de déformer l'histoire de la Deuxième Guerre mondiale et affirme que la thèse d'une égale responsabilité de l'Union soviétique et de l'Allemagne nazie ne peut être qualifiée que d'absurde.

Les présidents de Lituanie, Valdas Adamkus, et d'Estonie, Arnold Ruutel, refusèrent alors de se rendre aux commémorations du 8 mai 1945. Seule, la présidente lettone, Vaira Vike-Freiberga, a choisi d'accepter tout de même l'invitation, mais en précisant son intention de rappeler que la capitulation de l'Allemagne nazie n'a pas signifié une libération pour l'ensemble des pays européens.

Mais : « *Aujourd'hui encore ces pays tardent à reconnaître leur complicité dans l'exécution des juifs et des nostalgiques inaugurent des monuments aux leurs qui se battaient pour le Reich.* » peut-on lire dans le journal *Libération* du 4 mars 2005.

Le 16 mars 2005, « jour de la Légion », avait eu lieu à Riga un défilé qui rendait hommage aux soldats lettons engagés dans la Waffen SS contre l'Armée rouge. Les contre-manifestants furent matraqués.

Le 21 avril 2005, lors de la réunion des ministres des pays de l'OTAN à Vilnius, en Lituanie, Condolezza Rice appela au renversement du pouvoir à Minsk en Biélorussie. L'exemplarité convoquée était celle des pays baltes.

Bush s'en mêle

Les trois pays baltes, Lettonie, Estonie, Lituanie, mais la Géorgie aussi, font partie de ces pays tournés vers l'ouest avec lesquels les États-Unis entretiennent d'excellentes relations. Ces États ont d'ailleurs apporté leur soutien à Washington dans l'intervention militaire en Irak.

Avant son passage à Moscou, Bush décide de passer à Riga. Et là, le 8 mai, il rencontre la présidente lettonne et prononce un discours.

« *Nous vivons une époque extraordinaire et les trois pays baltes sont en mesure d'aider la Russie et d'autres pays de cette région du monde à prendre conscience des avantages qu'offre la vie dans une société libre* », a dit le président américain.

« *Je reconnais que pour l'Ouest, la fin de la Seconde Guerre mondiale a signifié la paix mais dans les pays baltes cela a amené l'occupation et l'oppression communistes* [...] *La défaite de l'Allemagne nazie a mis un terme à la guerre en Europe. Malheureusement, pour des millions de gens sur ce continent, la tyrannie est restée sous un autre uniforme.* [...] *Les Américains n'oublieront jamais l'occupation et l'oppression communistes des Baltes* [...] *Le peuple américain n'oubliera jamais. Nous reconnaissons votre histoire douloureuse.* » Il s'est aussi félicité qu'après « *la vague démocrate qui a déferlé sur l'Europe centrale et de l'Est* » en 1989, la victoire de la liberté soit finalement « *devenue une réalité pour des millions de gens* ».

Tribunes

Dans une tribune publiée samedi 7 mai 2005 par *Le Figaro*, le président russe rejette toute idée de « repentance » vis-à-vis des anciennes républiques soviétiques. Les pays baltes, écrit-il, continuent « *d'exiger une sorte de repentance de la Russie.* [...] *J'aimerais souligner* [...] *que de telles prétentions sont sans objet, je pense qu'elles visent à attirer l'attention sur soi, à justifier la politique discriminatoire, répréhensible des gouvernements* [baltes] *envers une partie considérable de leur propre population russophone, à masquer la honte de la collaboration passée avec l'Allemagne nazie.* »

Dans une tribune publiée samedi 8 mai 2005 par *Le Washington Post*, la présidente lettone Vike-Freiberga, déclare : « *La Russie aurait immensément à gagner d'exprimer ses regrets sincères pour les crimes du régime soviétique.* [...] *Tant que la Russie ne le fera pas, elle restera hantée par les fantômes de son passé et ses relations avec ses voisins immédiats resteront, au mieux, précaires.* »

À Moscou

Vladimir Poutine, après avoir déposé une gerbe en hommage aux 27 millions de Soviétiques morts pendant la guerre, a répliqué en rendant hommage à une Armée rouge présentée comme la libératrice de l'Europe orientale : « *Notre peuple n'a pas seulement défendu sa patrie, il a libéré onze pays d'Europe* [...] *La machine de guerre nazie a été brisée sur le champ de bataille de la mer de Barents au Caucase. C'est là qu'étaient situées les principales forces nazies, et c'est là que les fascistes ont subi leurs principales défaites.* » Il en a profité pour rejeter les demandes d'excuses publiques formulées par la Lettonie, l'Estonie et la Lituanie, dont il a rappelé que certains de leurs habitants avaient combattu l'armée soviétique aux côtés des forces nazies.

Jacques Chirac a pris la parole l'après-midi et a salué le peuple russe. « *Aujourd'hui, ensemble, nous nous souvenons des sacrifices immenses consentis pour libérer nos nations du joug de la barbarie nazie. Et nous nous souvenons tout particulièrement, ici, à Moscou, de l'engagement si décisif du peuple russe dans la victoire finale. À Moscou, à Koursk, à Stalingrad, en imposant aux nazis leurs premiers revers, le peuple russe, avec un courage inouï, adressait au monde un formidable message de résistance et d'espérance. Dans ces combats, où la Russie a un rôle si essentiel, nos pays furent alliés. Ils furent frères d'armes, frères de sang, à l'image des hommes du régiment Normandie-Niémen. Tout à l'heure, j'ai tenu à rencontrer et à saluer ces héros qui ont écrit des pages historiques. Je leur ai dit notre fierté, notre admiration et notre reconnaissance. [...] Je veux remercier mon ami, le président de la Fédération de Russie, la mairie de Moscou, son Maire, Monsieur Youri Loujkov, ainsi que le sculpteur Zourab Tsereteli, qui ont tenu à rendre hommage à la mémoire du Général de Gaulle.* »

George Bush n'a pas pris la parole en public, ni rencontré la presse pendant son séjour à Moscou, contrairement à la tradition des voyages présidentiels américains.

Dernières recommandations avant votre départ

L'Europe, c'est pas l'Amérique...

Choisissez bien votre guide touristique... Attention surtout aux contrefaçons historiques.

Bons voyages !

(*Contretemps*, 2004)

Le retour du fantasme du gouvernement des esprits pour faire de vrais nationaux grâce à la séduction d'anciennes identifications recyclées ou de nouvelles identifications, ne concerne pas seulement la France. Nombreux sont les pays européens à revisiter l'histoire pour la réagencer en vue d'une gloire plus solide, nombreux sont ceux qui se revendiquent de l'identité chrétienne présentée non comme lieu d'accueil universel, mais comme fondement des us et coutumes occidentales à protéger.

1. Tous patriotes, gloires nationales et arrangements avec l'histoire

Au lendemain de la Seconde Guerre mondiale, un conflit sur les délimitations des communautés nationales a traversé toute l'Europe. Communautés de combattants ou de patriotes, ou bien communauté incluant tout le monde, y compris les juifs, les immigrés, toutes les victimes de la guerre. En intervenant sur le plateau du Vercors pour consolider sa décision politique de faire débattre, en France, de l'identité nationale, Nicolas Sarkozy rouvre de fait ce conflit. En France, ne vouloir appeler « Français » que les combattants ou patriotes, c'était affirmer que la nation n'avait pas failli. Or la défaite de 1940 avait été, à l'évidence, « nationale », l'occupation une humiliation « nationale » et, pour pouvoir s'approprier 1945 comme une victoire elle aussi nationale, il fallait beaucoup d'imagination, nous a rappelés il n'y a pas si longtemps Pieter Lagrou. La mémoire patriotique a permis alors de restaurer des États nations qui n'avaient tenu aucune de leurs promesses : protéger les citoyens, maintenir un État de droit démocratique, ne pas collaborer avec l'ennemi comme signe de loyauté envers la souveraineté de la nation. C'est alors que s'inventent en France et ailleurs des nations résistantes, bien que les résistants n'aient été constitués que de minorités combattantes radicales, marginales politiquement, et souvent peuplées d'étrangers. Ainsi « *les discours antifascistes ou antitotalitaires de chaque côté du rideau de fer ont servi de trame à de nouveaux discours nationalistes* ». En 2003, Pieter Lagrou, confiant sur le devenir de l'Europe, affirmait encore : « *Pour mesurer l'impact de la Seconde Guerre mondiale, il ne faut pas s'appuyer sur les sensibilités actuelles fondées sur la tolérance et l'inclusion, mais prendre pour point de référence ceux qui ont précédé la guerre d'à peine quelques années. Les opinions des racistes et xénophobes, des fascistes ou des partisans de l'État autoritaire occupaient couramment le débat politique des années 1930. Que le patriotisme traditionnel, y compris ses aspects xénophobes, ait refait surface après 1945 n'est pas surprenant.*[1] » C'est dans ce contexte que les notions de citoyenneté, de droits de l'homme puis d'identité nationale ont été réinventées sans faire référence désormais à la période de la Révolution française qui n'avait pas pensé en termes de nationalité ou d'identité nationale, mais en termes de peuples souverains. Si l'on suit Pieter Lagrou, Nicolas Sarkozy nous fait ainsi régresser aux lendemains de la Seconde Guerre mondiale. Les acteurs politiques avaient alors déjà falsifié l'histoire pour restaurer la nation. L'histoire avait ainsi régressé aux années 1930 dans l'incapacité d'y faire la critique de l'autoritarisme et de la xénophobie.

Ouvrir le débat dans ce haut lieu de la Résistance, ce n'est donc pas donner une place centrale à la véritable Résistance, toujours marginale et radicale, mais reprendre ce travail de falsification de l'histoire. Dans le fatras des discours de Guaino, qui seraient risibles s'ils n'étaient pas tragiques, la

1. P. Lagrou, *Mémoires patriotiques et occupation nazie en Europe occidentale, 1945-1965*, Bruxelles, Complexe, 2003.

Résistance héroïque côtoie les cathédrales et les paysages, la Guerre de cent ans et le sacre de Reims. Cette histoire n'est pas celle des hommes confrontés à des choix, mais celle de héros appelés par la voix mystérieuse de la France.

La falsification de l'histoire est aussi ancienne que l'art de raconter des récits. Comme touriste en Lettonie ou en Lituanie, on peut malgré tout s'étonner en visitant certains musées de constater que les insignes SS ont été décousues des uniformes des « *patriotes* », s'étonner de constater que le concept de « *génocide* » ne sert pas, au Musée du génocide de Vilnius, à évoquer l'extermination des juifs lituaniens, mais à évoquer la répression communiste. Elle s'était abattue sur les Lituaniens envahis pendant la Seconde Guerre, mais ils avaient vaillamment résisté en patriotes aux côtés malgré tout… des nazis. Seront pourtant comptés pêle-mêle les victimes juives du nazisme et les victimes patriotes du communisme.

Aujourd'hui en Italie, les héros sont de tous bords, patriotes et républicains de Salo, car ce qui compte, c'est l'acte héroïque et non la division politique de la nation. Les nationaux, quels que soient leurs choix politiques, ont été héroïques. Les Hongrois ont une autre stratégie : ils sont des victimes de l'histoire, petit peuple envahi par les nazis puis par les communistes, mais Horthy, le chancelier absent au moment de l'invasion nazie, n'a pas perdu pour autant son statut de héros national. Quant au rôle des Flèches croisées dans la destruction des juifs de Budapest, il a été systématiquement estompé, voire occulté, mais resurgit violemment depuis 2007 avec la création de la Garde hongroise, fortement nationaliste, à mi-chemin entre la milice et le parti, ayant envoyé trois députés au Parlement européen. Or cette garde a adopté le salut hitlérien, le slogan des Flèches croisées : « *Un meilleur futur* », et a choisi comme slogan électoral : « *La Hongrie est seulement pour les Hongrois.* » N'en sont pas les Roms et les juifs. Cette Garde hongroise constitue aujourd'hui 15 % de l'électorat, mais les partis libéraux jouent déjà avec ce passé terrible depuis les années 1990. N'affirmaient-ils pas normal de consacrer seulement deux salles aux nazis hongrois sur les quarante que comprend la Maison des terreurs et trente-six au communisme ? La réécriture de l'histoire fait des ravages.

Les histoires revisitées des pays européens servent ainsi à consolider les nations héroïsées ou victimisées. Comme si, en France, les Français d'aujourd'hui n'étaient pas aussi les héritiers des collaborateurs de Vichy, des tortionnaires en Algérie, des désastres au Rwanda, et qu'ils ne se devaient pas d'entretenir, pour le moins, le rapport critique à l'histoire appelé de ses vœux par Jürgen Habermas pour l'Allemagne. Comme si les Hongrois n'avaient pas été consentants au nazisme en 1944… Plutôt que de réfléchir à l'histoire, à ses discontinuités, à la nécessité de rompre parfois même avec ses pères dans la honte de leurs exactions, plutôt que l'histoire comme discipline du référent, une mystique, une religion de chaque nation est en train de s'installer en Europe. Or ces mystiques sont souvent arrimées à une mystique chrétienne. En France, ne nous dit-on pas que « *la morale laïque des instituteurs peut ainsi être présentée comme héritière du catéchisme catholique ?* » Que les cathédrales seraient l'expression du génie français, que chaque Français vibrerait au sacre de Reims…

2. Le christianisme comme racines idéologiques des nations occidentales

Cet appel au christianisme, pour le coup, fait appel à une symbolique très ancienne. Celle qui a fondé la forme du mariage en Europe occidentale dans le cadre de la religion chrétienne, un mariage qui se pense comme un enjeu de sang et d'amour[1]. De sang, car le mariage est conçu comme un

---

1. Enric Porqueres i Gené, « Cognatisme et voies du sang. La créativité du mariage canonique », *L'Homme*, n° 154-155, 2000, p. 335-356.

mélange de sangs qui permet d'étendre l'amour christique. De ce fait, l'amour obligatoire envahit le champ de la parenté chrétienne avec Paul. Or cet amour n'est pas un lien de désir humain, mais la métaphore, inscrite dans le réel des corps, du lien entre le Christ et son Église. Au Moyen Âge, l'amour devient le sentiment structurant des liens théologiques, des liens de parenté puis des liens politiques. Cet amour chrétien, dans sa mission d'extension de l'Église, doit conduire à choisir des mariages exogames. Ce choix est de liberté car, depuis la théologie de Hugues de Saint Victor, on est doublement une personne parce que nos parents nous ont faits ainsi et parce que, à l'image de Dieu, on peut faire des choix libres. Le mariage doit être un choix librement consenti. Or celui qui change de cité pour répondre de cette nécessité de l'exogamie doit, en se déplaçant, déplacer l'amour de naissance vers un autre endroit, qu'il doit d'aimer à la fois par consentement libre et par nécessité exogamique. Pour être naturalisé par la terre qui l'accueille, et qui est faite littéralement dans cette symbolique de la chair des ancêtres, il doit donner des preuves d'amour. Payer des impôts, épouser une naturelle, fonder un foyer en construisant sa maison principale sur le territoire d'adoption, se faire enterrer dans ces lieux, sur cette terre qui l'a naturalisé, adopter les mœurs de la nouvelle cité par conversion amoureuse. Les liens civiques, la *civilitas,* sont ainsi définis soit par les liens amoureux naturels avec ses consanguins, sa famille, ses cousins, ses concitoyens naturels, soit par ces liens amoureux d'adoption. Celui qui ne donnerait pas de preuves d'amour, non seulement ne serait pas un citoyen, mais serait considéré comme mettant en danger la communauté et la terre de la communauté.

Lorsque Sarkozy déclare : « *La France aimez-la ou quittez-la* », il réactive cette symbolique qui n'imagine pas l'état de nécessité économique qui peut tout à fait entrer en contradiction avec cet imaginaire de la conversion amoureuse pour le nouveau pays. Il n'y a pas non plus de place, dans cette tradition, pour les pratiques de mariages endogamiques sur des terres étrangères. La revendication des us et coutumes chrétiens se traduit ainsi *in fine* par différentes options : obligation d'aimer le pays d'accueil de la migration, rejet de ceux qui ne le font pas ou qui ne donnent pas les preuves d'amour attendues : ceux qui fondent un foyer mais ne font pas de mariages exogames, ceux qui ne fondent pas un foyer et ne font pas de mariages exogames, construisent leur maison sur la terre de leurs pères, ceux qui ne dépensent pas dans le pays les fruits de leur travail, ceux qui montrent par toutes sortes de signes symboliques qu'ils ne sont décidément pas chrétiens.

C'est ainsi que le christianisme n'est pas xénophobe pourvu que l'étranger se naturalise. C'est ainsi que le christianisme offre au nationalisme des arguments symboliques pour haïr les juifs, les Roms, les musulmans, les non-chrétiens.

Aujourd'hui, en Europe, cela se traduit par des revendications ultras dans certains pays comme la Hongrie ou la Pologne, par des revendications de preuves d'amour dans des pays comme les Pays-Bas ou la Grande-Bretagne, par une espèce d'attachement national aux symboles chrétiens comme en Italie. Alors que la Cour européenne des droits de l'homme de Strasbourg avait considéré que la présence des crucifix dans les écoles faisait obstacle à la liberté d'éducation des parents et demandé qu'ils soient enlevés des écoles italiennes, nombreux sont les Italiens à avoir affirmé qu'il s'agissait là « *d'ingérence dans l'identité nationale italienne* ». Le Saint-Siège a réagi en défendant la valeur universelle de ce symbole : « *Le crucifix a toujours été un signe d'offrande d'amour de Dieu et d'union et d'accueil pour toute l'humanité.* » Mais l'Église ne s'est pas contentée de réaffirmer la valeur de l'universalisme chrétien, elle a ensuite affirmé qu'il y avait lieu désormais de se détourner de l'idée européenne : « *On est stupéfait qu'une Cour européenne intervienne lourdement dans une matière très profondément liée à l'identité historique, culturelle, spirituelle du peuple italien. Ce n'est pas le chemin pour être attiré à aimer et à partager davantage l'idée européenne, qu'en tant que catholiques italiens, nous avons fortement soutenue depuis l'origine. Il semble que l'on veuille méconnaître le rôle du christianisme dans la formation de l'identité européenne, qui, au contraire a été et demeure essentielle.* » Le conseil d'État italien a lui aussi affirmé que, même dans un contexte « laïc », le crucifix a une valeur symbolique « *hautement éducative* », indépendamment des choix religieux des élèves : « *En Italie, le crucifix est apte à exprimer, en clef symbolique mais de façon adéquate, l'origine religieuse des valeurs de tolérance, de respect réciproque, de mise en valeur de la personne, d'affirmation de ses droits, de considération de sa liberté, d'autonomie de la conscience morale face à l'autorité, de solidarité humaine, de refus de toute discrimination qui distinguent la société italienne.* » « *Ces valeurs ont imprégné les traditions, la façon de vivre, la culture du peuple italien* » et elles « *émergent des normes fondamentales de notre Charte constitutionnelle* » qui dessine la « laïcité » spécifique de l'État italien depuis la loi Casati de 1859, adoptée par un État « *qui nourrissait bien peu de sympathie pour l'Église catholique* ».

Personne ne parlera, au nom de l'État, du crucifix de l'inquisition pour les juifs, celui de la croisade pour les musulmans.

En Pologne, de 2005 à 2007, les frères Kaczyski et leurs alliés doivent en grande partie leurs succès électoraux à la défense de l'Église catholique, de la famille et de la patrie comme territoire, incarnée par la Ligue des familles polonaises et le Parti des paysans polonais, soutenus par l'aile conservatrice de l'Église catholique polonaise. La défense de la famille est alors passée par l'homophobie. Marcinkiewicz, Premier ministre, déclarait dans l'édition polonaise du magazine *Newsweek* : « *La propagation de l'homosexualité entrave la liberté des autres citoyens* [...]. *Si une personne tente de contaminer les autres avec son homosexualité, l'État doit intervenir contre une telle entrave à la liberté* [...]. *L'homosexualité n'est pas naturelle.*

Ce qui est naturel, c'est la famille, et l'État se doit de protéger la famille. » Les *Gay pride* ont été interdites et, contre elles, des « *parades de la normalité* » ont été organisées. « *L'affirmation de l'homosexualité mènera à la chute de la civilisation. Nous ne pouvons pas être en accord avec cela* », avait déclaré le jumeau président du parti. Il avait encore affirmé que « *les homosexuels ne devraient pas avoir le droit d'enseigner* ».

Ce courant nationaliste puise ses racines imaginaires dans la tradition de la dynastie des Piast du XIIe siècle. Elle prône un État homogène, catholique et centré sur une définition ethnique de la nation. Le mouvement d'extrême droite *Narodowa Demokracja* (ou *Endecja*), cofondé au milieu du XIXe siècle par Roman Dmowski, et actif jusqu'à la fin de la Seconde République en 1939, puise dans cette même tradition. En consolidant l'identité polonaise par la langue, les institutions éducatives, judiciaires et militaires, ce courant avait conduit les Polonais à se réapproprier leur souveraineté ; elle s'est alors accompagnée de tentatives d'assimilation des minorités ukrainiennes, biélorusses et lituaniennes dans les campagnes à l'Est, des communautés juives et germaniques dans les villes. Il n'était pas facile d'appartenir à une minorité alors en Pologne.

Enfin, la vision romantique de l'histoire polonaise fait finalement des Polonais les gardiens de valeurs européennes fondamentalement chrétiennes, puisque la Pologne aurait sauvé les Européens à plusieurs reprises contre les Tartares au Moyen Âge, les Turcs en 1683, et les bolcheviks en 1920…

On pourrait ainsi faire un tour de ces pays d'Europe qui mettent au cœur de leur discours politique cette idéologie de l'identité nationale. En Hongrie le budget de la culture de 300 millions d'euros va pour 19,75 % aux institutions religieuses et 16,98 % au patrimoine, qui privilégie l'exaltation de l'identité nationale à travers des formes traditionnelles : les danses populaires, l'art à caractère religieux ou les films historiques, au besoin sur commande de l'État.

Mais cet attachement à une symbolique des bonnes traditions chrétiennes ne concerne pas les seuls états de l'Europe catholique.

La Grande-Bretagne s'affole et souhaite préserver ses modes de vie face à la puissance de son immigration, s'interroge sur son identité multiculturelle. Les intellectuels qui défendent encore le multiculturalisme sont déclarés avoir la « haine de soi ». « *À force d'absorber l'immigration, la Grande-Bretagne va être absorbée par elle* », disent leurs détracteurs. Gordon Brown pose à son tour cette question de l'identité nationale. Il a pris des mesures pour mettre les aspirants citoyens britanniques en « *probation* ». Ils doivent désormais savoir parler l'anglais, payer des impôts, et ne pas avoir fait de prison pour qu'on leur accorde la citoyenneté. Les Néerlandais ont organisé des centres de probation dans les pays d'émigration ; il faut savoir le néerlandais avant d'arriver sur le territoire.

Les preuves d'amour sont toujours plus nécessaires, la question de l'hospitalité de moins en moins réfléchie.

Nicolas Sarkozy est donc conforme.

Désespérément conforme.

En France, sur le site du ministère de l'Immigration et de l'Identité nationale, un diplomate bosniaque loue l'identité nationale française, une caution pour les musulmans qui douteraient de leur amour. Un diplomate italien explique son amour de la France pour finir par expliquer que, en Italie aussi, l'État doit résoudre la question migratoire.

3. Pour une autre conception des communautés démocratiques

On aura compris que l'identité est une construction subjective et sociale. Elle suppose que l'individu se soit identifié à des représentations imaginaires successives, c'est-à-dire, selon Freud, qu'il ait aimé ces objets d'identification qui lui ont été proposés. Pendant la période monarchique, le roi incarnant et incorporant la nation, il fallait pour être français aimer le roi, s'identifier à lui. Selon la théorie freudienne des foules, c'est cette relation d'amour verticale qui conduit alors les membres d'une même foule à aimer ceux qui partagent cet amour sur un plan horizontal, et ainsi à fabriquer une unité fusionnelle nationale. Mais il est difficile de s'identifier à un voisin qui a livré aux nazis vos grands-parents, à un État qui a fait torturer votre oncle en Algérie, à une armée qui a laissé tuer votre enfant dans le génocide rwandais… Lorsque l'histoire, au sein d'un pays, n'a pas été partagée mais a effectivement produit des clivages insolubles, les fissures deviennent structurelles, et seul un rapport critique à l'histoire permet de construire un espace commun démocratique, celui justement d'une critique qui permettrait pour les uns de rompre avec leurs aînés, pour d'autres d'assumer leur singularité, pour d'autres encore de retrouver une confiance dans le monde.

Vouloir fabriquer aujourd'hui des communautés affectives[1] unifiées ne peut plus passer par des nations qui ont failli. Si, à notre époque, le mot patriotisme peut avoir un sens démocratique, il ne peut être que le patriotisme constitutionnel de Jürgen Habermas[2], qui repose sur ce rapport critique à l'histoire et sur ce qu'il appelle « *une adhésion ressentie* » aux principes constituants qui préservent des oppressions. Nommer ces principes suppose un débat permanent, une délibération permanente. « *Au lieu d'imposer à tous les autres une maxime dont je veux qu'elle soit une loi universelle,*

1. Sur cette notion de communauté affective, la réflexion de Benedict Anderson, *Imagined Communities, Reflections of the Origins and Spread of Nationalism*, Londres, Verso, 1992 ; celle d'Eric Hobsbawm et Terence Ranger (éd.), *L'Invention de la tradition*, Paris, éd. Amsterdam, 2006, (*The Invention of Tradition*, Cambridge University Press, 1983) sont incontournables.
2. J. Habermas, *L'Intégration républicaine, essai de théorie politique*, Paris, Fayard, 1998.

je dois soumettre ma maxime à tous les autres afin d'examiner par la discussion sa prétention à l'universalité. Ainsi s'opère un glissement : le centre de gravité ne réside plus dans ce que chacun souhaite faire valoir, sans être contredit, comme étant une loi universelle, mais dans ce que tous peuvent unanimement reconnaître comme une norme universelle. » L'unité démocratique doit passer par ce débat.

De fait, les identités sociopolitiques confrontées à une pluralité de conventions ne sont jamais substantielles et immuables. Elles peuvent hésiter entre plusieurs options disponibles, construire des rapports clivés à la réalité perçue, fabriquer des zones d'ombre, affirmer dans le même temps un impératif de savoir et un impératif de mythification, de souvenir et d'oubli. Tout le travail de transmission, en démocratie, consiste à tenter de faire coexister et même converger cette multiplicité des conventions issues des espaces familiaux ou communautaires, des conventions orchestrées par l'État, des conventions produites par l'offre culturelle non communautaire. Entre absence de communauté et communauté parfaitement unifiée, ce travail de convergence peut faire naître un vaste nuancier de situations, certes instables, soumises aux aléas des rejeux de l'histoire et des rejeux du débat, mais qui témoignent malgré tout d'un partage des valeurs communes constamment à réélaborer. Cette instabilité est ce qui constitue la fragilité même de la communauté démocratique. Vouloir gouverner les émotions, réinventer un lien religieux, c'est renoncer à cette fragilité démocratique en souhaitant lui substituer « *une expression obligatoire des sentiments* ».

Or l'expression obligatoire des sentiments n'est pas démocratique. Lorsque Marcel Mauss explique qu'une « *catégorie considérable d'expressions orales de sentiments et d'émotions n'a rien que de collectif* », il décrit des rituels de deuil. Puis il ajoute : « *Disons tout de suite que ce caractère collectif ne nuit en rien à l'intensité des sentiments, bien au contraire* […] *mais toutes ces expressions collectives simultanées, à valeur morale, et à force obligatoire, des sentiments de l'individu et du groupe, ce sont plus que de simples manifestations.* [...] *Il faut les dire, mais s'il faut les dire c'est que tout le groupe les comprend. On fait donc plus que manifester ses sentiments, on les manifeste aux autres, puisqu'il faut les leur manifester. On se les manifeste à soi en les exprimant aux autres et pour le compte des autres. C'est essentiellement une symbolique.*[1] » Dans ce cas, une représentation collective s'impose avec force et ne nécessite plus l'intervention des subjectivités individuelles. Plus exactement chacun peut exprimer ce qu'il veut, voire ne rien exprimer du tout personnellement, rien ne vient déplacer la forme collective d'expression des sentiments.

Mais lorsqu'elles sont politiques et religieuses, qu'elles prennent place avec la grande inquisition, dans des religions civiques imposées ou dans l'embrigadement de la jeunesse, au mieux ces symboliques sont tenues en échec, au pire ce sont de pseudo-symboliques dangereuses dans leur inefficience même. Nul ne peut savoir ce que pense le « converso ». Il en devient suspect. Ces logiques mènent très rapidement à l'exclusion de l'impur, de l'incertain, du nouveau venu qui devra sans cesse multiplier les preuves d'amour sans jamais pouvoir prétendre sur ce plan à l'égalité avec les vrais nationaux, les vrais amoureux.

Ainsi, non seulement la question de l'identité nationale est inquisitrice et finalement impudique, mais elle conduit inexorablement à réinventer des classements sociaux sur la qualité plus ou moins bonne des membres constituant la nation, sur les citoyens et sur ceux qui pourraient le devenir. Malheur à ceux qui n'intérioriseraient pas l'efficacité symbolique de cette nouvelle identité nationale. Malheur à la démocratie.

(*Vacarme*, 2010)

1. M. Mauss, *Essais de sociologie*, Paris, Minuit, 1969, p. 88.

Ça se passe à Vilnius, ça se passe en Europe

C'est de l'histoire

1. Vilnius, Lituanie. L'université dispose d'un institut yiddish ; on y enseigne l'histoire de cette langue quasi morte faute de locuteurs.

Dialogues
de bouche de fumée à bouche de fumée (Paul Celan)

Pas loin dans la forêt, plus de 200 charniers de juifs morts dans l'extermination nazie. La Shoah par balles, la Shoah tout court. Ici, dans la ville, les pierres tombales du vieux cimetière juif ont servi à fabriquer un amphithéâtre de pierre. On marche sur des noms, mais il ne s'agit nullement d'une installation artistique à la manière de Jochen Gerz. Non il s'agit seulement de recyclage. Puisqu'il n'y avait plus de juifs on pouvait utiliser ces pierres pour construire une Vilnius sans juifs.

2. En 1875, les juifs sont 37 909 à Vilnius. Précision des recensements. Une ville habitée de 46 % de juifs, 40 % de Polonais, une forte minorité de Biélorusses, quelques Lituaniens. La Jérusalem du Nord, dit-on. Un haut lieu de la Haskala, les lumières juives. La plus grande bibliothèque en yiddish et en hébreu. En 1939, les juifs sont 80 000, la moitié de la population de la ville. Ils parlent yiddish, et Wilno est une ville où cette langue est un levain politique pour le socialisme. Ici, dans cette ville polonaise, biélorusse, bientôt soviétique, 50 % des personnes parlent yiddish, lisent en yiddish, font de la politique socialiste en yiddish et apprennent la réalité

du pacte germano-soviétique en yiddish. Lorsque les nazis envahissent la Pologne, les Soviétiques envahissent Wilno qui redevient Vilnius.

3. Une sorte de reconquête opportuniste puisque les bolcheviques avaient dû céder la ville révolutionnaire à l'armée polonaise, le 8 octobre 1920. Une ville divisée entre bolcheviques pro-russes et contre-révolutionnaires favorables à la Pologne de Pilsudski. Des émeutes, des divisions, une révolution avortée. L'opportunisme stalinien achève ce qui aurait pu s'en relever.

4. L'été 1941, le 23 juin, les forces nazies entrent dans Vilnius. Le 4 juillet 1941 les Einsatzgruppen A, avec l'assistance de la police lituanienne, commencent à liquider les juifs de Vilnius. Ils sont emmenés dans la forêt de Paneriai, à 10 km côté ouest de la vieille ville, et fusillés. Le 6 octobre 1941, deux ghettos sont créés. En octobre 1941, le plus petit de 11 000 personnes est vide. En 1943, le second de 29 000, également. Exécutions massives, déportation des survivants, évasions de quelques résistants.

5. Né en 1913, le poète Avrom Sutzkever, est dans les années 1930 un activiste du mouvement moderniste yiddish de Wilno. Dans le ghetto en 1941, il s'engage dans les mouvements de résistance qui se forment et deviennent en janvier 1942 « l'organisation des partisans unifiés ». Après le soulèvement du ghetto, qui échoue, il s'évade par les égouts, rejoint les partisans russes de l'Armée rouge pour se battre contre les nazis dans les forêts si proches de la ville. Il est finalement transféré à Moscou, témoigne au procès de Nuremberg.

Et j'allais
Une neige depuis longtemps déjà tombée-tombait

Des feux follets quelque part dessinaient
Ma maison
Dévoré d'éclairs
Vague réminiscence d'un rêve d'enfance.
(Avrom Sutzkever)

Musées

6. Cette forêt avec ses bouleaux, sa neige, ses cieux et ses charniers est devenue un décor de musées.

7. Au mémorial de la Shoah à Paris, c'est la forêt de l'exposition « la Shoah par balles ».

8. À Yad Vashem, c'est celle des résistants à l'extermination nazie, ceux qui ont fui dans les forêts et ont fabriqué des groupes de partisans. De leurs liens nécessaires avec les Soviétiques, très peu de chose est dit. Mais un nouvel héroïsme permet de croire à une mémoire de la Shoah qui ne serait pas tout entière du côté de l'esthétique victimaire.

9. À Vilnius, au musée du génocide, cette forêt est aussi celle des partisans, mais de ceux qui résistent aux Soviétiques avant 1941 et après 1944, aussi. De leurs alliances avec les nazis, rien n'est dit.

10. Le décor acquiert, dans la soudaineté du cri et du coup de revolver qui surgit dans une scénographie *high-tech*, une opacité trouble. Le langage lui-même se perd pour des visiteurs qui ne savaient pas encore qu'ici le mot « génocide » ne permet pas de dire l'extermination des juifs de la ville, Vilnius, Vilna ou Wilno, mais de dire l'extermination des Lituaniens dans un petit pays occupé de 1939 à 1990 tour à tour par des nazis et par des Soviétiques.

11. Le « musée du génocide » de Vilnius met en scène la répression communiste des Lituaniens, « patriotes » qui ont résisté au communisme. Rien ne signale que ces patriotes avaient collaboré, ou continuaient de collaborer avec les nazis lorsqu'ils étaient combattus par les Soviétiques. Ce combat n'est pas distingué de la répression politique communiste de l'après-guerre. L'un comme l'autre sont assimilés à des actes génocidaires, sans plus se soucier de la définition internationale du terme. Le décompte des morts liées aux répressions subies par la population lituanienne sous l'occupation nazie, puis soviétique, mêle toutes les victimes, juives, non juives, communistes, anticommunistes, une nation unie en quelque sorte, il fallait l'inventer… Sous d'autres cieux ou dans d'autres forêts cela s'appelle négationnisme.

12. Printemps 2006 : dans une conférence internationale sur les mémoires politiques européennes, sont réunis des chercheurs et des politiques de l'Europe élargie : Français, Autrichiens, Slovaques, Hongrois, Lituaniens. Le représentant du gouvernement lituanien affiche clairement ses objectifs. Faire évoluer la sémantique du terme génocide en le désenclavant de la question juive[1] et affirmer qu'ainsi seulement l'antisémitisme en Lituanie pourra baisser. En effet, 97 % des Lituaniens actuels affirment dans des sondages récents (2006) qu'ils sont antisémites, et ne supportent plus qu'on cache les souffrances des Lituaniens au profit des souffrances juives. L'ambassadeur autrichien proteste, deux chercheurs paniquent et se lèvent de table, les autres sont médusés et ne disent rien.

---

1. Exposé de Ronaldas Racinskas (International Commission for the Evaluation of the Crimes of the Nazi and Soviet Occupation Regimes in Lithuania) : « Perceptions of the Holocaust and of Soviet Crimes : Public Challenges and Experiences in Lithuania », 29 avril 2006, Session de dissémination du programme de recherche européen «Cutural Patterns of the enlarged Europe», Vilnius.

13. Ce thème d'un génocide des juifs qui empêche de prendre la mesure des souffrances nationales liées à une longue et double occupation traverse l'Europe élargie, et pas seulement cet étrange musée de Vilnius subventionné par les fonds européens pour la culture.

14. À Budapest, dans La Maison des terreurs du boulevard Andrassy, avant même de parler du nazisme, une première salle dite de la double occupation, évoque ce petit pays occupé, à la souveraineté bafouée depuis la Première Guerre mondiale et qui, de 1944 a 1990, a été occupé successivement par des nazis et des communistes. L'amalgame prend alors la forme de signes interchangeables : croix fléchées nazies et étoile communiste soviétique. Les Hongrois n'auraient été que des spectateurs victimes de l'histoire. L'extermination des juifs, moins prégnante que la répression communiste. Deux salles sont consacrées au nazisme et trente-huit au communisme.

15. À Riga, en Lettonie le Musée de l'occupation (au singulier), de 1940 à 1991, s'ouvre sur le pacte germano-soviétique, puis, en 2006, sur une exposition temporaire portant sur les 25 000 prisonniers de guerre lettons internés en Suède par la Grande Alliance. Photos, objets familiers, lettres, drapeaux, sont mis en scène pour l'ambiance visuelle dans des abris de rondins de bois. Nous sommes à nouveau dans les bois qui constituent décidément le décor privilégié de cette muséographie. La forêt comme espace intime et sentimental. Dans le déroulé de l'exposition, le musée déplore l'attitude de la Suède qui avait livré à l'URSS, 3 650 de ces prisonniers. Mais la Suède a fait amende honorable et, on s'en félicite, elle a présenté des excuses en 1994. Les rapatriements des membres de la légion lettonne n'avaient-ils pas été effectués pour « faire plaisir aux Soviétiques » ? Beaucoup plus loin dans l'exposition permanente, on

apprend que des Lettons avaient été enrôlés de force dans 30 bataillons, mais que, dès 1943, la légion lettone SS n'est constituée que de « volontaires ». Ceux mêmes que le visiteur consentant pouvait plaindre avec sincérité quelques minutes auparavant.

16. Toujours à Riga. Que dire de la présentation de l'extermination des juifs par les nazis ? Elle n'est pas absente, plutôt silenciée que tue. Traitée sur un mode standard et informatif, elle conduit *in fine* à ne pas vraiment interroger les conditions de possibilité de la disparition de 25 000 juifs « tués entre le 30 novembre et le 8 décembre 1941 ». Le musée affirme qu'il n'y avait pas d'antisémitisme letton, mais seulement « *une passivité liée à l'indifférence et à la rapidité de l'extermination* ». Or une autre section de l'exposition explique qu'après une première année d'occupation soviétique, l'armée allemande nazie avait été accueillie en « *libératrice* ». Cette notion de « Libération » permet de saisir que si l'histoire européenne est commune, l'expérience de cette histoire se démultiplie dans des hybridations pour le moins ambiguës à l'égard du nazisme et de la culture antinazie classique.

17. S'il est interdit de taire le génocide des juifs quand on appartient à l'Europe élargie, ces versions de l'histoire hybride conduisent à ne plus considérer le génocide des juifs comme un événement singulier, encore moins comme une priorité mémorielle. Le journal letton *Latvijas Avize* s'en explique encore ce 25 mars 2010 à propos du Musée de l'occupation : « *Il faut d'abord rappeler aux visiteurs venus de près ou de loin de quoi il est question dans ce musée : la Lettonie sous les occupations soviétique et nazie de 1940 à 1991. Il s'agit donc ici de la Lettonie et du sort de son groupe ethnique principal, ainsi que de ses minorités, sur un demi-siècle… Cela englobe ainsi deux générations entières et l'occupation nazie ne peut naturellement pas*

constituer l'absolue priorité.[1] » La mémoire devient une sorte de gâteau à partager en parts proportionnelles à la population aujourd'hui concernée. Les musées sont faits pour les majorités nationales.

Cérémonies, héroïsation, incriminations

18. Aujourd'hui Vilnius compte 543 000 habitants. Les Lituaniens représentent 57,8 % de cette population, les Polonais 18,7 %, les Russes 14 %, les Biélorusses 4 %, les Juifs 0,5 % ; les autres nationalités se partageant les 5 % restants. Des quelque 80 000 juifs d'avant 1939 n'ont survécu que quelques milliers de personnes. Peu sont restés dans la ville, ils ont émigré, qui au Brésil, qui aux États-Unis, en Israël, au Canada. Pour les remplacer sont arrivés dans la ville des Lituaniens en provenance des régions rurales, ainsi que des Russes dont on avait besoin pour construire la capitale de la République socialiste soviétique de Lituanie.

19. Dans les pays Baltes, les russophones subissent souvent la vindicte populaire, alors que d'anciens héros nazis sont à nouveau très explicitement honorés nationalement. Le 16 mars 2005, « *jour de la légion* », a eu lieu à Riga un défilé qui rendait hommage aux soldats lettons engagés dans la Waffen SS contre l'Armée rouge. Alors que d'anciens nazis retrouvaient un statut de héros, les contre-manifestants[2] furent matraqués. Dans le journal *Libération* du 24 mars 2005, on pouvait lire : « *Aujourd'hui encore ces pays tardent à reconnaître leur complicité dans l'exécution des juifs et des nostalgiques inaugurent des monuments aux leurs qui se battaient pour le Reich.* »

---

1. Revue de presse *Eurotopics*, 25 mars 2010.
2. 47% des habitants de Lettonie sont actuellement russophones.

20. Les cérémonies du soixantième et du soixante-cinquième anniversaire des 8 et 9 mai 1945, qui marquent la fin du régime totalitaire nazi sont symptomatiques. En 2005 les présidents des deux anciennes républiques soviétiques d'Estonie et de Lituanie n'ont pas participé aux célébrations russes du soixantième anniversaire. Ils ont évoqué comme cause de leur refus la souffrance incommensurable infligée par l'Armée rouge aux populations d'Europe centrale et orientale à la suite de la « libération ». La présidente Lettone a pris part aux cérémonies pour dire que la fin du nazisme n'avait pas signifié que le moment de la libération était venu pour les pays baltes, mais qu'une autre occupation avait succédé à l'occupation nazie, l'occupation soviétique. Alors que le soviet suprême à Moscou avait condamné le pacte germano-soviétique en 1989, les pays baltes réclamaient une repentance sincère, en affirmant que l'URSS partageait à parts égales la responsabilité du déclenchement de la Seconde Guerre mondiale.

2010 apparaît encore plus confuse : 20e anniversaire de la sortie de la Lituanie de l'URSS, de la dissolution du parti communiste polonais, 70e anniversaire de Katyn. La Russie a décidé pour les cérémonies du 9 mai à Moscou de ne pas lancer d'invitation de manière à ne plus essuyer de refus. Elle propose de recevoir « *ceux qui poseront leur candidature à la participation aux cérémonies* ».

21. Dans une journée d'étude organisée par l'Institut national de recherche pédagogique sur les mémoires de la Shoah, l'évocation des problèmes baltes dérange. On conclut à la nécessité, en 2007, de laisser le temps faire son travail pour des gens qui ont tellement souffert. Mais s'il faut reconnaître ces souffrances, peut-on laisser circuler des discours négationnistes ou falsificateurs comme baumes réparateurs ?

22. Le 3 février 2005, Franco Fratinni, commissaire européen italien propose que soit prohibé en Europe le port de la faucille et du marteau communistes, au même titre que celui de la croix gammée nazie. Il s'agit, dit-il, d'harmoniser pénalement les limites de la liberté d'expression. Viautas Landsbergis ancien président de Lituanie et député européen et Josef Szajer, député européen hongrois en avaient fait la demande. La proposition n'est pas retenue. En janvier 2008, le groupe « Europe commune, histoire commune » se propose d'écrire une histoire – commune – de l'Europe et s'achemine vers une mise en équivalence, non seulement du communisme et du nazisme mais, dans un second temps, du communisme et du judaïsme. (Selon un historien hongrois avec lequel j'ai visité la Maison des terreurs de Budapest, il faut noter que, dans ce musée, le mur des bourreaux communistes présente des individus qui ont presque tous des noms à consonance juive.)

En juin 2008, une déclaration est signée à Prague par de nombreuses personnalités européennes dont Vaclav Havel, sur le thème de « la conscience européenne et du communisme ». L'un des objectifs de cette déclaration est d'obtenir des lois équivalentes pour célébrer la mémoire des crimes communistes et celle des crimes nazis, d'obtenir qu'on réécrive l'histoire de l'Europe en mettant ces crimes communistes au centre de sa fondation actuelle. Il faudrait, selon les pays baltes promoteurs de ces initiatives défendues à l'échelle de l'Europe, obtenir qu'on mette en équivalence les « différents » génocides. Le point de départ de cette entreprise en Lituanie a consisté à créer une « commission internationale pour l'évaluation des crimes de l'occupation nazie et soviétique en Lituanie » sous l'égide du président de la république de Lituanie Valdas Adamkus et directement rattachée au Premier ministre. Également rattachée au Musée du génocide qui présente désormais des expositions temporaires témoignant du négationnisme et de l'antisémitisme latent. Ainsi on a pu voir, dans une exposition portant sur l'après-guerre, une caricature d'une jeep soviétique conduite par « *Lénine et Staline et le juif Yank'l* », sans commentaire. Une exposition récente sur la famine en Ukraine présentait une femme s'adressant aux visiteurs dans ces termes : « *À Auschwitz on donnait des épinards et un peu de pain. La guerre est terrible mais la famine, c'est pire encore.* »

23. En mai 2008, plusieurs anciens juifs partisans, échappés du ghetto en 1943 et ayant rejoint des soldats de l'Armée rouge dans la forêt, ont été accusés de crimes de guerre contre la Lituanie. « *D'une manière regrettable* », ironise David Katz, directeur de l'institut yiddish de Vilnius, « *il n'y avait pas de forces britanniques ou américaines pour recueillir les rares fugitifs qui réussirent à échapper à la machine de mort* ». Le 5 mai 2008, le point d'étiage moral de l'histoire de la Lituanie et de l'Europe élargie a été atteint. Des policiers en tenue sont venus chercher deux femmes. L'une d'elle, Fania Yocheles Brantsovsky, 86 ans alors, est bibliothécaire de l'institut yiddish de Vilnius. Elle a été immédiatement protégée par l'ambassade d'Irlande, puis par les ambassades américaine, britannique et autrichienne. L'autre, Rachel Margolis, 87 ans alors, a été inquiétée parce qu'elle avait découvert et publié le livre de raison d'un Polonais courageux qui avait été témoin du meurtre de masse, réalisé par d'enthousiastes volontaires locaux appelés ici « *partisans* », de dizaines de milliers de civils innocents à Paneriai. Rachel Margolis, était en Israël et elle n'a pas pu revenir chez elle, à Vilnius, pour faire visiter, comme chaque année, les restes du ghetto. Sara Ginaite, une autre rescapée qui vit à Toronto a dû annuler son voyage annuel d'été à Vilnius sur les conseils de son avocat. On l'accuse d'avoir pris part à des massacres de civils lituaniens auprès de l'Armée rouge. Elle a accepté de répondre à un journaliste de ces accusations et affirmé qu'elle n'était pas dans la forêt de Rudnicky au moment de ces représailles,

mais que les villageois en question n'étaient pas des civils désarmés, mais des « *patriotes* » lituaniens, collaborateurs des nazis. Enfin, l'un des membres de la commission internationale pour l'évaluation des crimes, l'historien Yitzhak Arad qui travaille à Yad Vashem, lui aussi survivant résistant du ghetto, a également été inquiété et a donné immédiatement sa démission, soutenu en cela par l'historien Sir Martin Gilbert qui avait jusque-là accepté, à son corps défendant, de jouer le jeu de cette commission et qui a également démissionné en demandant que la diffamation des résistants cesse, et qu'ils soient réhabilités publiquement pour leur combat héroïque contre le nazisme.

(*Vacarme*, 2010)

III

LA GRÈVE DE 1995, LE PRINTEMPS 2016 : QUAND TOUT EST FINI, EST-CE L'AURORE ?

Du côté des cheminots.
Une grève motivée, longue et fragile

En décembre 1995, les cheminots de la gare de Lyon, de la gare du Nord, de la gare Saint-Lazare ont accepté que des sociologues, des historiens, des politistes, tous signataires de la pétition de soutien aux grévistes, assistent à leurs dernières assemblées générales avant la reprise du travail, le jeudi 14 et le vendredi 15 décembre 1995. À la gare de Lyon, ont ainsi pu être suivies les AG des agents de conduite, des personnels des voies et signaux, des contrôleurs, des agents commerciaux ; à la gare du Nord et à la gare Saint-Lazare des AG intercatégorielles. Des contacts ont alors été pris pour venir refaire des entretiens longs[1] à tête reposée.
Le travail d'enquête mené en décembre 1995 et pendant l'hiver 1996 a d'abord été un travail militant. Il s'agissait de retrouver la parole des acteurs, de comprendre ce qui avait été investi dans ces trois longues semaines de grève, et de réunir des matériaux et des arguments capables de fournir des reparties critiques à ceux qui, en s'autorisant d'un statut d'intellectuel médiatique ou de journaliste avaient qualifié le mouvement d'« *archaïque* », de « *corporatiste* », et d'« *infantile* » et avaient à plusieurs reprises tenté de ravir la parole aux acteurs[2].

Lorsque l'équipe de travail se met en place fin novembre, elle est essentiellement constituée de jeunes chercheurs en

1.Les entretiens utilisés ici ont été réalisés par moi-même, Didier Leschi, Laurent Vuillemez et Jean-Gabriel Contamine. Nous tenons à remercier les cheminots qui ont accepté de répondre à nos questions et d'évoquer quelques aspects de la grève qu'ils venaient de vivre et tenons à nous excuser auprès de tous ceux qui avaient donné leur accord et avec lesquels nous n'avons pas encore réalisé d'entretiens.
2.À ce titre, l'émission la « France en direct » qui était censée, à grand renfort de mise en scène, laisser parler les grévistes avait été caricaturale.

sociologie politique. Je suis historienne de formation, et espère ainsi faire d'une pierre deux coups : apporter un peu de mon temps et de mon énergie pour entrer dans des luttes d'interprétation du mouvement, et rencontrer en situation les méthodes d'une autre science sociale. Je ne sais pas si le premier objectif pourra être atteint, mais le second est resté lettre morte, car si nous avons réussi à constituer des équipes d'enquêtes, nous n'avons pas pris le temps de revenir sur la nature des matériaux réunis, sur les modes d'écriture des descriptions d'assemblée générales, sur ce qui pouvait être élaboré collectivement et qui relèverait d'une méthode commune de travail. C'est donc avec mes présupposés d'historienne des discours de la Révolution française que je suis arrivée dans le groupe « militant enquêteur », et c'est avec mes présupposés d'historienne du discours que j'ai finalement dû aborder l'enquête orale et le retravail sur des matériaux qui sont restés pour moi très étranges.

Or toute la question pour une historienne qui a l'habitude de travailler sur archives est de donner un statut pertinent à ce type de matériaux.

On pourrait bien sûr assimiler l'entretien à un type d'archive, et admettre qu'il y a bien *de* l'institution de savoir qui permet au cheminot enquêté de ne pas considérer l'exercice comme absurde ou équivalent à l'enquête journalistique. Donc une institution de savoir. Mais admettre ici que l'université et ses titres académiques autorisent l'enquête, ce serait aller vite en besogne. Dans l'interaction entre enquêteur et enquêté, l'institution de savoir n'existe que parce qu'elle a accepté de s'engager publiquement, sous couvert de personnes multiples disséminées et le plus souvent obscures, dans une pétition de soutien aux grévistes. Le chercheur n'existe qu'en référence à cette pétition qui était d'ailleurs, chez les contrôleurs, posée sur le bureau des délégués syndicaux.

D'ordinaire, lorsque l'historien rencontre des acteurs confrontés à *de* l'institution il les saisit dans un moment signifiant de confrontation. Il est le tiers spectateur de ce qui s'est joué dans cette confrontation qui a fait archive. L'enquête sur archives l'installe donc toujours en premier lieu dans cette position de spectateur du révolu. Or dans cette enquête orale singulière il n'y a pas ou peu de tiers entre l'enquêteur et l'enquêté, et il n'y a pas encore de révolu. L'un et l'autre sont dans le temps présent et mobile d'un pacte militant[1]. Dans cette situation, la référence aux outils intellectuels n'est pas tant un gage de méthode de validation, de sérieux ou de science, mais un gage de confiance. L'institution qui permet de produire cette archive orale n'est donc pas l'institution de savoir, elle est une militance singulière complètement arc-boutée à une situation et à un projet : ne pas laisser les voix des grévistes disparaître corps et âme, faire de leurs paroles recueillies des leviers de compréhension et de travail commun sur ce qui se joue pour l'enquêteur comme pour l'enquêté dans un tel mouvement social. Ici la position de spectateur, fût-il ce spectateur doué d'un savoir et d'une expérience dite scientifique, paraît sinon interdite du moins minée d'avance.

C'est donc en tant qu'acteur du mouvement que j'estime être autorisée à faire quelque chose de ces entretiens, quelle que soit par ailleurs la personne qui a mené l'enquête, car,

---

1. S'il fallait chercher un modèle pour se repérer dans la nature de ce type d'archives provoquées, il faudrait d'abord faire référence à l'école de Chicago revisitée ensuite sous l'influence de l'historien Edward P. Thompson auteur de *The making of the English working class*, lancée dès 1969 dans une étude nationale d'histoire orale et qui développe en 1978, dans *The voices of the past*, l'idée que l'histoire orale a pour fonction de démocratiser l'histoire en la faisant avec ceux qui la font et la subissent. En Italie, Luisa Passerini approfondit la pratique d'une contre-histoire des groupes opprimés en étudiant la mémoire ouvrière du fascisme dans la région de Turin. En France, on regardera, « Mémoires et histoires de 68 », *Le mouvement social* n°143, avril-juin 1988. Cependant ici quelque chose diffère, car il n'y a pas cette distance temporelle qui, aussi minime soit-elle, transforme la nature de l'entretien en faisant intervenir l'effet de mémoire. D'autre part il ne s'agit pas de saisir ce qui a disparu pour l'histoire, mais d'intervenir dans le présent avec des énoncés qui ne circulent pas suffisamment pour peser sur la réalité sociale et politique. Il s'agit donc d'assurer la publicité, c'est à dire de décloisonner les paroles de grévistes.

pour le coup, nous partagions en situation cette même institution éphémère.

Pour autant s'agit-il de faire de l'histoire, de produire un discours historique sur la grève de novembre-décembre 1995 avec ces matériaux singuliers ?

Dans une certaine mesure, oui. Il y a matière à raconter une histoire, voire nécessité de raconter une histoire construite sur un pacte de confiance militant pour répondre à l'histoire ou aux histoires que d'autres ont déjà raconté. Il y a dans le sillage du mouvement de novembre et décembre 1995, une lutte des narrations à mener[1]. Or ce que nous avons recueilli, ce sont le plus souvent des narrations rétrospectives situées, des histoires. « *Une malheureuse homonymie propre à notre langue désigne d'un même nom l'expérience vécue, son récit fidèle, sa fiction menteuse et son explication savante* », nous rappelle Jacques Rancière[2]. Faut-il choisir un seul des termes de l'homonymie pour prétendre fabriquer du discours historique savant ? Ce serait non seulement difficile mais peut-être même mortel pour l'historien. La tentation de l'histoire scientifique a été de se débarrasser de « *l'indétermination des mots et des phrases des histoires* », pour transformer en connaissances valides ce qui n'était encore que « *le roman de la vie humaine*[3] ». Mais, à ce jeu de promotion scientifique, grâce à des « *conseillers bienveillants, les économistes et les sociologues de l'école durkheimienne* [...], *l'histoire s'évanouit dans la grande science du social*[4] ». Elle ne serait plus « *que la dimension diachronique, utile dans certains cas pour l'explication de phénomènes sociaux résiduels*[5] ».

---

1. Dans son ouvrage *La Critique du langage et son économie* (1973), Jean-Pierre Faye parlait de la « *frappe narrative sur le sol de l'histoire ou effet de récit* » ; il montrait comment le récit des deux races de la Nation, la franque et la gauloise, avait produit de l'histoire en terme de lutte de race.

2. J. Rancière, *Les Mots de l'histoire. Essai de poétique du savoir*, Paris, Seuil, 1992, p. 11.

3. *Ibid.*, p. 16.

4. *Ibid.*, p. 17.

5. *Ibid.*

Dans la pratique de la langue, l'histoire récuse « *l'opposition de la science et de la littérature*[1] ». La question de la vérité n'est pas inscrite du seul côté de la science, elle se joue dans une écriture qui doit constituer en « *langue de vérité la langue aussi bien vraie que fausse des histoires* ». L'écriture de l'histoire est ainsi l'écriture d'une expérience de vérité arc-boutée à la parole vraie ou fausse des êtres parlants.

Ainsi ce n'est pas l'argument de la scientificité qui nous interdirait de faire de l'histoire. S'il y a un obstacle, c'est bien plutôt dans le manque à savoir sur ce qui ordonne les récits des grévistes, un manque à savoir sur leur régime propre de vérité, c'est-à-dire sur ce qui permet de mettre en mots l'expérience[2].

L'enquête historique, pour donner leur place aux histoires produites par les grévistes, devrait pouvoir les articuler à ce que serait leur régime de vérité. Certes nous voyons de-ci de-là dans les entretiens des références qui donnent sens aux situations présentes : on évoque encore la « Déclaration des droits » dans un usage non consensuel ; on évoque le récit de mai 1968 ; le récit de la grève de 1986 ; le récit d'une longue histoire ouvrière où la conquête d'un modèle de métier et d'assurance sociale exemplaire est mise à disposition des générations futures ; on parle d'un film sur les débuts dans la vie – *En avoir ou pas*[3] – qui montre la violence symbolique et concrète subie par les jeunes adultes à la recherche d'un emploi. Mais rien ne permet de saisir comment cette constellation d'énoncés pèse sur les grévistes. Le tissage des récits, des noms, des écrits, des lectures, des spectacles qui habitent novembre et décembre 1995, voilà ce qu'il faudrait connaître pour prétendre faire de l'histoire et saisir

---

1. *Ibid.*, p. 19.
2. Par exemple, si E.P.Thomson peut faire l'histoire du mouvement ouvrier anglais, c'est parce qu'il repère que l'expérience d'ouvrier trouve des mots pour être dite grâce à la déclaration des droits qui recoupe les prescriptions de la *Bible* et du *Pilgrim's progress.* Le régime de vérité est construit par ces prescriptions qui permettent de trouver une lecture de ce qui se joue dans l'industrialisation.
3. Il s'agit du premier film de Laetitia Masson, sorti en octobre 1995.

effectivement dans les entretiens des modes de subjectivation spécifiques.

Mais si cet entrelacs de mots qui « *déterminе la vie des êtres parlants autant et plus que le poids du travail et de sa rémunération*[1] » n'est pas toujours possible à cerner à travers les entretiens, du moins pourrai-je, dans ce statut ambigu du producteur-collecteur de paroles, tenter d'éclairer au fur et à mesure quels imaginaires, quels savoirs ordonnent pour moi la nécessité d'une narration dialogique dans un mouvement qui reste subjectif.

Dans la démocratie et l'unité, les luttes de langage assourdies

Lorsque, le jeudi 14 décembre, je suis arrivée dans les AG de cheminots de la gare de Lyon, le mouvement social était déjà pris dans des luttes de langages. *Libération* avait salué l'audace du plan Juppé, une pétition structurée autour de la revue *Esprit* avait souligné le courage de Nicole Notat, une pétition à l'élaboration confuse mais ayant acquis ses lettres de noblesse grâce à la patte finale de Pierre Bourdieu avait exprimé son soutien aux grévistes. Dans les pages « Horizon débat » du *Monde* et les « Rebonds » de *Libération*, nombreux étaient ceux qui s'étaient autorisés d'un magistère scientifique pour intervenir dans le débat public sur le sens qu'il fallait attribuer à ce mouvement social. Du côté des détracteurs, le mouvement, qualifié de corporatiste, s'opposait au mouvement de progrès, excluait les exclus, prenait en otage les usagers. Du côté des soutiens, le pays faisait une grève par procuration, la loi du nombre n'était pas la loi du sens, car les fonctionnaires en grève défenseurs du service public étaient approuvés par des sondages favorables. Loin de méconnaître la question de l'exclusion ils se battaient pour ne pas la laisser s'étendre.

1. J. Rancière *op. cit.* p 193.

C'est donc en étant habitée par ce débat que j'ai regardé et écouté les assemblées générales où la présence de « sociologues » avait été signalée. Ce qu'il m'était possible de saisir et de retenir prendrait deux formes : ce qui venait conforter mes *a priori*, ce qui venait les défaire. L'angle mort était vaste puisque tout ce qui échappait à ce débat, soit pour le consolider soit pour le volatiliser, pouvait disparaître de mon champ d'appréhension. Mais, à la recherche d'interlocuteurs possibles pour des entretiens futurs, j'étais aussi assaillie par une ambiance, un lieu, des regards, des corps. Cette gare de Lyon que j'avais fréquentée assidûment, d'abord sur les lignes banlieue pendant quatre ans, puis sur les grandes lignes du TGV Sud-Est pendant trois ans, offrait son revers. La salle d'attente des réservations devenue la salle d'AG des commerciaux était elle-même transfigurée par la grève. La lumière avait changé, les lampes néons carrées n'étaient pas toutes allumées et dessinaient des compartiments d'ombre et de lumière. Les grévistes apparaissaient et disparaissaient ainsi du champ de vision lorsque le regard n'était pas focalisé sur les guichets du centre où s'exposaient les prises de parole qui étaient censées structurer l'A.G. Le silence ou le brouhaha semblait aussi requalifier leur poids. C'est sans être assurée de bien comprendre que j'ai enregistré une succession de prises de paroles, de silence et de bruits :

> L'AG est ouverte sur les nouvelles du jour : sur la garantie de maintien des caisses de prévoyance, et le gel du contrat de plan mais, en fait, aucun engagement réel du gouvernement, car rien n'est signé. L'orateur est un militant CFDT, il a les cheveux très longs, un Jean et un sweat, parle assis sur le guichet en bois, les jambes pendantes. D'autres personnes sont également installées soit sur le guichet soit contre le guichet et restent debout.
>
> Il raconte une anecdote : alors que les grévistes font la grève dans l'unité, les fédérations qui devaient négocier le

coût des journées de grève ont été reçues chacune séparément ; l'objectif serait de diviser.
Il faut continuer à faire grève pour peser sur les négociations.

Suite à l'intervention de ce premier délégué syndical, un homme blond en survêtement, cheveux assez courts, prend à son tour la parole. Il ne parle d'abord pas assez fort, puis dit la même chose, mais avec un débit différent et moins d'aisance ; c'est le délégué CGT.

Il n'y a pas de réaction immédiate, un espace de silence qui pourrait peser s'il se poursuivait. Il est rompu par l'intervention d'un orateur resté dans une zone d'ombre. Il porte la parole d'un groupe de grévistes qui travaillent sur les chantiers mouvants.

Il dit qu'ils ne sont pas favorables à la continuation de la grève et qu'ils demandent plus de tolérance. La veille, il y avait eu beaucoup d'abstentions car il n'y avait pas eu un bon déroulement de l'A.G. à cause du manque de tolérance ; il est applaudi à ce moment-là. Il dit que la question des caisses de retraite et de prévoyance des cheminots, la question du contrat de plan sont réglées et qu'on ne sait plus pourquoi on fait grève. D'une manière un peu agressive il déclare encore : « *Nous, on s'en fout du privé, d'ailleurs ça ne prend pas.* »

Un autre gréviste pose la question des formes de la solidarité. La question de l'égalité pour la gestion des caisses est posée.

Un petit brun se déplace vers le guichet où les délégués ont pris la parole en premier et intervient. Il trouve que ce n'est pas juste de laisser tomber les autres, qu'il y a une responsabilité à lutter contre le plan Juppé. Il affirme également que Juppé doit payer les jours de grève. Un gréviste assis un peu plus loin à ma gauche dit qu'il est contre le fait de demander que les jours de grève soient payés, trouve que c'est éthiquement suspect. Que faire la grève c'est prendre le risque de cette perte financière, qu'on ne peut pas demander à faire payer sa grève. Le petit brun répond que, dans l'histoire du mouvement ouvrier, gagner une grève c'est obtenir la victoire sur ses revendications et obliger le patron à payer les journées de grève. Quelqu'un d'autre dit que ce n'est pas une revendication mais une tradition. Le délégué syndical dit que c'est une discussion inévitable en fin de grève. Un autre dit que c'est vraiment une fausse question par rapport à l'opinion publique, car lui n'a jamais connu de grève payée, or les gens croient que les grévistes ne paient pas leurs grèves et : « *On nous dit : vous faites grève mais vous vous en foutez, vous êtes payés.* »

Une jeune femme blonde avec des cheveux très longs prend alors la parole et le silence redevient d'une grande qualité. Elle dit qu'elle a trente ans à faire à la SNCF et qu'elle est inquiète car elle ne voit pas les propositions alternatives au plan Juppé apparaître, elle dit à plusieurs reprises qu'elle se pose des questions : qu'est-ce qu'on propose, qu'est-ce qu'il faut faire ?

Le délégué CGT reprend la parole, brouhaha. Il dit qu'il y a beaucoup de jeunes dans l'action et beaucoup de contractuels. Ils ne sont pas cheminots au statut. De ce fait, la question, par exemple, des retraites ne les concernent pas. Il faut apporter des réponses. Chômage, précarité, déficit, mais les patrons doivent 18 milliards. Il faut récupérer les exonérations. Taxer les taux d'intérêt des banques. La réforme Juppé, c'est l'inégalité des ponctions.

On réclame le silence.

Il déclare encore qu'il s'agit d'un choix de société, évoque la réduction du temps de travail. Applaudissement et ironie.

Une gréviste estime que les partis et les syndicats ont des capacités de proposition et qu'il faut leur faire confiance. La jeune femme blonde voudrait les connaître, ces propositions.

Un gars assis pas très loin de moi, semble un peu agacé et prend la parole très calmement, posément, il souligne la nécessité de maintenir l'unité, car chacun sait bien qu'on appartient à des organisations différentes qui ont des projets à défendre différents.

Vote sur la reconduction : 11 abstentions, 85 oui, 3 non.

Intervention d'un socialiste qui offre son soutien, il est en pardessus, la jeune femme blonde qui avait distribué des tracts au début de la séance, informe que ça coince sur les piquets de grève ; pas de réponse dans le brouhaha, et déclare presque pour elle même qu'elle aura transmis l'information.

L'enregistrement décousu de ce qui se dit la veille de la reprise dans cette AG des commerciaux pourrait être remis en ordre, déplié et relié selon l'ordonnancement d'un récit explicatif, ce que Claude Simon appelle du « *ciment bouche-trou apte à bricoler du sens avec toute ruine*[1] ». Mais le mouvement de vie de l'A.G. est un mouvement désarticulé, pour qui vient le surprendre en suspens entre trois semaines de grève et l'annonce voilée d'une reprise possible. C'est dans cette désarticulation que j'ai entendu la lutte de langage qui traversait l'A.G. : du « *Nous, on s'en fout du privé, d'ailleurs ça ne prend pas* » au : « *Ce n'est pas juste de laisser tomber les autres, il y a une responsabilité à lutter contre le plan Juppé* ». Mais ce qui donnait une forme à l'A.G. débordait la question de cette lutte-là. J'avais trouvé l'ambiance tendue ce jeudi et avais été sensible à la question toujours récurrente de la nécessaire tolérance des écarts pour maintenir l'A.G. comme espace de parole et de rituel démocratiques. Le mot de démocratie n'avait pas été prononcé mais il me semblait qu'il habitait les agacements et les tentatives d'argumentation, les regrets et les mises en garde. Le présupposé d'une démocratie requise autorisait l'affirmation publique, ce 14 décembre, qu'il était possible de reprendre maintenant, puisque les cheminots avaient gagné. Si le vote maintenait la grève, on ne pouvait pas savoir quels arguments avaient porté. Ceux sur les négociations, sur le plan Juppé, sur la solidarité avec les travailleurs sans statuts ?

La reprise effective du lendemain ne m'a pas donné de réponse car j'ai retrouvé dans l'A.G. des « voies et signaux » la même lutte de langage, en plus assourdie encore.

> Les grévistes se regroupent dans un espace de plein air borné par un bâtiment administratif, une sorte de grille et escalier donnant sur une rue, un mur en ciment d'une sorte de petit entrepôt. L'accès est ouvert sur un espace vide

---

1. C. Simon, *Le Vent. Tentative de restitution d'un retable baroque*, éditions de Minuit, 1957, p. 137-138.

de cheminement d'accès aux voies et de parking. On est à cinq minutes des quais du TGV, ceux qui donnent sur les voies numérotées, et dont l'un est muni d'une architecture bâchée. Un feu est au centre du cercle qui se forme, on y a mis à brûler un vieux baby-foot et une odeur de plastique se mêle à celle du bois. On s'inquiète de ne plus rien avoir à brûler ; quelqu'un plaisante et dit qu'on brûlera un chariot.

Le premier orateur, délégué CFDT, adopte une voix sans effet, ni la victoire ni la défaite ne sont mises en scène, mais quelque chose comme de la fatigue marque le timbre. Il explique que la veille ils ont reconduit la grève en demandant un engagement écrit de la part du gouvernement, que le ministre Pons avait fait parvenir la veille dans la soirée, une lettre dans laquelle le gouvernement s'engageait à retirer le contrat de plan, à maintenir les caisses de prévoyance et de retraite SNCF, à maintenir les effectifs de la SNCF, à renoncer à la filialisation de certaines branches de l'entreprise, en particulier de la branche télécoms. Il insiste sur ce point car quelques grévistes sont directement concernés. Il s'agissait désormais de décider si cette victoire sur les premiers motifs de la grève permettait de reprendre, alors que le plan Juppé, lui, n'était pas retiré. Il fait souvent des gestes pour disperser la fumée qui vient du feu, et des petites particules qui volent et viennent s'accrocher à son visage.

La question de la forme de la décision de reprise ou du maintien de la grève a occupé la deuxième partie de son exposé. Le ton a changé. quelque chose d'un autre ordre était abordé. La question de la forme de l'action engageait la vie quotidienne au travail de ceux qui avaient fait grève ensemble. Quelque chose de plus fondamental se jouait, et il semblait à la fois plus difficile et plus important de convaincre l'auditoire.

Le mouvement avait été d'une unité exemplaire entre tous les grévistes (syndiqués CGT, CFDT et non syndiqués), et quelle que soit la décision qui serait prise, il s'agissait de maintenir cette unité. L'orateur faisait des gestes avec ses mains pour illustrer cette union, les mains se sont rapprochées pour faire un geste rond de cohésion, puis l'orateur les a finalement complètement serrées, tout en disant que cette cohésion avait fait la puissance de leur mouvement. Il s'agissait de ne pas laisser se défaire ce qui avait pu être le plus porteur de sens dans ce qu'ils venaient de vivre. Des expressions sur le visage montraient que le point était peut-être crucial, car il fallait maintenir une forte cohésion malgré la difficulté qu'éprouveraient certains à reprendre. Il a encore évoqué les non-grévistes et certains d'entre eux qui voulaient déclarer leur solidarité au moins en donnant des chèques.

Le syndicaliste CGT a repris l'évocation de la lettre de Pons et a déclaré qu'il s'agissait d'une victoire complète. Puis il a lu un message écrit préparé par son syndicat. La plus grande partie de sa prise de parole a consisté en cette lecture parfois maladroite, il était moins à l'aise que son prédécesseur, d'une manière générale beaucoup plus raide. Il a parlé beaucoup moins longtemps que son prédécesseur.

Ensuite le débat a été ouvert.

Une jeune femme blonde, Martine a pris la parole pour dire qu'il fallait peut-être reprendre puisque le privé ne s'y était pas mis, mais qu'elle considérait que ce n'était pas une victoire complète et qu'il faudrait rester vigilant, en particulier sur place avec la direction. Ce sont les éléments qui seront repris plus ou moins par chacun.

Avant de décider de la reprise Christian a évoqué la question du week-end car, si on reprenait, il était d'astreinte or il ne voulait pas avoir à faire le boulot de remise en état du matériel. Le délégué CFDT a proposé de sérier les questions : d'abord reprise ou non, ensuite la modalité de la reprise et des caisses de grève. Tout le monde était d'accord.

Une autre personne a dit qu'en fait le privé s'y était tout de même mis, contrairement à ce qu'on avait déjà dit la veille. Il avait fait une petite liste des entreprises privées qu'il avait vues dans les manifestations ou qui avaient fait grève. La liste était impressionnante, mais d'autres ont dit que c'était de très faibles effectifs. La question des effectifs de grévistes dans la fonction publique est devenue momentanément l'objet du débat. Il ne fallait pas laisser le mouvement s'effilocher. Si les effectifs étaient trop faibles, ça ne rimait plus à rien. Un petit mouvement se fait face à moi, car deux hommes sont en train de monter les escaliers. Je demande ce qui se passe et on m'explique que ce sont les patrons du poste Paris Lyon. Deux grévistes s'approchent, et parlementent. Christian crie, à moitié en rigolant à moitié sérieusement : « *Virez-moi ça* » à plusieurs reprises. Un gréviste s'approche avec un bâton qu'il tenait et très calmement dit qu'ils ne doivent pas rester. Ils repartent. Un gréviste vêtu d'un anorak multicolore et qui a de longs cheveux gris, fait un grand discours pour dire que la grève est victorieuse.

Le silence, de moins bonne qualité pendant cette prise de parole, est redevenu lourd lorsque Paul déclare qu'il ne veut pas de l'argent des non-grévistes, car c'est de l'argent sale. Il affirme pour sa part : « *Ce n'est pas par méchanceté, mais j'aurai du mal à serrer la main à certains qui sont étrangement là aujourd'hui. J'ai besoin d'une période de deuil.* » Il dit encore qu'il n'est qu'à moitié content, car la question de la sécu était très importante, et que c'est difficile à admettre. Mais enfin, « *Ils savent qu'on se bat pour eux depuis au moins une semaine* ». « *Je suis en deuil et je ne suis pas bien dans ma tête.* » Les personnes visées par son intervention sont les femmes qui s'occupent de l'administration et qui sont dans les bureaux ; elles partent par l'escalier qui donne sur la rue. Entre-temps sont arrivés toujours par l'escalier deux syndiqués Sud-PTT. On leur a demandé de ne prendre la parole qu'après le vote. Ils sont donc dans le cercle et écoutent comme les autres.

Il y a encore une ou deux prises de parole puis on vote la reprise avec deux contre et trois abstentions.

On reprend le débat sur les modalités de la reprise ; le délégué CFDT propose une reprise lundi, et une demande de congés payés pour le week-end. L'idée d'une pression sur la direction locale délie les langues, on parle d'une délégation nombreuse dans le bureau. Il faut montrer qu'on a gagné. J'apprends qu'il y a plusieurs bâtiments administratifs, dont un très important soumis au secret-défense.

Les militants de Sud-PTT prennent la parole très peu de temps mais soulignent l'importance de l'unité et de la redécouverte de la « solidarité ouvrière » ; « *D'habitude on travaille sans jamais se rencontrer, la grève a permis la rencontre ; il faut donc continuer à se voir.* »

> Le délégué syndical CFDT appelle à la manif, donne le rendez-vous à 11 h 30, Arago-Santé. L'AG s'achève et le cercle se défait. Je vais demander les coordonnées de Martine et Paul ; ce dernier est en train de s'essuyer car le feu envoie des cendres ; il dit que le feu pourrait l'autoriser à pleurer tranquillement, il est amer et dans la retenue, énergique mais tendu et douloureux. Martine parle de son entraînement, je lui demande quels sports elle pratique : la natation, la course, le ski de fond ; ce matin, elle est d'abord allée à la piscine. On parle de la manif de samedi, mais tous ne sont pas certains d'y aller.

On pouvait vouloir croire que ce qu'il s'agissait de faire ce jour c'était de « décider si la victoire sur les premiers motifs de la grève permettait de reprendre, alors que le plan Juppé, lui, n'était pas retiré ». Mais si les uns avaient parlé d'une « victoire complète », d'autres d'une « victoire incomplète », si certains avaient affirmé que le privé avait en fait été présent et d'autres avaient reconnu son absence, ce n'était, comme la veille, pas ce qui donnait son sens à cette AG. Ce qui importait c'était de faire la reprise « tous ensemble », de ne pas laisser éclater au moment de la reprise ce qui divisait les grévistes, ce qui faisait que la grève n'avait pas un seul sens mais des significations multiples et mobiles, qu'elle était appropriée parfois dans une dimension strictement corporatiste et parfois dans une dimension plus universaliste. Il faudrait comprendre pourquoi la nécessité d'une reprise « tous ensemble » avait gommé cette lutte sourde des langages de la grève. S'il y avait quelque chose que j'espérais pouvoir élucider grâce aux entretiens, c'était le nœud de ce qui m'apparaissait alors énigmatique. Pourquoi céder après trois semaines de grèves sur les seuls arguments corporatistes ? Pourquoi donner raison à ceux qui avaient depuis longtemps stigmatisé la grève comme grève corporatiste ?

Dès la fin des AG du 15 décembre, des conversations de couloirs donnaient des indices. On racontait la fin de la grève de 1986. Un souvenir de désastre. S'il fallait absolument reprendre « tous ensemble », c'était pour ne pas le répéter. La grève de 1986 s'était effilochée et il n'y avait pas eu de capacité à maintenir la cohérence du sens de la grève dans la dispersion et l'affrontement mortifère. En 1995, les souvenirs sont encore cuisants et douloureux. Dans les entretiens, Hervé affirme ainsi : « *Pour moi qui ai vécu 1986, je crois que, c'est vrai, ça a été moins mauvais en 1995 dans la mesure où on a tous repris ensemble et que ça n'a pas créé de déchirement entre les organisations syndicales ; vu l'état du monde syndical actuel, on avait pas besoin de ça. En plus, on a vu les dégâts que ça a faits en 1986.* »

Mais il y avait aussi une expérience qu'il ne fallait pas abîmer. Le « tous ensemble » n'avait pas été un simple slogan rhétorique pour masquer le plus longtemps et le plus efficacement possible la division et la sourde lutte des narrations, c'était aussi un mode de vie qui s'était installé en lieu et place de la solitude ordinaire du cheminot des années 1990. Le lundi 18 décembre, le chef d'établissement du personnel des « voies et signaux » s'est comporté comme d'habitude : « Il ne voulait pas nous recevoir ! » Mais les collègues de Martine étaient une bonne soixantaine et ils ont obtenu de négocier dans une salle de réunion : « *Pour rester tous ensemble, les gens ne voulaient pas reprendre le travail tout seul.* » Ils sont restés ensemble une après-midi entière pour nettoyer un mur : « *On voyait bien que les gens voulaient pas être séparés.* » Finir la grève, c'était mettre fin aussi à un moment de vie singulier.

Peut-être suis-je la seule à vouloir voir dans la grève un moment singulier. Car, après tout, c'était bien la première fois que je m'autorisais pour des raisons obscures à prétendre pouvoir sortir de mon champ ordinaire d'histoire de la Révolution française. Pour moi, cette grève c'était une première fois et, comme le disait Jacky à propos des jeunes des « ventes » : « *C'était leur premier conflit, et c'est un peu exaltant. Un premier conflit, c'est toujours plus exaltant que de remettre le couvert pendant vingt ans. Au bout de vingt ans on commence à se lasser.* » Mais, à supposer qu'effectivement toutes les grèves se ressemblent et qu'à ce titre elles peuvent lasser, le semblable n'est jamais l'identique. C'était bien la singularité de cette grève, c'est-à-dire la manière singulière dont elle était mise en mots par les grévistes qu'il m'importait de restituer.

Partir en grève

« Partir en grève » : dans la langue d'usage, l'expression permet de saisir le moment où, dans les débuts incertains d'une grève, on a le sentiment d'être collectivement engagés ; le sentiment de l'irréversible et de la nécessité « d'aller au bout ». Il s'agit donc de nommer un allumage réussi, mais aussi l'ouverture d'un chemin incertain, un pari qui ne peut se mener qu'ensemble. « Partir en grève », ce n'est pas seulement décider de se mettre en grève mais s'installer avec d'autres dans cette décision pour un temps qui reste ouvert. L'expression évoque irrésistiblement le voyage, un voyage dont on ne connaîtrait ni la durée ni la destination, un voyage qu'on prépare parce qu'on a quelques bonnes raisons de choisir à nouveau et à plusieurs un « départ en grève ». Ce sont là des connotations de la poétique de la langue de la grève. Dans les gares elles sont plus présentes et Véronique explique longuement, gare du Nord, que pour elle le train c'est avant tout les départs en vacances de son enfance. Le lieu commun borde l'imaginaire de la grève. Il n'empêche que lorsque Hervé affirme : « *Quand tu as passé la barrière des quarante-huit heures, trois jours, dans une grève, j'ai envie de dire que tu as gagné sur le plan de la lutte, parce que tu sais que les mecs disent : "Ça y est, on est partis maintenant, on verra, mais on va aller jusqu'au bout ; ça y est, on est partis, on va pas reprendre le boulot sans rien, donc on va jusqu'au bout…"* » Personne ne sait ce que sera ce bout ni quand il sera atteint. À ce titre le

« partir en grève » si poétique offre des connotations pertinentes pour entendre ce qui se joue au début d'une grève de cheminots.

Il est toujours difficile de saisir un début, un moment d'émergence, et les entretiens pratiqués après-coup ne peuvent prétendre le restituer. Ils permettent cependant, à travers les écarts de perceptions, de s'approcher des interactions multiples qui permettent à des cheminots de « partir en grève ». On peut éclairer quelques rouages d'une machinerie non complètement maîtrisée, chacun sait que la réussite d'une grève ne se décide pas et ne peut donc être ramenée à des mécanismes reproductibles. Il y a toujours une part d'événement, c'est-à-dire d'imprévu rendu possible par une contingence impossible à réitérer. Cette contingence inclut les conditions sociales et mentales de la grève, la précision d'une micromécanique des rapports sociaux et syndicaux vécus au niveau local et la part de hasard. Hervé raconte ainsi que l'officier de police qui encadre les « *deux trois flics* » appelés par le chef d'établissement est une femme. Elle a estimé qu'aucune agression n'avait été commise. De ce fait, elle n'empêche pas les grévistes d'occuper les locaux de la direction. Il aurait pu très certainement en être autrement. Les grévistes perçoivent bien que la grève a d'abord un caractère incertain. Le récit de Jacky qui travaille comme aiguilleur sur les chantiers mouvants, est à cet égard exemplaire :

> En bref, le samedi et le dimanche on a beaucoup discuté et c'était bien, pas agressif. On n'a pas été agressif vis-à-vis des gens. On leur a pas dit : « Il faut faire grève ! » ; mais on leur a dit aussi : « À la limite, on verra lundi ce qui va se passer, mais ce serait bien que lundi… » ; donc, pendant trois jours on a discuté entre nous, et le lundi ça a commencé à mordre. Sur notre secteur petit à petit. ça n'a pas été un mouvement qui a été total du premier au dernier jour pour tout le monde.

Mais les cheminots savent aussi ce qui fait déclic et engrenage. Ainsi Francis agent de conduite évoque la « psychologie » d'un corps de métier :

> Personnellement, j'ai su que ça allait se passer comme ça, que la grève allait être inévitable, qu'elle allait s'imposer, à partir du moment où j'ai entendu Juppé à la télévision parler des retraites. C'était un soir à 20 h 30 ; quand je l'ai entendu, j'ai dit : « Non mais enfin il est fou ! Il connaît notre psychologie, c'est un kamikaze. » Le lendemain matin, les syndicats ont pris le temps de déposer un préavis de grève ! Et tout ça n'a démarré qu'une dizaine de jours après.

Martine évoque son sentiment de l'extraordinaire parce que des gens inhabituels sont là dans les premières AG :

> Le lundi matin j'y suis allée, direction le syndicat, où j'ai vu des gens de « l'équipement » ; on s'est rendu à l'AG ; on voyait bien que ça allait bouger, que ce sont des choses qui se passent assez rarement. Il semblait y avoir beaucoup de monde, surtout des gens inhabituels, comme les Télécoms de chez nous qui sont menacés.

Mais avant de concevoir la grève dans une dimension collective qui relie chacune des catégories et chacune des gares, des hiérarchies de métiers sont à l'œuvre. Jacky évoque le rôle prépondérant des agents de conduite :

> Ce sont les « roulants » qui ont commencé, comme d'habitude. Nous, en tant que CFDT, on appelait de toute façon à poursuivre. On savait qu'au dépôt de Paris les « roulants » le proposaient et qu'ils tiendraient. Il faut savoir que le milieu des « roulants » est un milieu beaucoup plus dur que le nôtre sur le plan des revendications. Je pense que le taux de syndicalisation y est plus fort aussi. À partir du moment où leurs trois organisations se voient et décident de continuer, on sait qu'ils vont continuer. Donc, le lendemain, on a quand même

> été dans les chantiers aux prises de service pour discuter avec les gens, leur expliquer que les « roulants », eux, c'était clair, ils continuaient le samedi, le dimanche et feraient le point le lundi ; que, de toute façon, rien n'était réglé par rapport à la journée du 24 qui, à l'origine, était sur le contrat de plan et puis avait dévié sur le statut. On ne pourrait rien faire sans les « roulants », mais il est important que les autres soient convaincus. Lorsqu'il n'y a pas d'AG intercatégorielle comme à gare de Lyon, toutes les catégories ont leurs AG le même matin, avec des décalages horaires, mais chacun était déjà informé de ce que les « roulants » allaient faire. Lorsque l'A.G. des « voies et signaux », celle des « agents commerciaux » et celle des « contrôleurs » se réunissent, elles prennent des décisions qui sont configurées par celles des « agents de conduite ». L'information sur les décisions des « roulants » est passée par les délégués syndicaux. Dès le lundi, les agents de conduites occupent les locaux et prennent les clés de contact des machines.

Les roulants maîtrisent l'outil de travail et les effets symboliques d'un arrêt total de la circulation des trains. C'est ce qu'explique Hervé :

> Dès le lundi, on s'est dit : si on ne prend pas des mesures énergiques vis-à-vis des gens qui continuent de bosser ou, surtout, du personnel d'encadrement qui risque d'être amené à conduire les trains, on risque d'aller au casse-pipe rapidement. [...] On en discute le lundi et le mardi, et le mercredi matin une seule décision est prise pour dire : on demande au chef d'établissement de se retirer de son bureau. Comme la décision a été prise en commun, en assemblée générale, on décide d'y aller aussi en commun, et on va taper à la porte du taulier puisque c'était juste en face et on lui donne dix minutes pour nous remettre les clés, gentiment, sans agression, ni verbale ni physique, et on essaie de faire que ça se passe dans de bonnes conditions. [...] Lui, il dit qu'il est pas question qu'il s'en aille ; des rires ironiques qui commencent à monter de l'A.G. Le chef de dépôt adjoint qui voit ce qui se passe et téléphone

> à la Région à l'ancien chef d'établissement pour le prévenir que les agents du dépôt sont dans le bureau ; et il appelle le commissariat du XIIe. Pendant la discussion entre le chef d'établissement et nous, on voit arriver deux-trois flics et l'officier de police, qui était une femme d'ailleurs, dit : Je ne comprends pas, il n'y a pas d'agression ; moi, ça ne me concerne pas du moment qu'il n'y a pas d'agression ; c'est un conflit du travail, je m'en vais. Le chef dit : Non non ! C'était folklo et plutôt la pagaille ; puis on a décidé ensemble de fermer les locaux.

Enfin tous connaissent et reconnaissent la fonction fondamentale des syndicats. Les syndicats organisent la grève et, en quelque sorte, sont crédités de la produire avant qu'elle ne soit vraiment là. Jacky parle d'une grève extrêmement bien préparée :

> C'était très organisé en fait ; disons que, sur deux mois, il y a eu quatre appels à des grèves carrées d'une journée ; le dernier appel étant pour le 24 novembre. Plus ça allait, plus la participation était massive ; et puis, forcément, beaucoup de discussions au boulot, entre collègues, et durant les heures d'information syndicales. On sentait qu'il y avait quelque chose qui se préparait.
>
> Il y a une chose importante à souligner : depuis deux mois, toutes les organisations syndicales y participaient, jusqu'à cette journée du 24 novembre, avec une énorme manifestation.

Mais les interprétations des usages syndicaux restent multiples. Se dessinent ainsi des modes différenciés d'appropriation du préavis de grève illimité : une modalité ordinaire du préavis CFDT, même pour des grèves que l'on sait « carrées » chez Jacky, un outil pour, au cas où, passer le cap des 48 heures chez Hervé, ou encore un signe gros d'événement pour Martine :

> Quand la grève a démarré, j'étais à Modane. N'ayant pas eu d'infos depuis un mois, j'ai vu une affiche qui traînait encore sur les panneaux syndicaux annonçant un préavis de grève pour le 24 novembre pour une durée indéterminée pour la CFDT – les autres organisations avaient des durées de 48 heures ou à peu près 48 heures. Il me semblait que ça serait une grosse grève ; j'ai senti qu'il allait se passer quelque chose. Quand il y a un préavis illimité, on s'attend toujours à quelque chose.

Si les AG jouent un rôle prépondérant, tout ne se joue pas dans les AG. Dès le début de la grève, la manifestation joue un rôle fondamental pour délier les langues et déterritorialiser les énoncés. Annoncée par les médias audiovisuels, la manifestation déplace l'information hors des murs de la gare, non seulement pour le public, mais aussi pour ceux des cheminots qui l'ignoreraient. L'entrée dans la grève, c'est souvent l'entrée dans de nouveaux espaces de sociabilité et d'émotion. Je ne peux pas ne pas songer aux formes populaires de l'opinion publique du XVIIIe siècle, où l'expérience de l'unité éprouvée en commun donne sa forme à l'opinion, que ce soit dans les assemblées de village où l'on vote à main levée, ou dans la rue, dans un attroupement autour de la lecture du libelle d'un avocat sensible. Je ne peux pas ne pas songer à la notion de déprivatisation des pratiques de lectures en repérant la circulation d'une émotion de l'espace privé du salon à l'espace public des AG ou des manifs. On passe ainsi du salon, où l'on regarde la télé et où « l'on tape le carton », à ces espaces publics, où l'on rencontre les autres cheminots sensibles à la question des retraites et du contrat de plan. Pas d'entrée en grève sans reconquête d'espaces de paroles publiques souvent multiformes. Pourtant Manu au Landy, l'atelier de maintenance des trains, n'a pas bénéficié de l'effet d'entraînement d'un gain de sociabilité. Loin de la gare et des agents de conduite, ils étaient peu nombreux à faire grève et à en discuter. La difficulté à l'embrayage des ateliers du Landy corroborerait la nécessité de l'émergence en prélude d'un nouvel espace langagier pour partir en grève tout en marquant les limites. La manière dont Manu évoque son entrée en grève nous ramène à la métaphore du voyage de rupture, du voyage initiatique : « tout arrêter ». Dans l'univers du chemin de fer, « partir en grève » c'est effectivement faire en sorte que tout s'arrête, faire en sorte que les cheminots ne partent plus, que les trains ne roulent plus, que les billets ne soient plus distribués aux voyageurs ordinaires. Pour Manu, tout arrêter, c'est lâcher l'ordinaire. Mais si c'est ainsi qu'il thématise sa grève, il n'érige pas ce besoin de suspens au rang d'argument :

> À Sevran déjà il y a trois apparts où on traîne bien : il y a le mien, il y a celui d'un autre pote, et on est séparés de cinq ou six kilomètres. Donc on tourne dans les trois apparts. Et puis il y a tous les potes qui sont au foyer qui viennent dans nos apparts. Parce que l'appart, c'est plus grand qu'une pièce de 12 m^2 [...] Un pote, avec qui on tape régulièrement le carton, m'a parlé de la grève ; moi j'ai dit que je n'en savais rien, que j'allais me rendre au boulot après mes jours de maladie, et que je verrai bien : si la grève s'arrête, je reprendrai le boulot. Sinon je pourrais... je savais pas exactement. Chaque personne chez nous avait une opinion différente. Tout ce qui était de Villeneuve était gréviste [*rires*], tous autant qu'ils étaient ; là-bas, il y a eu un taux énorme de grévistes. Et tous ceux qui étaient au Landy... [...] Je te dirais que moi, dans ma tête, je savais que si, à l'assemblée générale, les syndicats avaient dit : on continue la grève et que tout le monde repartait au boulot... d'ailleurs c'est ce qui est arrivé : on était dix à faire la grève, et tous les autres sont retournés au boulot. La première AG que j'ai faite : on devait être 60 ou 70 dans la salle ; dix qui sont restés et tous les autres sont repartis au boulot. On crisait un peu d'être si peu. C'est vrai, il faut pas se le cacher. Et en même temps je suis respectueux de leur idée. Mais eux sur la cinquantaine qui est repartie au taf, on va dire qu'il y avait vingt qui étaient pas commissionnés et 30 qui étaient

pères de famille : eux, c'était pour le fric, ils voulaient pas en perdre à cause des périodes de Noël.

Un départ en grève s'inscrit ainsi dans un dispositif mental et social très subtil, où l'on voit se déplacer les positions d'acteur et de spectateur au fur et à mesure de la mise en route du mouvement. Il y a là quelque chose qui permet de passer de la routine syndicale à l'événement, et cet événement suppose toujours que la parole cesse d'être bavarde pour devenir engagement. Pour entendre peut-être enfin ce qui a valu de s'engager dans une grève, il convient de s'approcher au plus près des arguments qui ont circulé entre le vendredi 24 novembre et le lundi 27 novembre, ce week-end où les cheminots ont beaucoup discuté.

Des raisons pour faire grève

La question des retraites bien plus que celle, moins évoquée des caisses d'assurance maladie, a été la première raison de partir en grève. Stigmatisée comme revendication corporatiste et égoïste, la question des retraites appartient peut-être davantage au domaine du non-dit qu'à celui du nommable. Il se noue dans la question des retraites quelque chose de complexe qui échappe en partie aux acteurs et mérite donc à double titre d'être explicité. Pour les cheminots, toucher à la retraite c'est toucher à du sacré. Ainsi pour Hervé :

> La retraite, ils auront du mal à toucher parce que c'est un acquis palpable pour tous les gens qui font ce métier-là ; la retraite à cinquante ans, vous savez, même si on y pense pas, quand on en a vingt ans on se fout pas mal de la retraite à cinquante ans, mais, en même temps, on sait qu'on fait un travail difficile sur le plan des conditions, et ça, j'ai l'impression que c'est : « Pas touche », quoi !

Le dernier jour de la grève, Francis, dans un meeting CGT, salle traversière, a fait les louanges de la grève en disant que, de toute sa vie, il n'avait pas vécu de grève si unitaire et, pour mettre en perspective son expérience, il a déclaré : « *Il ne me reste plus que deux ans à vivre…* » (suspens que tout le monde a entendu, y compris lui-même)… « *professionnellement* ». La retraite, c'est le moment où on finit sa vie, qu'on le veuille ou non, et ceux qui choisissent parfois de rester plus longtemps sont ostracisés, on ne leur parle plus, ils ne respectent pas la loi qui consiste à laisser la place aux jeunes. La retraite est ainsi un moment de la vie professionnelle où se nouent un rapport à la mort et un rapport à des lois non écrites du monde des cheminots. On peut accepter la retraite mais pas à n'importe quel prix ; on pourrait trouver satisfaisant de travailler plus longtemps mais ce serait trahir la loi, trahir les jeunes, les enfants. Et puis, tout le monde est convaincu qu'il n'y aura de toute manière pas de rallonge de vie professionnelle puisqu'on met déjà les gens en préretraite. Réclamer plus d'annuités, ce serait finalement pour la direction obtenir des arguments pour faire baisser le taux de la pension. Martine explique ce paradoxe de la gestion contemporaine :

> Les mecs, ils ne veulent pas partir en retraite à 60 ans et ils ne veulent pas avoir 5 % en moins sur leur feuille de paye de retraite. On leur dit de travailler jusqu'à 60 ans, puisqu'ils ont signé les préretraites, mais comme on n'aura pas cotisé 40 ans mais 37 ans et demi, on aura 5 % en moins pour la retraite. D'ailleurs, on ne nous aurait jamais laissé la possibilité de bosser jusqu'à 60 ans ; on aurait laissé partir les gens à 55 ans, mais en leur versant de la retraite en moins. Pourquoi ça ? Parce qu'il y a six mois ils ont fait un truc pour permettre aux gens de partir en préretraite, à 52 ans !

Il n'est pas évident de qualifier de corporatisme, comme l'ont fait certains commentateurs, cette revendication singulière du droit à l'existence de l'autre, du plus jeune, vécue en termes de solidarité entre générations de cheminots. Ici encore des énoncés du XVIIIe siècle et de la période révolutionnaire viennent cogner sur ceux de 1995. Le vocabulaire qui me permet de décrire ce que j'observe est celui de la critique libérale du libéralisme économique, tel qu'il avait été produit, d'abord, par les émeutiers paysans qui réclamaient la taxation des grains sur les marchés, les compagnons artisans qui inventaient les premières grèves et les premières cabales contre la baisse des salaires au non du droit à l'existence. La solidarité de 1995, je l'observe sous le prisme du droit à l'existence. Lorsque Martine répond implicitement à ceux qui affirment que le combat de cheminots est corporatiste, c'est une formule de la lutte des langages contemporains qui lui vient : « se battre pour les autres. » Mais se battre pour les autres, ce n'est pas se nier soi-même, mais bien inventer une conception de la réciprocité vécue. L'une des prescriptions révolutionnaires était de concevoir la patrie comme le lieu de « *l'échange journalier de secours réciproques* ». En 1995, la grève est conçue sur un mode de solidarité qui inscrit cette réciprocité sur le temps long d'échanges entre générations :

> À la limite, je me demande si je ne me suis pas battue pour les autres. Je ne voudrais pas reprendre la formule, mais quand je regarde, je me suis autant battue pour les autres que pour moi. Parce que, quand je pense que je ne veux pas aller bosser jusqu'à 60 ans, c'est en pensant aux autres qui vont pas avoir de boulot tout de suite. Tu ne te bats pas que pour toi, ça n'est pas vrai.

Quant à Manu il se projette en père de famille pour expliciter cette solidarité entre les générations :

> Et la grève je l'ai faite aussi pour ça, pour défendre mes futurs gosses, si jamais j'en ai. Parce que, si moi déjà je n'arrive pas à m'en sortir, eux arriveront encore moins que moi

> à s'en sortir. Donc, tu vois, je suis à fond pour défendre les intérêts des gamins, parce que c'est eux qui vont payer ma retraite ; même si je mets un peu de fric de côté, c'est eux qui vont payer une bonne partie de ma retraite. Là, je paye la retraite de mes parents, alors que mes parents ont payé toute leur vie pour la retraite des leurs, c'est mon fric qui sert à ça.

Quoi qu'il en soit, si le changement des régimes de retraites était bien le premier motif invoqué pour faire grève, le second concernait le contrat de plan et la notion de service public. Jacky affirme ainsi :

> La chose qui m'a vraiment motivé, c'est la suppression du statut au niveau de la retraite, puisque ça fait 23 ans que je suis rentré à la SNCF et que je suis plus près de la retraite que de ma date d'embauche. Et puis, ce qui va avec, puisqu'il n'y a pas que l'âge de la retraite, il y a le contrat de plan.

Nombre de commentateurs n'ont voulu y voir qu'une rhétorique plaquée et abusivement monopolisée par les grévistes. La lecture des entretiens montre que ce motif n'est parfois qu'associé rapidement, mais qu'il est aussi parfois au cœur de l'analyse produite par les cheminots pour expliciter leurs motivations en termes de métier. Véronique exprime un sentiment profond de déception face aux formes de vie proposées aujourd'hui par un emploi à SNCF :

> Il faut une dose d'effort et d'énergie fantastique pour maintenir sa curiosité quand on te donne un travail qui, tous les jours, se ressemble, et ce depuis des années et des années. C'est terrible, c'est désespérant. On y perd l'estime de soi, la motivation. Tu t'aperçois que tous les gens ont sensiblement le même âge et que cette grande notion de déroulement de carrière qui existe dans la tête des cheminots et que, pendant longtemps, la SNCF a mis en place, disparaît. Je sais pas comment la SNCF compte gérer ça, mais dans les

> années qui viennent ça ne peut pas bien se passer. ça aussi ça se retrouve dans la grève. [...]

Véronique, qui n'hésite pas à déclarer son amour du rail, considère qu'elle est entrée en grève pour l'entreprise. Elle ne se résigne pas à admettre que le sentiment morbide du vide envahisse tout à la SNCF, et analyse la question de la modernisation en élaborant chaque jour un autre horizon d'attente possible pour une entreprise de service public qui aurait le devoir d'humaniser l'espace public :

> Il n'y a pas eu de réel projet d'entreprise ; tout le discours, ça a été de tendre à l'équilibre par des suppressions d'emploi et des suppressions d'activités, mais sans rien proposer. ça fait des explosions monumentales liées au contexte social. Je suis entrée en grève pour l'entreprise. L'équilibre des comptes à la SNCF, ne mettre que ça en avant, cet argument-là, et en conclure qu'il faut des suppressions d'activité et des suppressions de personnel, c'est la prime à l'économie et à la rentabilité immédiate. Mais est-ce que le service public doit faire de la rentabilité immédiate ? Non, le service public a une notion de non-rentabilité ; faire les deux, ça ne colle pas ; il faut choisir, et moi j'aime autant choisir le service public.
>
> Quand tu modernises et que tu as des suppressions qui sont induites par la modernisation... de là à dire que les suppressions d'emplois sont logiques, c'est encore autre chose. Il faut que ce progrès technique admette d'autres comportements, d'autres politiques : qu'on ne dise pas : moins cinq mille, moins dix mille, mais qu'on dise : on a la chance d'avoir libéré des emplois là-dessus, il y a des gares qui sont vides, les clients ne sont pas contents d'avoir des gares vides, on va mettre des gens pour les renseigner, qui vont être là. C'est vrai que, pour l'entreprise, ça impose des reconversions : il y a plein de choses à faire. On cherche des trucs rentables, on sélectionne, on fait des projets d'entreprise, oui, mais il faut, à côté de ça, que ce qui est rentable serve à la notion de service public. ça c'est possible au niveau d'une entreprise comme la SNCF.

Finalement, si la question spécifique des retraites ouvre davantage sur un horizon singulier exemplaire que sur un horizon universel, si la question du service public conduit à produire une critique de la politique des transports et de l'emploi dans une entreprise spécifique, l'analyse qui est faite d'une situation sociale et politique injuste ouvre sur la radicalité d'une motivation universelle et universalisante : obtenir plus de justice. Martine parle ainsi du chômage, de l'exclusion mais aussi de la consommation et des images identificatoires du bonheur aliénantes. Elle refuse de laisser stigmatiser ceux qui ont du travail et devraient s'en estimer contents, sous les termes de nantis ou de privilégiés ; elle refuse d'oublier qu'il est encore des oisifs qui bénéficient des revenus de leur capital ; tout son propos m'évoque un slogan que j'avais saisi dans les manifestations : « *Il faut que la peur change de camp* », qui me ramenait à un retournement énonciatif célèbre : « *Ils veulent nous terroriser, soyons terribles*[1] » :

> Les gens sont mécontents dans l'ensemble, et si on leur donne un truc pour qu'ils gueulent dans la rue, ils ont des milliers de raisons de gueuler. Il n'y a pas que le plan Juppé ; le pire problème, c'est le chômage ; mais le chômage, aucune organisation syndicale se peut dire : on arrête tout travail jusqu'à temps qu'il n'y ait plus de chômeurs ! Je pense que la trouille des gens c'est le chômage.
>
> Je ne comprends pas pourquoi le privé n'a pas fait grève. Si avec un truc comme ça, ils peuvent pas bouger, quand est-ce qu'ils bougeront ? J'ai l'impression pourtant qu'ils sont plus exploités qu'il y a dix ou vingt ans. Je trouve inhumain de voir trois millions de chômeurs ; c'est écœurant, dans la gare de Lyon, tous ces mecs qui font la manche, aux halles, l'autre fois, il y en avait un avec tous ses meubles et son matelas dehors ! et puis sur la coulée verte, à côté,

---

1. Il s'agit du retournement de la terreur exercée par les émigrés sur Paris en terreur réplique avant que la Terreur ne soit mise à l'ordre du jour le 5 septembre 1793.

> pareil, une femme avec le matelas, l'armoire dehors ! Ce qui m'écœure c'est l'injustice et l'inégalité. Je trouve injuste qu'il y ait des gens qui vivent largement ! largement c'est-à-dire au-dessus de ce que tu peux dépenser, et d'autres qui crèvent la faim à côté !

L'ordinaire de la grève

Lorsque les cheminots explicitent les motivations qui les ont conduits à faire grève, ils expliquent comment ils se sont subjectivement approprié le mot d'ordre de grève. On peut dire que, par ce travail d'appropriation de chacun, travail à la fois singulier et collectif, s'élaborent les grèves vécues. Car chacun des cheminots vit sa grève. Elles ne se ressemblent pas. Certains n'ont pas fait grève, mais sont allés aux manifestations ; d'autres ont fait des petits bouts de la grève, une grève par intermittence. Certains restent chez eux et d'autres cherchent à rompre d'une autre manière avec le quotidien. Ils viennent aux AG, cherchent à rencontrer leurs collègues qu'ils croisent à longueur d'années, mais qu'ils ont le sentiment de ne pas connaître – le travail est souvent une activité solitaire à la SNCF. Lorsqu'on est loin des centres, on cherche à rencontrer d'autres catégories de cheminots, on souhaite faire valoir à l'aristocratie du métier, les « roulants » agents de conduite, que les autres aussi ont leur mot à dire et une dignité à défendre au sein même du monde cheminot. Vivre sa grève c'est alors réélaborer des relations de respects entre catégories internes à la SNCF. C'est le projet poursuivi par Manu lorsqu'il occupe les locaux la nuit gare du Nord :

> À un moment, un gars a dit : on va à Gare du Nord. J'ai voulu y aller justement parce qu'il y avait occupation des locaux. ça me plaisait bien ça. Parce qu'au Landy ils ne voulaient pas occuper le poste répartiteur. On s'est retrouvés gare du Nord et l'occupation de la gare du Nord a bloqué toute la région. Moi, comme je suis insomniaque, je me suis dit : tant qu'à faire autant faire l'occupation de nuit.

> Ça a été une nuit sympa, super-détendue, et on n'était pas grand-chose, une quinzaine à tout casser. Les flics se sont pointés, ils nous auraient jetés tout de suite, bien fait. C'est à ce moment-là que j'ai pris la parole… Je me souviens qu'un gars a dit : Le Landy, qu'est-ce qu'ils foutent là ? Un autre prend la parole : Écoute gars, ils sont restés là toute la nuit avec moi, et c'était peut-être les seuls qui étaient là toute la nuit. Les mecs ils se sont dits : c'est vrai, ils sont restés toute la nuit et ça a fait changer pas mal d'idées. Et moi j'espérais justement que cette idée fausse qu'on avait sur nous, ceux du Landy, soit justement détruite grâce à ça. Et ça a marché.

Les cheminots que nous avons rencontrés sont ceux qui ont été les plus présents sur le lieu de travail, dans les AG et dans les manifs. Leurs modes de vie ont varié en fonction des catégories de métier, de la syndicalisation et des lieux d'investissement de la grève. Cependant, peu considèrent qu'il y a eu de véritables moments marquants, saillants dans le déroulement de la grève. Même les occupations de locaux ont souvent été vécues sur un mode ordinaire, peut-être même une routine, dans la mesure où la résistance de l'encadrement et des forces de l'ordre a été particulièrement minimale. Ainsi Jacky raconte en toute simplicité l'occupation de Bercy :

> On faisait des piquets de grève tous les jours sur les chantiers. Au bout d'une semaine on a occupé Bercy. C'est très difficile de fermer une gare comme la gare de Lyon de façon hermétique. Ça n'est pas possible ; ça a donc été plutôt symbolique. Par contre, à Bercy, c'est beaucoup plus facile ; c'est beaucoup plus facile parce que c'est un bâtiment seul, enfin, isolé, un chantier marchandise. En fermant toutes les portes de l'intérieur, en plus avec un système de blocage, c'est facile.

Ce qui s'est mis en place, c'est un autre quotidien avec des activités obligées comme les piquets de grève, les manifestations, des rituels comme les assemblées générales et, surtout, une autre convivialité. Chacun évoque le plaisir de discuter, d'échanger, de manger, voire de dormir ensemble, d'avoir un lieu. De ce fait, sans qu'on l'ait souvent souligné les occupations des locaux ont joué un rôle assez fondamental dans la sociabilité des grévistes occupants. Même si l'occupation a été facile, c'est le meilleur souvenir de Jacky :

> Mon souvenir le plus fort par rapport à ce mouvement, mais c'est très individualiste, c'est l'occupation de Bercy. On ne l'avait jamais fait… et puis ça a vraiment été très bien quoi. En plus avec des gens avec qui ont bossé depuis des années, et qui ne sont jamais… qui ne sont pas des militants. Ils ont vraiment été là du début à la fin. Y compris dans l'occupation, et ça c'est stupéfiant. C'était bien. Mon meilleur souvenir ce sera ça : Bercy, l'ambiance de l'occupation de Bercy. On avait des locaux, on y dormait, on y mangeait. Tous les midis, on mangeait à quinze-vingt. On a beaucoup discuté. On discutait de choses et d'autres, de la journée du lendemain, de ce qu'il fallait dire ou ne pas dire. On se remontait le moral pour les gens qui avaient le moral qui baissait.
>
> La discussion tournait autour de l'avenir de la SNCF, notre avenir. Les gens étaient pas tous sur la même longueur d'onde. Entre autres, par exemple, sur la suppression du réseau secondaire ; des gens étaient dans l'action par rapport au statut, mais, pour le contrat de plan, ils disaient : « De toute façon, on ne peut pas continuer à s'engouffrer dans un déficit sans fond ; il faut faire quelque chose, quitte à élaguer tout le secteur non rentable. » C'était intéressant parce que chacun pouvait amener son point de vue, c'était très très riche.

L'occupation des locaux a permis d'un même mouvement de traduire sur le plan symbolique le rapport de force, de mettre en scène, ne serait-ce qu'avec les braseros sur les voies et signaux, l'imaginaire d'une grève qui doit toujours être alimentée, et enfin, de fonder concrètement une sociabilité de grève. C'est sans aucun doute dans cette sociabilité du quotidien que les cheminots trouvent le plus de réserves empiriques au leitmotiv du « Tous ensemble ».

Les manifestations semblent jouer un rôle analogue. Leur monumentalité permet de mettre en scène le rapport de force, les torches de fumigène rouges, les banderoles « Tous ensemble », les lignes en costumes ont déployé l'imaginaire d'une mise à feu du mouvement. Empiriquement, il y a bien eu rencontre entre grévistes et non grévistes, entre acteurs et spectateurs de la grève. La manifestation est d'abord perçue comme un lieu de fête et de jeu où l'on est joyeux de donner comme de recevoir le spectacle de la rue, où le spectacle s'invente sans préparation importante comme par surprise. Les spectateurs applaudissent sans que les cheminots sachent exactement pourquoi. Les spectateurs applaudissent-ils un spectacle ludique ou les encouragent-ils à faire grève pour tout le monde ? Martine qui a beaucoup aimé les manifestations s'interroge encore sur ces drôles de parades :

> C'est agréable de voir autant de gens dans la rue ; c'est joyeux les manifs, ça fait plaisir de voir tout ce monde bouger. J'ai l'impression qu'ils ont quelque chose à dire à montrer. Toutes les manifs semblaient monumentales. La dernière, surtout, m'a impressionnée ! Surtout qu'on nous applaudissait ; au début je me suis dit : ils se croient à la télé, donc ils applaudissent, un truc de 14 juillet quoi. J'ai remonté toute la manif dans l'autre sens et, en fait, ils n'ont applaudi que les cheminots. Est-ce que les gens avaient écouté les médias qui disaient que nous faisions grève pour eux ? Je n'avais jamais vu des gens applaudir des grévistes manifestant.

Il n'empêche que, malgré ce caractère festif, joyeux, inventif des manifestants, la manifestation est pour certain un moment de vérité. Le privé n'est pas vraiment venu manifester et une part de l'espérance portée par le mot d'ordre « Tous ensemble » s'est abolie dans des manifestations appréhendées par le public, qu'il soit en sympathie ou non, comme des manifestations de fonctionnaires. Il n'est pas sûr qu'on ait souhaité manifester pour les autres, mais bien plutôt pour convaincre les autres et, de ce point de vue, dans d'immenses manifestations, le manifestant cheminot s'est parfois senti seul et exemplaire. Martine évoque finalement sa déception face à la manifestation du samedi 16 décembre, où la montée en puissance des manifestations était déjà retombée :

> Dans la manif du samedi, il n'y avait pas plus de gens du privé que les autres jours. Des banderoles du privé, peut-être, de quelques individus par-ci par-là ; peut-être du copain de la copine. Mais il n'y a pas eu d'appels des syndicats des grandes entreprises ; Renault, je ne les ai pas vus. C'est vrai qu'on aurait voulu que tout le monde se mobilise ! On n'a jamais réussi à les faire bouger. Pourtant on était persuadés que c'était possible puisque le plan Juppé intéressait tout le monde.

Si Jacky n'aimait pas aller aux manifestations, c'est qu'elles ne répondaient pas vraiment à leur promesse : elles sont un leurre, les gens allaient individuellement aux manifs et les groupes syndicaux sont restés très scindés :

> Dans les manifs, c'était par organisation syndicale par organisation syndicale, de toute façon. Vraiment très… scindé là. Autant on était tous ensemble dans les assemblées générales, dans la discussion… Dans les manifestations, il y avait tout le monde, mais bien classé chacun de son côté. C'était clair.

Les manifestations ont été des points forts de la grève, des points de repère même si les médias n'ont pas relayé les efforts et coups de butoirs qui, jusqu'au mardi 12 décembre, étaient allés *crescendo*. Lorsque les cheminots devaient décider chaque matin dans les assemblées générales de reconduire ou non la grève, l'ampleur des manifestations intervenait pour autoriser la poursuite du mouvement. On s'est mis à compter, à avoir les yeux braqués sur le « Juppeton », comme par jeu. Cependant, ce qui importait c'était d'alimenter la grève, qu'il y ait un nombre de grévistes suffisant pour que la grève garde son sens. Nombre de cheminots ont évoqué le caractère fragile et incertain de la grève. Ceux qui la votent ne la font pas toujours, et elle ne repose dans certains lieux que sur quelques individus plus libres de perdre de l'argent. Ainsi Manu évoque-t-il le paradoxe d'assemblées générales où ceux qui votent la grève ne la font pas :

> Aux AG du Landy, ça circulait, ça fluctuait. Les dix gars étaient toujours là. Mais certains jours tu avais cinq ou six gars en plus, et des jours où, dans la salle, tu n'en avais que trois. Mais tous ces gars qui venaient au début, au bout de la deuxième semaine, ils ne venaient plus : parce que, eux, ils s'étaient mis en grève, quand même. Tous ceux qui repartaient au boulot ont dit au bout d'un moment : bon d'accord on fait grève. Mais eux ne venaient plus aux AG. Sur 150 personnes, tu en avais dix qui venaient aux AG, le reste était chez soi. Mais ce n'était pas de toutes petites AG. Il y avait soixante-dix, quatre-vingts personnes, et plein de non grévistes ; et ces gaillards-là votaient la grève. Il faut le savoir ça. ces gars-là disaient : on poursuit la grève, et ils allaient bosser quand même. C'était vachement incohérent. Ils étaient pour la grève mais ils ne voulaient pas perdre de fric. C'est là qu'on voit l'unité… le cas unique et l'ensemble.

On peut ainsi paradoxalement être présent à une AG sans faire grève, pour reconduire la grève, et être gréviste de loin, sans s'engager dans cette responsabilité. Certains d'ailleurs ne l'ont pas faite de bout en bout, mais par à-coups, dans un souffle hésitant qui se perd et se reprend. C'est ce que décrit Jacky :

> Ce n'est pas un mouvement qui a été total du premier au dernier jour pour tout le monde. Beaucoup de gens en ont

> fait par petits bouts. Problèmes d'argent, oui, c'est le nerf de la guerre un peu. Les gens ont des crédits, des situations familiales pas forcément évidentes, une femme au chômage, une femme sans emploi. Donc, certains étaient un petit peu réticents. Mais je crois que tout le monde a plus ou moins participé. [...] Les gens n'ont pas fait trois semaines de grève, ça n'est pas vrai. Autour d'une semaine, une semaine et demie par personne. Mais il y avait vraiment une motivation des gens. Même s'ils n'ont pas participé en totalité, ils étaient tous très motivés.

Enfin, le rituel de l'assemblée générale repose sur un vote à main levée, et l'entreprise de persuasion tient aussi à l'expérience de l'unité collectivement éprouvée dans ce geste très ancien[1]. Le bulletin secret ferait changer la grève de registre, il rendrait l'angoisse du lendemain plus difficile à assumer. Dans la solitude du bulletin secret, la solidarité compte les siens et les autres, elle ne s'engage plus vis-à-vis de tous. Reconduire la grève c'est donc bien renouveler un engagement collectif, une responsabilité collective qui ne suppose pas de nier le choix individuel, mais qui suppose la publicité du choix.

> C'est vrai, la démocratie absolue, c'est un vote à bulletin secret, mais je dirai que tant que le vote à main levée ça marche, tant mieux ! S'il y a des gens qui réclament un bulletin secret, on peut pas le refuser ! Ceci dit, dans les dépôts qui ont voté à bulletin secret, les résultats ont été les mêmes. Peut-être que, quand la situation devient délicate, il est plus démocratique de se mettre au bulletin secret, mais ça favorise toujours ceux qui veulent reprendre. Parce qu'il y en a énormément parmi ceux qui souhaiteraient reprendre le travail qui n'osent pas. De ce point de vue, c'est vrai, c'est peut-être antidémocratique de voter à main levée.

---

1. Nous avons déjà évoqué ci-dessus le vote des assemblées d'habitants des villages d'Ancien Régime.

En observant cette grève du côté des récits des acteurs, ce n'est plus la puissance et la massivité d'une grève capable de bloquer le pays qui apparaissent, mais l'alliance de détermination et de fragilité, de plaisir et d'inquiétude, de surprise et de routine syndicale, de capacité à inventer un collectif efficace et d'incapacité à dépasser les hiérarchies du métier et l'ambiance sociale. La grève, en dépit des apparences, a été motivée et fragile. Les AG de reprise, qui avaient constitué notre premier contact avec la grève, sont-elles mieux éclairées par ce tissage d'extraits d'entretiens ? À peine. Pouvons-nous mieux répondre à nos interrogations sur l'écho assourdi des luttes de langages. Ce n'est pas certain. Mais à titre personnel j'aimerais émettre quelques hypothèses.

Les luttes de langages étaient assourdies les 14 et 15 décembre car ces luttes de langages avaient masqué l'expérience de la grève. Les débats sur le sens qu'il fallait donner au mouvement avaient certes souligné le fait que les cheminots avaient engagé dans cette grève des sens multiples, mais avaient empêché qu'on puisse entendre qu'ils ne pouvaient pas se reconnaître dans cette figure de puissance capable de faire grève « pour tout le monde ». La grève avait été l'expérience de leur puissance relative, toujours incertaine lorsqu'on pense au renouvellement constant du contingent de grévistes tout au long du mouvement, comme s'il fallait parier et renouveler le pari sans y croire vraiment. La grève pour les cheminots avait été un double mouvement de prise de conscience, conscience de leur fragilisation, mais aussi conscience du degré de fragilisation des autres, conscience de l'impuissance qui les entourait. Ils pouvaient réussir leur grève sans réussir à entraîner les autres dans la grève. Le bout inconnu était pour une part celui-là. La résistance du réel était celle-là. Les spectateurs sympathisants avaient attendu et espéré qu'une victoire provienne de la grève des cheminots et des fonctionnaires, et le pouvoir n'avait pas cédé. Les cheminots avaient attendu que le privé les rejoigne et ils s'étaient lassés. C'est face à cette lassitude qu'il n'était plus de mise de débattre du contrat de plan, de combattre le plan Juppé. Il fallait sauver la mise, reprendre le travail « tous ensemble » pour reprendre des forces, se donner les moyens de mener une autre bataille contre le libéralisme économique plus tard, en gardant en mémoire ce qui avait été vivant dans la grève : cette parole retrouvée dans le quotidien de l'ordinaire du gréviste, cette expérience vécue de l'unité sur les lieux de travail, cette expérimentation encore un peu balbutiante d'une démocratie qu'on voulait respecter, mais que l'on savait pouvoir être aussi dangereuse dans des dynamiques de désengagement. Les cheminots grévistes ont l'habitude de protéger l'outil de travail ; la reprise « tous ensemble », c'était une manière de protéger l'outil de grève pour tous ceux qui savaient bien que la bataille contre le plan Juppé n'était que l'une des batailles à mener contre le libéralisme économique, et que si l'on ne voulait pas perdre la guerre, il fallait changer de cheval de bataille.

(*L'Homme et la société*, 1999)

⋆

Index des personnages

Francis, agent de conduite gare de Lyon, syndiqué CGT, 47 ans, marié, sa femme est pigiste. Parents immigrés italiens ; est entré à la SNCF en 1973 à 24 ans après avoir travaillé 10 ans dans le privé. À 14 ans, il a été manœuvre dans un garage, puis après une formation de six mois pour devenir électricien à 17 ans, passe d'entreprise en entreprise où il reste entre un mois et deux ans, s'est installé deux ans à son compte en électricité-bâtiment, puis est devenu routier puis chauffeur d'autobus, « *enfin toutes les misères* ». Il a adhéré à la CGT en 1970.

Jean-François, aiguilleur, gare de Lyon, syndicaliste Sud-Rail, père de deux enfants, 40 ans. Lycéen à Villeneuve-le-Roi, il a commencé à militer à 15 ans chez les libertaires, quitte le lycée à 16 ans, a travaillé dans une entreprise de transport routier pendant deux ans, puis entre à la SNCF en 1973 à 18 ans. 20 ans de maison, 23 ans de syndicalisme.

Hervé, agent de conduite, gare de Lyon, syndicaliste CFDT/Sud-Rail, originaire de Franche-Comté, 46 ans. Il est entré à la SNCF en 1970 au sortir de l'armée à 21 ans, dans l'intention de s'installer à Paris avec sa femme. Il a alors un CAP d'électricien monteur, est embauché au matériel PLA. Il adhère à la CFDT en 1970, tête de liste aux élections professionnelles en 1971.

Martine, agent « voies et signaux », syndicaliste CFDT/Sud-Rail, célibataire, 37 ans. Père cheminot syndicaliste CFDT, est entré à la SNCF à 20 ans après avoir été au chômage pendant neuf mois. Est allée au lycée à Besançon jusqu'en terminale en chimie micromécanique, n'a pas eu son bac, n'a pas été embauchée par les grosses entreprises de chimie où elle avait postulé.

Jacky, aiguilleur agent de mouvement, organise la circulation des trains ou l'organisation des rames, dirige une équipe d'aiguilleurs. Syndicaliste CFDT/Sud-Rail. Célibataire. Est entré à la SNCF en 1974. Père concierge d'hôtel et mère comédienne. Est allé au lycée jusqu'en première et a poursuivi une formation en DEUG de géographie en cours du soir alors qu'il était déjà à la SNCF. Est entré au plus bas niveau de la SNCF comme agent de manœuvre, puis a passé des examens internes. En 1983 a réussi l'examen d'entrée à la maîtrise et attend que la notation lui permette de devenir cadre. 23 ans de maison. Délégué syndical depuis 1981. Achète *Le monde* tous les jours.

Manu, ouvrier aux ateliers du Landy, non syndiqué, 26 ans, célibataire. CAP puis BEP de dessin industriel puis bac professionnel d'électromécanique. Père ingénieur. Vit dans une cité cheminote depuis 3 ans et demi.

Véronique, aiguilleur agent de mouvement, gare du Nord, 36 ans, syndiquée CGT, fait circuler des trains vides dans un gros centre d'aiguillage après avoir suivi une fonction plus polyvalente en tant que responsable d'un site. Est entrée à la SNCF à 16 ans en 1975.

L'année 2016, une année de protestation sociale et d'invention politique

Une post-démocratie aux airs de pré-révolution

Nous vivons, en France et en Europe, une époque de post-démocratie. Les citoyens n'ont plus de véritable pouvoir de contrôle sur leur devenir. Leurs manifestations sont méprisées et leur vote falsifié. Depuis 2005, les peuples européens savent qu'ils ont face à eux des pouvoirs financiers plus puissants que leur misérable affirmation symbolique et morale.

Le traité de Lisbonne a ainsi enterré Kant et son « *véritable enthousiasme pour le droit* » comme « *aspiration morale du genre humain* ». Ne restait manifestement, « *entre l'homme et l'homme, que le froid intérêt, les dures exigences du paiement au comptant* », « *les eaux glacées du calcul égoïste* ». Plus récemment, le « non » grec, lui aussi résultat d'une mobilisation massive, n'a pas infléchi la violence de la « troïka » et la Grèce a été vendue à l'encan au nom de la dette. Chacun sait désormais que la loi comme principe protecteur des pouvoirs du peuple est morte en Europe ; retour à l'arbitraire et au rapport de forces mis à nu. Une politique encastrée dans l'économique affirme qu'il est naturel que les 1 % les plus riches dominent les 99 %.

À ce titre, notre post-démocratie pourrait ressembler à la prérévolution.

L'abbé Sieyès, dans *Qu'est ce que le tiers état*, affirmait en effet : « *Qui donc oserait dire que le tiers état n'a pas en lui tout ce qu'il faut pour former une nation complète ? Il est l'homme fort et robuste dont un bras est enchaîné. Si l'on ôtait l'ordre privilégié, la Nation ne serait pas quelque chose de moins, mais quelque chose de plus. Ainsi qu'est ce que le tiers état ? Tout, mais un tout entravé et opprimé. Que serait-il sans l'ordre privilégié ? Tout. Mais un tout riche et florissant. Rien ne peut aller sans lui, tout irait infiniment mieux sans les autres.* »

Or l'on sait que ce tiers état représentait 98 % de la population… Sieyès écrit l'hiver 1789 où se préparent encore des cahiers de doléances et les élections des députés aux États généraux. Il faut les réunir pour trouver une solution à la dette. La campagne électorale se fait dans un climat de crise : disette et chômage augmenté car les marchandises britanniques ont pénétré le marché français après le traité d'Éden, qui a abaissé les droits de douane. L'industrie française est affaiblie, le cours du vin français chute du fait d'une relative surproduction. Le complot de famine ressurgit ; il y a bien des gens qui veulent affamer le peuple, et ce sont les puissants qui ne se sont donné que le mal de naître.

Le désir d'en finir avec une société qui ne respecte pas l'humanité et la dignité de tous ses membres au nom de privilèges vécus désormais comme iniques attise la construction du mouvement des « patriotes ». Entendez : de ceux qui veulent que ça change et s'organisent. Ils obtiennent le doublement du tiers état, une vraie subversion de la vieille institution. Mais rien n'est joué, car il reste à savoir si le tiers votera par tête (car on parle encore des hommes comme on parle du bétail) ou par ordre, et alors cette petite victoire n'aura été que symbolique. La subversion devra passer par un bras de fer aux États généraux : refuser de reconnaître les ordres et donc réclamer d'emblée que les pouvoirs soient vérifiés en « *commun* ». Attendre, attendre et dire oui, Sieyès a raison, nous sommes, sans les nobles, le véritable pouvoir constituant. Les nobles manquent à leur devoir de présence, ne veulent pas siéger à nos côtés ? Nous ferons sans eux.

Aujourd'hui, le changement peut aussi passer par la subversion. Mais suffit-il de fabriquer des primaires pour faire bascule ? Encore faudrait-il que l'enjeu des élections soit lui-même subverti. Non pas élire un chef de l'exécutif plus ou moins autoritaire, mais un candidat destituant et instituant, qui serait le pivot d'une nouvelle grande transformation constituante en France et en Europe. Obtenir ou préparer des primaires sans changer la logique électorale de cette Ve République, c'est comme obtenir le doublement du tiers sans le vote par tête, obtenir un grand changement apparent pour que rien ne change.

Il n'empêche, le doublement du tiers a ouvert la possibilité de mener une bataille politique intense et incertaine en mai 1789, qui renversa l'Ancien Régime. Lorsque la victoire de l'Assemblée nationale constituante aurait pu a failli être ravie par une répression monarchique et militaire, les Parisiens prirent les armes et la Bastille.

Les propositions citoyennes multiples et contradictoires qui fusent dans notre contexte d'arbitraire politique et d'état d'urgence, témoignent au moins d'une chose : certains sont encore enthousiastes, malgré tout.

On isole bien les citoyens

La Déclaration des droits de l'homme et du citoyen de 1789 fait partie de notre bloc constitutionnel. Elle consacre une liberté limitée par le principe de réciprocité à l'article 4 : « *La liberté consiste à pouvoir faire tout ce qui ne nuit pas à autrui : ainsi, l'exercice des droits naturels de chaque homme n'a de bornes que celles qui assurent aux autres membres de la société la jouissance de ces mêmes droits. Ces bornes ne peuvent être déterminées que par la loi.* » De fait, les constituants fabriquèrent une loi qui contrevint immédiatement à cet article, celle de la liberté illimitée de la vente et de la circulation des grains, le 29 août 1789. En consacrant le droit de propriété comme naturel, cette loi niait frontalement la réciprocité puisqu'elle conduisait les uns à s'enrichir, les autres à s'appauvrir, dans une dissymétrie qui n'allait qu'en s'aggravant, si aucun contrôle n'était introduit.

Deux conceptions de la liberté coexistent ainsi dans la même séquence historique, et fondent en fait deux manières de vivre en société : dans un état de guerre permanente de tous contre tous par cette loi qui favorise le libéralisme économique, ou dans un état civil de liens réciproques utiles selon l'article 4 de la Déclaration des droits. Ces deux conceptions de la liberté sont en débat pendant la Révolution française et le sont encore aujourd'hui, car les bornes prévues dans la Constitution dépendent de fait des lois, qui sont mobiles.

Notre loi mobile est celle qui entend réformer le Code du travail. Elle aussi nie la liberté réciproque au profit d'une dissymétrie extrême, et qu'on croyait révolue, entre employeur et employé.

Lors de la période révolutionnaire, les ouvriers pensaient avoir une liberté d'association, c'est-à-dire la reconnaissance des compagnonnages pour fixer les salaires. Mais quand, en avril 1791, les charpentiers de Paris se mirent en grève, la municipalité leur rétorqua que « *la liberté doit exister pour tout le monde, même pour les maîtres* » – libres donc de fixer à leur guise les salaires. Ils formèrent alors une Union fraternelle des ouvriers qui décréta que le prix de la journée ne devait pas être inférieur à 50 sous, et ils demandèrent à la municipalité d'arbitrer entre eux et les employeurs. La municipalité refusa et déclara que les salaires devaient être décidés de gré à gré, et sans tiers, entre employeurs et employés. C'est alors que l'Assemblée vota, le 14 juin 1791, la loi Le Chapelier, une des lois les plus hostiles aux ouvriers jamais promulguée. Là encore, on en retrouve l'écho dans la nouvelle loi travail aujourd'hui promue par le gouvernement Valls : la marginalisation prévue des accords syndicaux au profit des relations entre employeurs et employés adopte la même logique que cette loi Le Chapelier.

Pour Le Chapelier, « *il ne doit pas être permis à tous les citoyens de certaines professions de s'assembler pour leurs prétendus intérêts communs* ». L'Assemblée s'achemine vers l'interdiction de toute pétition adressée au nom d'une profession, de toute délibération cherchant à fixer un prix ou un salaire. En déclarant ces manières d'agir contraires à la liberté, et donc à la Déclaration des droits, elle livre les ouvriers au bon vouloir de leurs employeurs. Et si des émeutes se produisaient, l'incrimination serait faite pour « *perturbation du repos public* », et les attroupements populaires seraient dispersés par la force.

Car il est un autre parallèle entre l'époque révolutionnaire et la nôtre. Dès 1789, les promoteurs de ce libéralisme économique guerrier ont également promulgué une loi martiale qui permettait de disperser les rassemblements par la force. Celle-ci n'est pas sans affinité avec les effets de l'état d'urgence et avec la nouvelle loi antiterroriste, qui a élargi la légitime défense des policiers. Après trois sommations, la garde nationale, l'armée ou la gendarmerie pouvaient recevoir l'ordre de tirer.

Le mouvement populaire était ainsi criminalisé par l'association de la loi martiale et de la loi Le Chapelier. Aujourd'hui aussi, l'état d'urgence permettra de criminaliser le mouvement social qui se déploie face à cette loi sur le travail.

Peu de patriotes dans l'Assemblée protestèrent à l'époque contre la loi martiale ou la loi Le Chapelier qui fonctionnèrent ensemble, mais Marat dans *l'Ami du peuple* du 18 juin 1791 déclara que « *l'interdiction de s'assembler et de délibérer est une manière d'isoler les citoyens et de les empêcher de s'occuper en commun de la chose publique* ».

La Déclaration de 1793 clarifia la définition normative de la liberté en faveur de la réciprocité, mais elle ne fait pas partie de notre bloc constitutionnel.

L'art démocratique de retenir la violence

Toute loi qui viole les droits imprescriptibles de l'homme est essentiellement injuste et tyrannique, elle n'est point une loi.

Robespierre, avril 1793

Réfugiés aux portes de l'Europe, dette oppressive, dérégulation du travail : notre séquence politique accule quiconque refuse d'entériner les lois tyranniques qui se multiplient à devoir réinventer des gestes de résistance à l'oppression. Quelles formes peuvent-ils prendre ? Jacques Derrida puis Giorgio Agamben ont pointé « *l'impossible au-delà d'une souveraine cruauté* », et ont montré que, si l'alternative à la société du spectacle était une cruauté souveraine, il n'était pas certain qu'il soit possible de retrouver facilement un *ethos* démocratique.

L'héroïsme des jeunes gens sacrifiés sur l'autel de la patrie, lors des guerres passées, ne peut correspondre à notre contemporanéité. Sont venus les gestes d'interruption des flux comme alternative à l'affrontement : entraver les routes, les lignes de chemin de fer, les flux du Web. Une stratégie de biais qui interroge la place que la violence doit et ne doit pas prendre dans cette résistance. La violence sur les flux n'est justement pas une violence sur les corps, elle espère être délestée de la cruauté.

La résistance à la loi travail emprunte des formes ritualisées non violentes de luttes : pétitions, grèves, manifestations, occupations de places, blocus lycéens. Toutes les déclarations ont été faites en préfecture pour ces différentes formes d'agir. Quant aux lycéens, ils préviennent souvent leur proviseur et réinventent en situation le blocus apparent et le filtrage par la porte, dérobée ou non, pour ne pas gâcher l'année de ceux qui passent le bac ou un concours. Grande sagesse que j'ai observée souvent dans la période révolutionnaire, une violence en puissance, voire puissante, mais retenue, euphémisée. Personne ne souhaite un déchaînement, car chacun sait que ce serait l'occasion d'une répression féroce. Les mouvements, s'ils dégénèrent, peuvent autoriser une reprise en main autoritaire. On le sait. Mais la répression inappropriée peut aussi conduire un mouvement à dégénérer.

Des policiers frappent à terre un lycéen, des poignets et des bras sont cassés à Tolbiac, des blocages lycéens sont surveillés grâce aux canaux mis en place pour la lutte antiterroriste, les gaz lacrymogènes aspergent des adolescents pacifiquement assis, des chiens ont été lâchés sur certains blocus à Caen. Notre présent est celui de violences effectives, parfois émeutières (car certains pensent qu'il est déjà temps d'en découdre), le plus souvent répressives. « *La police a reposé sur de faux principes, on a cru qu'elle était un métier de sbires,* [...] *rien n'est plus loin de la sévérité que la rudesse, rien n'est plus près de la colère que la frayeur.* [...]. *Au lieu de se conduire avec fermeté et dignité, elle agissait avec faiblesse ou imprudence et compromettait la garantie sociale par la violence ou l'impunité* », déplorait déjà Saint-Just.

La répression s'abat sur des jeunes gens et jeunes filles le plus souvent non violents, qui dans leurs assemblées réclament, écoutent – silence, respect, gentillesse –, parfois à en oublier que la démocratie est l'art du conflit réglé et non du consensus. Chacun semble déjà savoir d'expérience que les tasers ou les flash-balls ne doivent pas surgir, et que le pas de deux entre maintien de l'ordre et manifestants est l'art du répertoire démocratique qui maintient à distance la violence sans médiation sur les corps, tout en exprimant avec force un désaccord frontal sur la loi.

L'art démocratique de la retenue de la violence a été oublié par les forces de l'ordre, une première fois de manière dramatique, face aux opposants du barrage de Sivens (Tarn). Sur les places, les acteurs provoqués réussissent pour l'instant à tenir à distance une violence latente nouée à la fois à « l'insécurité sociale » et à ce maintien de l'ordre trop musclé.

Mais le danger rôde lorsque l'État fait la sourde oreille aux demandes qui s'expriment par une souveraineté en actes, calme et déterminée. Les violences et évacuations policières jouent avec le feu. Car l'État doit produire la sûreté, la sécurité et la paix. Lorsqu'il ne le fait plus, il rompt un pacte fondateur et déclenche un désir intempestif de justice à la hauteur de cet abandon.

« *Les peuples sont en général tranquilles et bons. Lorsque les malveillants parviennent à les irriter contre leurs représentants, contre les lois, c'est qu'ils ont eu à souffrir de quelque grande injustice. Que ceux qui les gouvernent descendent alors dans le fond de leurs consciences, ils y trouveront la cause première des écarts qu'ils veulent réprimer* », affirmait déjà Maximin Isnard le 8 août 1792.

En peuple souverain, réinventer l'insurrection de la loi

« *Quand le gouvernement viole les droits du peuple, l'insurrection est, pour le peuple et pour chaque portion du peuple, le plus sacré des droits et le plus indispensable des devoirs* » (article 35 de la Constitution de 1793). Mais qu'est-ce que l'insurrection d'un peuple libre ?

Selon les révolutionnaires, une insurrection de la loi, c'est-à-dire « *l'expression subite à la volonté générale de changer de Constitution* ». Et comme c'est un devoir de s'insurger quand c'est nécessaire, c'est-à-dire quand la tyrannie vient peu à peu supplanter la liberté publique, du fait d'un gouvernement oublieux ou méprisant les droits de l'homme et du citoyen, alors il y a des procédures prévues à cet effet dans la Constitution de 1793.

Article 115 : « *Si dans la moitié des départements, plus un, le dixième des Assemblées primaires de chacun d'eux, régulièrement formées, demande la révision de l'acte constitutionnel, ou le changement de quelques-uns de ces articles, le Corps législatif est tenu de convoquer toutes les Assemblées primaires de la République, pour savoir s'il y a lieu à une Convention nationale.* »

Article 116 : « *La Convention nationale est formée de la même manière que les législatures, et en réunit les pouvoirs.* »

Article 117 : « *Elle ne s'occupe, relativement à la Constitution, que des objets qui ont motivé sa convocation.* »

Dans toutes les Nuits debout, ce qui se dit d'une manière explicite, c'est que oui, aujourd'hui le gouvernement viole les droits du peuple, en fabriquant des lois oppressives au mépris de la hiérarchie des normes protectrices conquises dans la longue histoire du mouvement ouvrier et démocratique, en réprimant d'une manière disproportionnée le mouvement social qui s'exprime contre ces lois oppressives. Certes, il y a des casseurs qui cassent des choses et des symboles, mais la répression policière s'exerce sur les corps avec des armes parfois létales. Or, les lycéens, les étudiants et même les casseurs ne sont pas des choses mais bien des individus dotés de droits.

Retour à la Constitution de 1793.

Article 7 : « *Le droit de manifester sa pensée et ses opinions, soit par la voie de la presse, soit de toute autre manière, le droit de s'assembler paisiblement, le libre exercice des cultes, ne peuvent être interdits. – La nécessité d'énoncer ces droits suppose ou la présence ou le souvenir récent du despotisme.* »

Article 9 : « *La loi doit protéger la liberté publique et individuelle contre l'oppression de ceux qui gouvernent.* »

Article 11 : « *Tout acte exercé contre un homme hors des cas et sans les formes que la loi détermine est arbitraire et tyrannique ; celui contre lequel on voudrait l'exécuter par la violence a le droit de le repousser par la force.* »

Que sont alors ces Nuits debout ? Des lieux de résistance à l'oppression où les citoyens se sacrent eux-mêmes par le renouvellement de pratiques fondatrices. Les assemblées générales (AG) y ressemblent aux Assemblées primaires de la période révolutionnaire. Elles étaient les lieux de la délibération sur les lois où de deux cents à six cents citoyens, domiciliés depuis six mois dans chaque canton, se constituaient autour d'un président, de secrétaires, de scrutateurs, pour y décider de la validité des lois proposées par les législateurs. Ces assemblées étaient le lieu de la souveraineté populaire.

Les débats des commissions ressemblent à ceux des Assemblées populaires où chacun venait discuter et s'instruire sur les projets de lois, dire son opinion, son point de vue, s'éclairer mutuellement dans un mélange de gens lettrés et moins lettrés, instruits déjà et moins instruits, doués toujours d'un enthousiasme politique pour exercer la liberté de prendre part ainsi au pouvoir.

Certains diront que ce ne sont que quelques Français minoritaires et non l'universalité des citoyens qui sont présents dans les Nuits debout, qu'à ce titre ce ne sont là que simulacres. Parions plutôt sur l'idée de prototype. Cette sacralité retrouvée de la *vox populi vox dei* propre aux jansénistes, ennemis s'il en était de l'absolutisme royal, témoigne, comme alors, d'un fait récurrent : les « vérités éternelles » ne s'expriment pas par la puissance ou le nombre, mais dans le courage de l'action parfois solitaire. Robespierre le rappelait lorsqu'il récusait les notions de majorité et de minorité, « *nouveau moyen d'outrager et de réduire au silence ceux qu'on désigne sous cette dernière dénomination* ». Or, ajoute-t-il, « *la minorité a partout un droit éternel ; c'est celui de faire entendre la voix de la vérité, ou de ce qu'elle regarde comme telle* ».

Pour une grève générale par procuration

Le nerf de la guerre, c'est l'argent, celui de la contre-offensive aussi. Mais ce n'est pas exactement le même argent. C'est celui de la solidarité et des échanges de secours réciproques.

En Grèce, face au désastre provoqué par la crise de la dette, des individus, conscients de la situation politique oppressive, ont inventé, sous le nom de solidarités, un espace civil et politique horizontal qui permet d'organiser une survie quotidienne : un vaste réseau d'échanges non monétarisés a été mis en place pour la nourriture, les vêtements, mais aussi l'éducation et la santé. Dans un film de Laure Vermeersch, intitulé *Alcyons,* cet air plus doux qui réchauffe les oisillons au cœur de l'hiver, des femmes expliquent que les injonctions et les prescriptions de la troïka ont provoqué un désastre national : une grande commotion historique, comparable à une guerre. « *Nous vivons une guerre économique. Ils veulent nous détruire. C'est ce qui me rend dingues.* » « *Il y a eu moins de morts pendant la guerre que de suicides en Grèce aujourd'hui.* » C'est ce qu'affirme Georgia qui orchestre la solidarité dans la localité de Phylé, solidarité qui vient mettre ici un frein au désastre de la guerre économique menée par l'Europe à ses peuples au nom de la dette.

La loi El Khomri, ce n'est un secret pour personne, répond à des injonctions européennes et à une menace d'amende. Elle est considérée par 54 % des Français comme mauvaise, car permettant un assujettissement plus important du travail au capital dans un pays qui s'est doté de protections spécifiques au cours de l'histoire longue de son mouvement ouvrier.

Mouvements multiples, pétitions, manifestations, Nuits debout et, désormais, grèves des raffineries et des transports : tout ce qui peut interrompre les flux est une contre-offensive à cet assujettissement programmé. Or, la grève, ça coûte cher.

Un pot commun de solidarité a été lancé dans la tradition des caisses de grève afin de soutenir les salariés qui ont cessé le travail. En une semaine, 149 614 euros ont été collectés auxquels il faut rajouter 16 350 euros reçus en chèques par la Poste. Cette initiative connaît un succès réel, mais le compte n'y est pas encore, car seuls 3 590 personnes ont contribué à cette caisse.

Si 54 % des Français ne peuvent se mettre en grève, ils peuvent en revanche donner par solidarité, ce qu'ils ne font pas encore. Faire don de journées de travail travaillées pour des jours de grève stratégique est pourtant une manière de fabriquer une sorte de grève générale par procuration face à l'adversité, face à ce risque d'assujettissement.

En 1792, pour contrer la coalition contre-révolutionnaire, des révolutionnaires français et patriotes étrangers avaient collecté des dons patriotiques. Ainsi, un garçon perruquier ou une blanchisseuse faisaient offrande de leurs maigres économies afin de participer à l'effort de guerre, à défaut de partir faire la guerre. Le désir de soutenir la révolution se manifestait sous cette puissance de donner son argent à défaut de son sang. Ces offrandes sont des actes personnels et volontaires. Ni des impôts ni des exactions. Un patriote étranger disait ainsi : « *Je veux contribuer autant que la médiocrité de ma fortune me le permet à l'établissement éternel de la liberté du genre humain.* […] *Si je vous offre mes faibles moyens, si des individus de tous les pays travaillent ardemment à la réussite de votre entreprise,* […] *c'est que les autres peuples aussi aiment la liberté.* » Le don vient soutenir ce désir de fraternité et affirmer que cette guerre pour la liberté n'est pas une guerre de rivalité entre puissances, mais de destruction « *des monstres qui infestent l'humanité* ». Le don des patriotes étrangers affirme le « faire communauté » des peuples qui aiment ou qui veulent la liberté et l'égalité.

Il nous faut bien sûr d'abord aujourd'hui faire communauté solidaire avec au moins 54 % de Français, mais aussi communauté solidaire des peuples européens opprimés par leurs propres institutions, solidarité avec les Grecs, les Espagnols, les Portugais et tant d'autres, afin d'affirmer une autre Europe à venir, dotée d'un attirail de droits qui protègent et non de droits qui oppriment. Nuit debout proposait de réfléchir à « *une souveraineté populaire au-delà de la nation* », « *une Nuit debout Europe* ». Alors, encore un effort… pour ce pot commun.

En Europe, une crise de lèse-humanité

Le Royaume-Uni a voté et a choisi de quitter l'Union européenne : premier effet collatéral, l'Écosse pourrait devenir dissidente du Royaume-Uni, pas si uni que cela. Séparatisme et union, au moins depuis la Déclaration d'indépendance des États-Unis d'Amérique du 4 juillet 1776, affirmaient la manière dont les peuples prenaient leur destin de peuple souverain en main et, ce faisant, se fondaient ou se refondaient. Cette capacité était arrimée à un droit spécifique, celui des peuples à disposer d'eux-mêmes, lui-même indissociable des droits inaliénables de l'homme.

« *Lorsque dans le cours des événements humains, il devient nécessaire pour un peuple de dissoudre les liens politiques qui l'ont attaché à un autre et de prendre, parmi les puissances de la Terre, la place séparée et égale à laquelle les lois de la Nature et du Dieu de la Nature lui donnent droit, le respect dû à l'opinion de l'humanité oblige à déclarer les causes qui le déterminent à la séparation.* »

Or, pour Thomas Jefferson, ces causes sont le non-respect des droits fondamentaux : égalité entre les hommes et les peuples, vie, liberté, recherche du bonheur. Selon lui, les gouvernements sont établis parmi les hommes pour garantir ces droits, et leur juste pouvoir émane du « *consentement des gouvernés* ».

Qu'est-ce qui s'invente ce 4 juillet 1776 ? L'affirmation d'une égalité des peuples souverains qui entrent en relations réciproques en partageant ces mêmes principes des droits de l'homme et du citoyen. La logique de responsabilité politique des peuples libres vis-à-vis des autres peuples libres suppose pour chacun une responsabilité constante à l'égard de son propre gouvernement. En effet, si les principes n'étaient plus partagés, il serait impossible d'entrer en relations réciproques et, sans réciprocité, les relations seraient tyranniques : soit la conquête, soit la vassalisation des autres peuples.

Les liens de peuple à peuple ne sont légitimes que s'ils garantissent les droits naturels et inaliénables de l'homme et du citoyen. C'est pourquoi les peuples inconstitués, portant un nom qui ne dépend que du bon vouloir de leur tyran, ne peuvent défendre aucun principe. Ce ne sont pas des peuples, mais de simples collections d'individus qui évoluent au gré des conquêtes et des défaites militaires de leur tyran. Un sujet du roi de France peut ainsi se retrouver, du jour au lendemain, sujet d'un prince allemand et inversement. C'est pourquoi Robespierre, le 24 avril 1793, estime qu'on a traité les peuples comme « *un troupeau de créatures humaines, parqué sur un coin du globe* ». Il faut que cela cesse, en déclarant « *le droit des peuples à une mutuelle assistance* » ou fraternité, le droit des peuples à disposer d'eux-mêmes.

Cette alerte permet de rappeler que les hommes ne font pas « société des nations » d'une manière spontanée, et qu'il convient d'instituer l'humanité comme norme de cette société de peuples souverains et égaux. Les processus de reconquête de souveraineté conduisent à affirmer la triade Liberté (obéir aux lois qu'on se donne soi-même), Égalité (réciprocité de cette liberté) et Fraternité (communauté des affections entre égaux et semblables politiques, individus et peuples).

Or, un peuple constitué ou une entité qui ne respecterait pas les principes de cette nouvelle « cosmopolitique », fondée sur le respect de la souveraineté et des droits des autres peuples, se rendrait coupable de « *crime de lèse-humanité* ». Car, dans cette logique réciproque, celui qui opprime une seule nation se déclare l'ennemi de toutes.

Le projet européen avait, sous le nom de « *paix perpétuelle* » à la manière de Kant, promis une telle cosmopolitique. L'UE la récuse en trahissant jour après jour cette promesse. De ce fait, se séparer ou s'unir ne produit pas de sens immédiat, et surtout pas ce sens d'une défense de la cosmopolitique vantée par Thomas Jefferson, puis par les révolutionnaires français.

Lorsque la tyrannie économique domine le politique, l'union maintenue de la Grèce à l'UE affirme la vassalisation d'un peuple méprisé comme un troupeau. La sortie de l'UE du Royaume-Uni ne raffermit pas sa propre unité ni ne défend une conception plus solide des droits humains. Quant aux pays de l'élargissement, Autriche ou Hongrie mais aussi pays baltes, ils ne semblent nullement se préoccuper de garantir ces droits humains.

Il y a quelque chose de pourri au fondement de l'UE : il s'agit donc de refonder une véritable cosmopolitique en convoquant nos fantômes d'un désir fraternel, en lieu et place de crimes de lèse-humanité assumés dans une constante impunité.

Rentrée d'une communauté nationale déchirée

Ce 15 septembre, la voix syndicale souhaite récuser à nouveau la loi travail, malgré sa promulgation le 9 août ; elle souhaite affirmer d'une manière têtue qu'une communauté réclamant la protection des lois ne peut pas, aujourd'hui, être entendue. Elle évoque le CPE, qui n'a pu être appliqué. Il faut se donner du courage, ce sera peut-être un baroud d'honneur. L'honneur de se réclamer d'une certaine conception de la loi où elle n'est loi que si elle est bonne. « *Une loi qui était mauvaise au printemps est toujours mauvaise à l'automne* », déclare Philippe Martinez, responsable de la CGT. Car chacun sait d'expérience, comme Robespierre, qu'une loi qui opprime est une loi tyrannique. Une loi tyrannique n'est pas une loi. Elle n'est qu'un système légalisé d'oppression. Loin de réunir la communauté, elle la déchire. La déchirure persiste. Insiste.

Le 3 septembre, un rassemblement identitaire de 200 personnes, avec oriflammes et flambeaux, se réclamait de Catherine Ségurane sur la place Garibaldi de Nice. L'héroïne niçoise avait affronté les Ottomans musulmans en 1543. Après l'attentat meurtrier du 14 juillet, mais aussi après le tohu-bohu estival sur le burkini – qui, lui, a animé bien plus de 200 personnes –, l'affirmation d'un « chez nous » communautaire identitaire est explicitement dirigée contre l'islam, contre la soumission, et pour la reconquête. Cette manifestation niçoise a lieu depuis quatorze ans mais, cette année, elle entre en écho avec une certaine idée de la communauté nationale et des communautés régionales. Celles-ci fondent une vision de l'Europe où les individus défendent « leur terre », « leur espace public », « leur nom ». Un journal sur le Net, *Breizh info*, tient les mêmes propos au nom de la Bretagne. Des habitants du Nord surenchérissent avec le drapeau national brandi face à ceux qu'il faudrait bouter hors de France, les réfugiés.

La terre, la mort, le sang, sang versé et sang pur de la reconquête : pour faire face aux déchirements de l'année et de l'été, le mythe d'une nation pure devient le seul imaginaire. Et la haine décomplexée déchire encore et encore, tel un miroir mimétique.

Ces déchirures semblent impossibles à rapiécer, à colmater. Le sentiment que quelque chose se défait inexorablement devient lancinant, mais quoi ? La communauté nationale ?

En tout cas, il s'agit d'une certaine conception de la communauté nationale, communauté des affections, tel que Saint-Just dénommait la patrie. Un lieu où l'on aime les bonnes lois. La patrie, dit-il, « *n'est point le sol, mais la communauté des affections* ». Exit le rapport à la terre. Or, quand les lois n'en sont plus, cette communauté se défait, et c'est bien le tohu-bohu, désert, solitude et chaos. Rien ne peut plus faire rempart au mythe d'une francité de corps et de sang récusé dès 1789 par l'abbé Sieyès. Ce débat entre nation de corps et nation de cœur, nation de terre et nation de lois, ressemble à une nappe immobile du temps, tapie loin de ce « nous » revendiqué quand les lois sont bonnes.

À la veille de la Révolution française, suite à l'effort de Boulainvilliers pour réaffirmer la qualité de la noblesse sous le nom de race des vainqueurs et des seigneurs, l'abbé Sieyès, dans *Qu'est-ce que le Tiers-état ?*, affirmait qu'il fallait déracialiser les rapports sociaux : « *Pourquoi le Tiers-Etat ne renverrait-il pas dans les forêts de la Franconie toutes ces familles qui conservent la folle prétention d'être issues de la race des conquérants et d'avoir succédé à leurs droits ? La nation alors épurée pourra se consoler, je pense, d'être réduite ainsi à ne plus se croire composée des descendants des Gaulois et des Romains.* » Exit l'identité de race. La nation sera politique ou ne sera pas.

Une nation politique ne se fonde que sur ses lois. Puis, ce sera bientôt les droits de l'homme et du citoyen. Pour Stanislas de Clermont-Tonnerre, premier noble à voter la fin des privilèges, ils permettent de penser toutes les déchirures et toutes les exclusions, mais aussi tous les préjugés et ainsi de les récuser. L'homme politique cite dans un même texte les bourreaux, les comédiens, les protestants et les juifs. Non, ce n'est pas une liste à la Prévert, rien d'absurde à penser ensemble ces exclus car ils sont tous écartés pour ce qu'ils sont, et ce, qu'il s'agisse de leurs professions, de leurs croyances et de leurs activités, ou de ce qu'on appelle les mœurs. Leur supposée impossible socialisation est un jugement sur leurs mœurs. Or, affirme Clermont-Tonnerre : « *Quand les travers religieux survivraient à la philosophie et au plaisir d'être enfin de vrais citoyens et des hommes sociables, ils ne sont pas des délits que la loi puisse et doive atteindre.* » C'est ce que le Conseil d'État a conclu sur le burkini plus de deux siècles après. Il s'agit de permettre à chacun d'avoir « *son opinion religieuse* ». « *Voilà la justice, voilà la raison* », ajoutait Clermont-Tonnerre, voilà où sont les Lumières…

Il existe une conception de la communauté nationale qui s'ancre dans les Lumières ; elle ne peut s'accommoder ni de l'identité ni des lois tyranniques. Mais cette communauté a foncièrement besoin de débats politiques sur les lois qui organisent notre monde.

(*Libération*, 2016)

IV

L'HONNEUR PERDU DU NOM FRANÇAIS

Une maison de l'histoire qui met les morts en danger

« Marie Antoinette » au Grand Palais[1], « Les Parisiens » d'André Zucca[2], à la bibliothèque historique de la ville de Paris, un musée d'histoire nationale en gestation pour les Invalides. Apparemment ce sont là trois faits singuliers, je crois qu'il n'est pas inintéressant de les mettre en relation.

L'exposition sur Marie Antoinette est construite comme un conte de fées : il était une fois une princesse parée de nombreuses vertus et promise à l'héritier du trône de France, elle l'épousa et en mourut. Le récit de cette exposition est

1. L'exposition s'est tenue au Grand Palais, du 15 Mars au 30 Juin 2008. L'ambition de l'exposition était « *de cerner au plus près le destin d'exception d'une des dernières reines de France, de Schönbrunn à la Conciergerie.* » L'exposition voulait « *mettre en lumière la personnalité et le destin de Marie-Antoinette* ». Elle invitait « *le public à cheminer à ses côtés, de la cour d'Autriche à la Conciergerie* ».
L'exposition « Les Parisiens sous l'Occupation » s'est tenue à la Bibliothèque historique de la ville de Paris, du 20 mars au 1er juillet 2008. Il s'agit d'une partie des photos couleurs réalisées par ce photographe travaillant alors pour *Signal*, l'organe allemand de propagande nazie qui vantait la puissance de la Wehrmacht et de la Waffen SS. Une exposition qui révèle de curieux choix de la part du conservateur général de la Bibliothèque Jean Dérens et du commissaire de l'exposition Jean Baronnet.
2. Pendant l'Occcupation, André Zucca fut aussi le seul Français à disposer des pellicules Agfacolor. Son Paris occupé ne respire ni le malheur ni l'exclusion. Ce qui arrête l'objectif de Zucca, c'est plutôt le Paris où il faisait toujours bon vivre, où les mondanités continuaient comme si de rien n'était. Les cafés chics dans les quartiers huppés sont pleins. Les courses à Longchamp, dès 1941, permettent aux élégantes de rivaliser de chapeaux. Le Paris de Zucca est un Paris un peu vide mais serein, quasiment hors du temps.

totalement anhistorique. Le visiteur ne saura rien sur les alliances matrimoniales comme politique des monarchies de l'époque moderne, quand la princesse est encore à la cour d'Autriche. Il ne saura rien des transformations sociales et culturelles de la période des Lumières, des effets qu'elles peuvent avoir sur la Cour, et toujours rien sur la politique menée par le roi ou par la reine. Enfin, il ne saura rien de la Révolution française, puisque les objets et caricatures de la période révolutionnaire sont commentés par les lettres de Marie Antoinette, encore confiante sur un dénouement heureux de la crise, à savoir restaurateur, au duc de Fersen. L'opéra des décors en trois actes est bien pauvre, et aucune musique ne vient ici rendre sensible et racheter le (non) sens de cette vie. Même la mort de Marie Antoinette n'est reliée à aucun discours du moment. Pourtant les révolutionnaires eux-mêmes ont produit des mélodrames mis en musique sur cette vie de reine déchue. Touchés qu'ils étaient par le devoir de faire mourir cette femme pour des raisons politiques, alors qu'un sentiment commun d'humanité conduisait à la plaindre du même mouvement. Si Marie Antoinette a un quelconque intérêt pour des héritiers républicains, c'est dans ce conflit d'intolérables : une femme a trahi, et elle est pourtant touchante. La politique est morale, mais elle laisse un goût de cendres. Victor Hugo traitait du même conflit de sentiments politiques dans *1793*. Mais ici, même l'enquête du spectacle de Robert Hossein qui visait à permettre au spectateur de répondre si oui ou non Marie Antoinette était condamnable, a disparu. Il ne s'agit plus de réfléchir, même sur son propre sens commun. Le parti pris est celui d'un manichéisme niais, l'apitoiement est la seule émotion convoquée, un apitoiement simplet, très loin des sentiments complexes de cette période raffinée. Comme dans un vieux château de la ci-devant aristocratie, le visiteur doit admirer la délicatesse d'une caste et de son décor et déplorer le vandalisme révolutionnaire sans jamais se poser une seule question historique, ne serait-ce qu'un classique : Pourquoi ?

Une amorce de réflexion sur le rôle des images entoure ce flot de tableaux souvent peu réussis et recommencés pour cette raison même, mais on passe très vite à autre chose de désuet et, symptôme de notre temps, qui ravit le public.

Même ravissement à la Bibliothèque historique de la ville de Paris. Paris se croit toujours Paris, même sous l'occupation dont on ne souffle mot. Pas de commentaires, admirez l'art et la technique, et circulez. Aucune complexité de l'histoire, aucune interrogation sur ce que dit cette collection, sur la difficulté à manier l'héritage. Ici aussi l'histoire, pourtant beaucoup plus proche et sulfureuse, est en état d'apesanteur esthétique. Aucune analyse de la séduction d'une propagande efficace. Les lumières des ciels bleus peuvent faire oublier la noirceur des temps.

On pourrait considérer que l'ensemble peut travailler comme dénonciation implicite, mais c'est faire fi du travail critique qu'appelle tout travail de propagande cinématographique ou photographique. Le point de vue reste séducteur surtout si le preneur de vue est bon et même doué de qualités artistiques. Cette analyse critique des sources photographiques est désormais le pain quotidien pour tout étudiant qui travaille sur de telles sources. Mais, ici, il ne s'agit pas d'étudier, ou de réfléchir sur une époque et un point de vue, mais bien de jouir en curieux, en badaud d'une exposition d'images réussies sur une ville magnifique peuplée de femmes et d'hommes élégants.

Un rapport mis à disposition du public le 15 avril, le rapport Lemoine, examine la nécessité de créer aux Invalides un musée d'Histoire nationale civile et militaire. Il prétend reprendre à bras-le-corps une histoire délaissée, celle de la constitution de la nation qui repose, nous dit-on, autant sur des inclusions que sur des exclusions. Certes. Mais quels choix sont faits. Est ce Sieyès qui affirme dans *Qu'est-ce que le Tiers état* qu'en ôtant l'ordre privilégié de la noblesse, « *la nation ne serait pas quelque chose de moins mais quelque chose de plus* » ?

« Marie Antoinette » serait ainsi une exposition négatrice de cette conception de la Nation. Les crimes commis par l'occupation allemande et sous l'occupation allemande sont des crimes que les révolutionnaires auraient qualifiés de lèse-nation et de lèse-humanité. L'exposition sur les photos de Zucca n'explicite aucune de ces atteintes à la Nation. Mais le musée de l'Histoire nationale civile et militaire qui prétendrait être une Maison de l'histoire, comme à Budapest il y a une Maison des terreurs, ne prétend nullement abriter cette conception de l'histoire. Non, ici il s'agit de conforter une autre nation, pas 1789, mais 732, la bataille de Poitiers qui arrête l'invasion arabe. Pas 1789 qui affirme la liberté de culte dans la déclaration des droits, mais « *1685 la révocation de l'édit de Nantes qui confirme la tendance longue dans l'histoire de France au « choix de Rome » contre, notamment les protestants* » (p. 15 du rapport). Pas 1789 qui affirme la souveraineté nationale qui est alors, du même mouvement, une souveraineté populaire mais 1871, la répression de la Commune de Paris, qui fonde la possibilité d'une république bourgeoise sur l'écrasement d'une « *révolution populaire* ».

Comme pouvait l'évoquer Walter Benjamin dans ses *thèses sur le concept d'histoire*, les morts aussi peuvent être en danger.

Nous en sommes là.

(CVUH, 2008)

Falsification de l'histoire

Sarkozy a fait de l'histoire et plus particulièrement de l'histoire nationale un pilier de son entreprise politique. Or sa manière d'en faire usage en a fait un art de l'imbroglio mémoriel. Dès sa campagne électorale, on ne peut plus savoir que Jaurès était de gauche et Barrès de droite puisque l'un et l'autre devenaient dans son discours de grandes figures nationales désormais iréniques. Hauts lieux et personnages de la Seconde Guerre mondiale devenaient au même moment des ressources de légitimation. La figure du jeune Guy Moquet, supposée incarner l'amour de la patrie comme sentiment héroïque, est sciemment dépolitisée. Sont masqués son engagement communiste plus qu'antinazi au moment de son arrestation, et une arrestation effectuée par Vichy et sa police qui se réclament de la devise antirépublicaine : « Travail, famille, patrie ». L'insistance sur sa dernière lettre envoyée à ses parents, et qui devait être lue à tous les écoliers de France dans une cérémonie désuète, permettait cette falsification car elle est l'adieu à la vie et aux siens d'un jeune homme de 17 ans. L'émotion humaine permet alors d'oublier l'histoire politique et l'idée même que le partage du sensible puisse être lui aussi politique. Le site des Glières devait devenir l'instrument de l'identification du sarkozysme à la Résistance, sans que soit interrogé le sens de l'engagement résistant en ces lieux. Les « *citoyens résistants d'hier et d'aujourd'hui* » ne l'ont pas laissé faire. Il faut dire que le chef des Glières avait pour devise : « Vivre libre ou mourir », devise révolutionnaire de 1791. Or l'entreprise de Sarkozy est clairement contre-révolutionnaire, quoi qu'il en dise. Contre-révolutionnaire en particulier dans cette manière de fabriquer une histoire où les émotions sont sollicitées, non pour pouvoir faire expérience de l'histoire, mais pour empêcher d'accéder à la vérité du conflit politique.

En effet, pour les révolutionnaires français, l'histoire est le lieu discursif de l'expérience pour ceux qui n'auront pas vécu les événements narrés. Or c'est cette expérience qui leur permettra de s'orienter dans les situations et de juger de ce qui est juste ou injuste, qui leur permettra d'être des veilleurs capables de résister à l'oppression si les droits du peuple sont bafoués par les gouvernements. Il faut donc connaître l'histoire des peuples libres et répéter plus que leur geste, leur prophétie de liberté, leur valeur. « *Le monde est vide depuis les Romains ; mais leur mémoire le remplit et prophétise le nom de liberté.*[1] » La Révolution française a produit à nouveau une telle prophétie et les Français pourraient à leur tour prétendre devenir des passeurs de liberté. L'histoire, et plus particulièrement l'histoire de la Révolution elle-même, doit produire l'enthousiasme, mettre les Français en condition de défendre leur liberté. Il faudrait sans cesse rendre sensible l'amour de la liberté en montrant quels combats ont été nécessaires pour la conquérir dans le conflit. Chez Saint-Just, l'amour de la vérité historique se confond avec un amour du sens même de la Révolution française.

Au même moment, si l'histoire est ainsi histoire du conflit et ainsi histoire démocratique, le musée est le lieu de la contemplation du beau universel et ainsi d'une possible irénie.

Or que fait Sarkozy ? Il veut mettre l'histoire nationale au musée, en faire le lieu d'une identité faussement irénique où la bataille de Poitiers permet de chasser les Arabes, mais où la Commune de Paris n'a pas de place prévue. Au même moment, il supprime l'enseignement obligatoire de l'histoire

---

1. Saint-Just, « Rapport sur la conjuration ourdie pour obtenir un changement de dynastie et contre Fabre d'églantine, Danton, Philippeaux, Lacroix et Camille Desmoulins », *Œuvres complètes*, *op. cit.*, p. 735.

au lycée dans certaines sections vouées à la pragmatique entrepreneuriale. L'enseignement de l'histoire produisait une vérité politique à la fois sensible et rationnelle, sensible parce qu'inscrite dans la conflictualité de l'histoire des hommes, et rationnelle car relevant d'une réflexivité et d'une méthodologie exigeantes qui donnent une large place à la notion de vérité et d'accréditation. Ce sont ces fondements de l'espace critique qui sont volontairement récusés par le sarkozysme. Loin de poursuivre l'entreprise de longue durée qui faisait de cette discipline l'institution civile capable de doter le citoyen d'une conscience historique comme conscience politique, l'histoire sarkozyste sert à vider l'histoire politique de son présent conflictuel. La coupure entre l'histoire et le mythe reposait depuis l'Antiquité sur cette quête de vérité et d'intelligibilité des actions des hommes. Chez Hérodote, il s'agissait de fabriquer la mémoire vraie de la cité « *afin que le temps n'abolisse pas le souvenir des actions des hommes et que les grands exploits accomplis soit par les Grecs, soit par les Barbares, ne tombent pas dans l'oubli* ». Mais il s'agissait aussi de donner « *la raison du conflit qui mit ces deux peuples aux prises* », de proposer ainsi un mode d'intelligibilité des conflits et donc de la politique.

Lorsque cette quête est abandonnée au profit d'une nouvelle mythification du passé, lorsque la falsification vient brouiller l'intelligibilité des actions des hommes, lorsque les lignes de clivage et de conflictualité entre les hommes sont volontairement estompées, l'histoire n'est plus un savoir disponible pour étayer un désir de démocratie, mais une formation discursive inscrite du côté des démagogues.

Désormais le sarkozysme brade tout dans le grand marché des machines à faire rêver, quitte à refouler les savoirs les plus assurés.

(*Lignes*, 2010)

Contre le racisme d'État, travailler avec l'histoire

Plis et replis d'une République ambiguë

1. Y a-t-il une question Rom en France comme Sartre avait pu parler de la question juive ? Sans doute non, juste un symptôme de notre temps divaguant où la figure du paria est associée à des lois européennes qui, depuis que certains pays sont entrés dans ce qu'on appelle l'Union, ont fabriqué des exceptions. Certains Européens le seraient différemment. En France, cela autorise un pouvoir, sûr de son idéologie arc-boutée à la revalorisation de la notion d'identité nationale, à proposer des procédures classiques d'identification collective et d'exclusion aussi imaginaires qu'efficaces dans leur traduction juridique bien réelle. L'identité nationale c'est la fabrique d'un « nous » par rapport à d'autres, d'autres comme les Roms, mais pas seulement les Roms. La fabrique du « nous » est aussi invention d'une altérité qui altère, qui fabrique ce « seuil de tolérance » qu'on croyait derrière nous. Avec cette fabrique réapparaissent les mythes, les naturalisations de l'histoire, en lieu et place d'une histoire critique qui juge et qui condamne, en lieu et place d'un véritable travail sur l'histoire nationale. Celle qui résonne encore sur le sol de notre présent, celle de la Seconde Guerre mondiale, des années 30 et de la décolonisation, et toute l'histoire insinuée dans leurs plis.

2. En 2003, Pieter Lagrou, historien confiant sur le devenir de l'Europe, affirmait encore : « *Pour mesurer l'impact de la Seconde Guerre mondiale, il ne faut pas s'appuyer sur les sensibilités actuelles fondées sur la tolérance et l'inclusion, mais*

prendre pour point de référence ceux qui ont précédé la guerre d'à peine quelques années. Les opinions des racistes et xénophobes, des fascistes ou des partisans de l'État autoritaire occupaient couramment le débat politique des années 1930. Que le patriotisme traditionnel, y compris ses aspects xénophobes, ait refait surface après 1945 n'est pas surprenant.[1] » Si l'on suit Pieter Lagrou, Nicolas Sarkozy nous fait ainsi régresser aux lendemains de la Seconde Guerre mondiale, qui falsifiaient l'histoire pour déjà restaurer des nations qui, elles-mêmes, régressaient aux années 1930 dans leur incapacité à faire la critique de l'autoritarisme et de la xénophobie. En France la défaite de 1940 avait été à l'évidence « nationale », l'Occupation une humiliation « nationale » et, pour pouvoir s'approprier 1945 comme une victoire, elle aussi nationale, il fallait beaucoup d'imagination. La mémoire patriotique, souvent ambiguë, avait permis alors de restaurer des États nations qui n'avaient tenu aucune de leurs promesses : protéger les citoyens, maintenir un État de droit démocratique, ne pas collaborer avec l'ennemi comme signe de loyauté envers la souveraineté de la nation. C'est alors que les mythes de nations résistantes se forgent, occultant le fait que les résistants n'avaient constitué que des minorités combattantes radicales, marginales politiquement, et souvent peuplées d'étrangers. Les discours antifascistes ou antitotalitaires pouvaient servir de trame à de nouveaux discours nationalistes. C'est dans ce contexte que les notions de citoyenneté, de droits de l'homme, puis d'identité nationale ont été réinventées sans faire référence désormais à la période de la Révolution française qui n'avait pas pensé en termes de nationalité ou d'identité nationale, mais en termes de peuples souverains.

Qu'est-ce que veut dire de ne plus faire référence à la Révolution française ? C'est simplement ne plus faire

1. P. Lagrou, *Mémoires patriotiques et occupation nazie en Europe occidentale, 1945-1965*, *op. cit.*

référence à l'invention d'un peuple qui est un peuple loi, et non un peuple culturel ou racial.

3. Si les révolutionnaires ne se sont pas défaits des hantises de la conception communautaire de la politique avec son cortège de frontières, d'exclus, d'indésirables, fabriquant ainsi avec l'étranger une figure paradoxale allégorisant l'universel[1], mais *in fine* impossible à inclure juridiquement dans la communauté, ils ont fondamentalement refusé de faire de cette communauté une communauté de sang. La communauté n'a jamais été ethnicisée. Elle est avant tout une communauté *politique*. Sieyès congédie la guerre des races dans sa brochure *Qu'est-ce que le Tiers état* ; Saint-Just, de même, le 26 germinal an II. Si les nobles sont exclus de la nation souveraine, ce n'est pas pour être d'une autre race, mais du fait de leur comportement politique : la conquête déclarée source de leur légitimité à dominer. Renvoyer les nobles dans leur forêt de Franconie, c'est renvoyer les conquérants qui se sont faits oppresseurs. Nommer sans les dissocier au printemps de l'an II, « *les nobles et les étrangers* », c'est nommer ceux qui peuvent à nouveau se faire oppresseurs par la conquête. *A contrario*, les révolutionnaires bataillent d'abord pour inclure les gens libres de couleur dans la société, puis pour abolir l'esclavage et inclure ainsi dans la nation l'universalité du genre humain qui prend part à la vie politique commune. Les citoyens français révolutionnés ne sont pas les seuls Blancs riches en 1794, même si c'est ce qu'aurait souhaité le lobby colonial contre-révolutionnaire dès 1789[2].

1. L'expression d'un étranger comme allégorie de l'universel avait été employée par René Schérer dans son ouvrage *Zeus hospitalier, éloge de l'hospitalité*, Paris, Armand Colin, 1993.
2. F. Gauthier, *L'Aristocratie de l'épiderme. Le combat de la Société des citoyens de couleur, 1789-1791*, Paris, éditions du CNRS, 2007.

4. Cette communauté n'est pas non plus une communauté culturelle au sens où on pourrait l'entendre aujourd'hui. C'est une communauté des affections politiques dans des rapports de secours réciproques et d'élaboration collective de la loi. Une communauté souveraine de voisins amis, c'est-à-dire civilement liés par une élaboration débattue de la vie commune, un peuple-loi, non un peuple-gens. L'exemple de la liberté de culte en témoigne, car la liberté de conscience conduit logiquement à la liberté cultuelle. Cependant, cette communauté politique doit être une communauté qui partage malgré tout la même conception de la politique et de la communauté souveraine. La ligne de partage entre le dedans et le dehors est celle qui partage ceux qui approuvent et défendent la Déclaration des droits de l'homme et du citoyen et ceux qui la désapprouvent et l'attaquent. Or dans le discours révolutionnaire, le mot « étranger » comme catégorie politique, va permettre de nommer tous les genres de contre-révolutionnaires qui, par leur choix politique, se mettent en dehors de la cité et deviennent de fait « étrangers ». C'est l'argumentaire de Saint-Just à propos du roi traître. En trahissant il est devenu étranger à la cité. C'est comme traître et non comme Bourbon qu'il est étranger. Sont également déclarés étrangers, les généraux traîtres, les fonctionnaires qui abusent de leur pouvoir ou qui sont corrompus, les oisifs qui ne contribuent pas à la richesse de la communauté et qui rompent donc le pacte de réciprocité. Enfin, c'est comme peuple qui empêche les autres peuples de se ressaisir de leurs droits que les Anglais se mettent en dehors de la commune humanité.

5. Il y a eu des jours extrêmement heureux pour les étrangers pendant la Révolution française de 1789 à 1792, avant que le droit positif et administratif n'étende son empire classificatoire. Il s'agissait alors avant tout de passer de l'état de sujet à l'état de citoyen et cette transmutation formidable concernait l'ensemble des personnes participant

à l'événement révolutionnaire. Car il faut bien entendre que la notion de nationalité n'existait pas au cœur de la Révolution française[1]. Ni le mot « nationalité » ni le mot « citoyenneté » n'étaient employés à l'époque. Les hommes et les femmes utilisaient une série d'expressions telles que : « le droit du citoyen », parfois : « les droits de citoyen français », la « qualité » ou encore le « titre de français », le « titre de citoyen », etc. Or ce mot de « citoyen » effaçait de fait les distinctions entre l'appartenance légale à la nation, l'engagement patriotique et l'exercice des droits politiques, et ce dès 1789, avant même qu'il y eût une véritable constitution. Devenir citoyen français, ce n'était pas devenir « naturel », mais être inclus de fait dans le peuple souverain français. Était alors citoyen celui qui voulait vivre sous les lois élaborées par l'Assemblée nationale constituante et qui adhérait aux principes qui doivent régir ces lois, la Déclaration des droits de l'homme et du citoyen. Cette définition très pragmatique était nouée à la position adoptée dans l'événement : devenir révolutionnaire et ainsi être inclus comme patriote et, de fait, citoyen français[2], ou devenir contre-révolutionnaire et se déclarer « *hors le souverain peuple* », de fait, comme les nobles émigrés. C'est bien en trahissant les principes inscrits

---

1. Sur ce point, les travaux de Jennifer Heuer sont très éclairants. Heuer, Jennifer, *The Family and the Nation : Gender and Citizenship in Revolutionary France*. Ithaca, NY: Cornell University Press, 2005. « Enemies of the Nation ? Nobles, foreigners, and the constitution of national citizenship in the French Revolution », in *Power and the Nation in European History*, edited by Oliver Zimmer and Len Scales, 275-93. Cambridge : Cambridge University Press, 2005. « Hats on for the Nation ! Women, Citizens, Soldiers, and the "Sign of the French" » *French History* 16, n° 1 (2002) : 28-52.
2. Un colloque a permis de faire récemment un point sur cette notion de citoyenneté : R. Monnier ed., *Citoyen et citoyenneté sous la Révolution française*, actes du colloque international de Vizille, Paris, Société des études robespierristes, 2006.

dans la Déclaration qu'on devenait étranger et non pas parce qu'on était né en pays étranger. La citoyenneté était d'ailleurs alors vécue comme un droit naturel lié à la Déclaration des droits de l'homme et du citoyen. C'est pourquoi il n'était pas nécessaire d'attendre que la loi constitutionnelle soit rédigée pour se déclarer citoyen, se penser comme tel et agir comme tel. Qu'on soit finalement déclaré citoyen passif parce que pauvre, femme ou étranger par des constituants qui trahissaient la déclaration des droits, c'est de fait la citoyenneté en acte qui avait d'abord fondé la place de chacun dans cette cité révolutionnaire.

6. Les étrangers, qui sont assez nombreux en France en 1789, fondent des sociétés fraternelles spécifiques liées à l'usage de langues étrangères, ou participent à des sociétés fraternelles existantes quand ils parlent français ; ils discutent ainsi l'élaboration de la loi et envoient des pétitions à l'Assemblée nationale. Ils participent activement à la fête de la Fédération, créent des légions étrangères pour aller se battre pour les idéaux révolutionnaires, se réfugient en France quand ils sont persécutés chez eux au nom de leur idéal, et l'on voit apparaître ainsi des « *patriotes étrangers* ». Il y eut bien ainsi pendant la période révolutionnaire une citoyenneté de fait sans nationalité.

7. Mais cette pensée d'une pulsation de l'inclusion d'individus singuliers et subjectivement acquis à la Révolution s'enraye, devient difficile, est récusée en doute. Ce doute s'insinue pendant la période de guerre civile et étrangère de l'an II et conduit à affirmer qu'il n'est plus possible de penser qu'une année passée sur le territoire français suffise pour devenir Français. Les vingt ans désormais réclamés témoignent du déplacement d'une conception subjective du titre de citoyen français à une conception culturaliste du devenir Français. Si la conversion subjective pouvait être

fulgurante, l'acculturation – ce que l'on nomme aujourd'hui « intégration », quand on n'ose plus parler d'assimilation – ne pouvait être que lente et incertaine.

8. Cette difficulté prend aujourd'hui la forme d'un paradoxe insupportable. C'est au nom des Lumières et de leur défense qu'il s'agit d'exclure des populations soupçonnées de ne pouvoir s'acculturer à ces Lumières, de ne pouvoir laisser les femmes libres, de ne pouvoir accepter le libre usage de la critique, de ne pouvoir devenir des Français dignes de ce « nom ». On buterait à nouveau sur l'imaginaire de « l'honneur du nom français ». Ce qui est ainsi mis en doute c'est la capacité acculturante de la démocratie et de son trait d'égalité, la capacité de devenir Français, non pas dans un rapport à la culture, mais bien dans un rapport à la subjectivité politique. Ce qui est nié, c'est le droit, fondamental pour chacun, et quelle que soit sa provenance, de prendre distance avec sa culture d'origine, avec sa ou ses « naissances ». Or, quand on parle du « nom français » comme le faisaient d'ailleurs les révolutionnaires, on tente de parler de l'investissement symbolique d'un nom de peuple en lieu et place d'un corps national, en lieu et place d'une structure étatique. Le « nom français » n'incarnerait pas le peuple français, mais au contraire le représenterait comme espace symbolique, subjectif, où certaines lois et certains principes sont à l'œuvre. « Avoir l'honneur de porter le titre de Français », c'est affirmer qu'on investit symboliquement ces lois et ces principes. Défendre l'honneur du nom français, c'est affirmer que certaines choses ne sont plus admissibles sur le plan politique et des droits de l'homme quand on prétend être Français. Que, si elles se présentent, on y résistera. Le nom français se confond alors avec une manière d'être au monde dans une tenue révolutionnaire, républicaine et cette tenue républicaine, c'est avant tout le maintien constant de l'égalité devant la loi, la résistance à l'oppression face à ceux qui

veulent dominer ou conquérir ; la capacité donc à maintenir la liberté comme non-domination, la réciprocité de la liberté comme égalité.

9. Ainsi l'idée de pouvoir faire perdre le droit d'être Français à des Français incriminés, s'ils sont des Français par acquisition ou Français d'origine étrangère, fait fi de l'honneur du nom français en faisant fi de l'égalité devant la loi. Cette idée n'est pas républicaine. En effet, la faute criminelle de droit commun n'est pas la faute politique, et vouloir les confondre c'est fabriquer, d'une part, une fable où l'impureté du crime vient toujours de l'extérieur, de l'autre ou du quasi autre, et, d'autre part, confondre ce qui garantit la vie publique et politique, ce qui garantit l'existence d'une cité, et ce qui protège la vie sociale comme telle, ce qui protège les individus d'une société. C'est confondre la cité et la société. Enfin, c'est faire régresser l'ensemble de la société française à une configuration de guerre civile entre deux supposées classes de Français. Mais loin d'être comme sous la Révolution la classe des nobles comme conquérants face à celle des républicains révolutionnaires, il s'agirait de la classe des Français d'origine étrangère ou des populations étrangères face aux Français natifs depuis de nombreuses générations.

10. Pourtant, la justice pénale signe la capacité de penser la société comme une unité indivise[1] où l'individu criminel reste un individu, et même un citoyen. Au contraire, une société divisée en deux groupes pense sa justice sous la forme d'institutions de vengeance et l'individu criminel représente son groupe social. Renoncer à la valeur de la seule justice pénale, et donc à l'égalité devant la loi face à des crimes de

---

1. R. Verdier, *La Vengeance. Études d'ethnologie, d'histoire et de philosophie*, Paris, éditions Cujas, 1980.

nationaux déclarés irrémédiablement différents, c'est attiser la vengeance comme guerre civile et proposer de se venger de ces nationaux au lieu de les considérer d'abord comme des con-citoyens qui ont commis un crime et qui doivent être traités comme des individus et non comme les représentants d'un groupe social. Oui, l'honneur du nom français est bien ici entamé. L'inégalité devant la loi prônée par le chef de l'exécutif à l'été 2010 inscrit dans cette loi qui, de fait, n'est plus commune, la suspicion nouée à une hospitalité asymétrique. Non seulement l'hospitalité, l'inclusion n'auraient rien d'inconditionnelles[1], mais sous figure de la naturalisation et de l'inclusion pourtant juridique, elle reconduirait à l'infini cette asymétrie qui existe entre l'hôte qui reçoit et l'hôte qui est reçu, laissant celui qui est reçu à la merci de celui qui le reçoit.

11. Le plus extravagant ou régressif des discours de cette hospitalité asymétrique est celui qui associe la figure du déplacé à celle du brigand. Ne retrouve-t-on pas ici cette culture des communautés d'habitants d'Ancien Régime étendue *in fine* à la communauté nationale ? « Gens du voyage et Roms », Français voyageurs, parfois sédentarisés et étrangers voyageurs, qu'ils soient sans-papiers, et donc sans droits, ou dotés des droits légitimes associés à la nationalité française, sont ramenés aujourd'hui à cet imaginaire de « *l'homme sans lieu et sans aveu*[2] ». Les peurs que l'on dit immémoriales sont nouées alors à la fabrique d'un discours de suspicion où le schème d'action consiste à ne pas laisser entrer cet errant sur le territoire, ou bien, s'il est entré, à le ramener

1. Sur cette inconditionnalité de l'hospitalité, nous renvoyons à l'ouvrage : *Anne Dufourmantelle invite Jacques Derrida à répondre de l'hospitalité*, Paris, Calmann-Levy, 1997.
2. J'avais traité de cette question spécifique dans l'article « L'errant entre liberté et exclusion, archéologie d'une figure de l'exclu », *Politix*, septembre 1996.

à la frontière. La politique la plus contemporaine de soi-disant gestion des flux renvoie à des pratiques inexorables, moyenâgeuses. En héritage donc, l'impossible inclusion des personnes qui se déplacent de lieu en lieu, non pas des nomades avec leurs circulations rituelles, non, plutôt ceux qui sont voués à un déplacement plus erratique.

12. L'imaginaire qui fait de la société un corps altérable et rend insupportable la présence de ce « quasi-autre », semblable et dissemblable, était encore présent pendant la période révolutionnaire ; elle n'a su s'en défaire et se défaire d'un certain imaginaire chrétien où celui qui change de cité pour répondre de la nécessité du mariage exogamique doit donner des preuves d'amour[1] : payer des impôts, épouser une naturelle, fonder un foyer en construisant sa maison principale sur le territoire d'adoption, se faire enterrer dans ces lieux, sur cette terre qui l'a naturalisé, adopter les mœurs de la nouvelle cité par conversion amoureuse.

13. Aujourd'hui la résurgence d'une précarité de l'étranger ou du Français issu de l'immigration s'exprime à nouveau sous la figure de l'amour du pays. En effet lorsqu'on demande : « *la France aimez-la ou quittez-la* », c'est bien la culture chrétienne des preuves d'amour qui réapparaît. Et l'on sait à quel point cette culture repose sur l'imaginaire du sang, sang-mêlé pour permettre d'étendre l'empire de la mystique du Christ, sang-mêlé sur un certain mode qui rend insupportable, d'une part, l'idée de mariages qui ne seraient pas exogamiques aujourd'hui, mais d'autre part qui finissent par porter le soupçon sur ces mariages exogamiques comme « mariages blancs » ou « mariages gris ». La demande infinie de

1. Sur ce point, je renvoie aux travaux de l'anthropologue Enric Porqueres y gene « Cognatisme et voies du sang. La créativité du mariage canonique », *L'Homme*, n° 154-155, 2000, p. 335-356.

preuves d'amour met, comme le dit si joliment l'association qui prend en charge ces questions spécifiques, « les amoureux au ban public ». Une adhésion consentie librement se révèle nécessaire pour pouvoir devenir citoyen. Celui qui ne donnerait pas de preuves d'amour, non seulement ne serait pas un citoyen, mais serait considéré comme mettant en danger la communauté. Or cet héritage, qui pesait sur l'événement révolutionnaire lui-même, relève de nappes de temps immobiles qui conduisent un gouvernement qui se réclame de la « République » à produire la pire politique publique qui puisse exister pour les étrangers et les enfants d'étrangers devenus français, ce parfois depuis plusieurs générations dans ce pays. D'une manière immédiatement connexe, c'est aussi la pire des politiques publiques pour l'ensemble de notre société tant elle dépacifie les rapports sociaux issus du lent travail d'inclusion de l'altérité dans le corps social qui se réclame du « nom français ».

14. Or ces nappes de temps immobiles inscrivent, au cœur des discours publics du pouvoir exécutif sous le nom de République française, ce que le moment révolutionnaire lui-même n'avait réussi ni à révolutionner, ni à républicaniser. La Révolution française n'est pas un modèle idyllique. Il faut saisir le moment révolutionnaire comme un nœud dans son étrangeté, ses butées, ses difficultés. Et sans doute comprendre qu'il nous oblige à être sensible au feuilletage du temps, un temps qui n'est pas seulement révolutionnaire mais en bute lui-même à ce temps immobile, que Nicole Loraux avait indiqué sans vraiment le nommer.

15. Nicole Loraux parlait volontiers des problèmes grecs de notre démocratie. Elle indiquait ainsi, non pas une filiation continue de ces problèmes, mais la répétition de problèmes analogues, enkystés dans un temps non vectorisé de l'histoire, des nappes immobiles qu'il fallait postuler, disait-elle,

ne serait-ce que pour donner un statut aux anticipations. Un temps suspendu de la temporalité historique, classique temps de l'oubli et du répétitif, mais aussi, celui qui met à l'œuvre une « *mémoire barrée* » de la conflictualité politique et le « *sourd travail d'une instance désirante*[1] ». Temps de l'inconscient et des passions.

16. S'il y a aujourd'hui quelque chose à penser dans l'histoire de cette identité nationale et de ce moment révolutionnaire, c'est bien l'articulation de ce temps non vectorisé dont hérite aussi la Révolution française, l'achronie enclavée dans les processus historiques, et les apories que cette Révolution a elle-même livrées à notre temps présent. La Révolution française ne pourrait plus être saisie, comme chez Ernest Labrousse ou Albert Soboul, dans les seuls termes de l'anticipation, de l'annonce des progrès à venir, mais comme l'événement fondateur où certains de nos problèmes se sont noués, où l'histoire s'est nouée. Il s'agit donc aujourd'hui non de se détourner purement et simplement de cet héritage, mais de couper le nœud gordien afin, effectivement, de refaire une cité révolutionnaire, un peuple qui soit ami, hospitalier et frère, seul antidote aux racismes d'État. Il s'agit d'affronter les problèmes révolutionnaires de notre république.

(*Lignes*, 2010)

1. N. Loraux, « Éloge de l'anachronisme en histoire », *Clio Espace temps*, 2005. p. 138.

Adage

1. « *Ne cherchez pas le sens d'un mot, cherchez quel usage on en fait* », affirmait Wittgenstein. On pourrait le paraphraser en l'inversant : « Ne vous fiez pas à l'usage des mots, cherchez comment ils sont nés. »

Disparition de la gauche

2. Aujourd'hui, l'expression « la gauche », voire « les gauches », associe des noms de groupements politiques appelés partis à des sensibilités politiques historiques dont ils seraient les héritiers. Or, une série d'énoncés noués à des expériences cuisantes ont révoqué en doute la possibilité même de parler encore de « gauche ».

3. Dans un premier temps, parce que cette « gauche » sans être vraiment de droite n'était plus de gauche telle que le mot avait prévalu tout au long du XXe siècle. Deuxième gauche s'oppose alors à gauche de gauche, cette deuxième devenue première dans ses effets moraux, sociaux, économiques et politiques, associe libéralisme capitaliste et socialisme. Un oxymore meurt. La gauche de gauche devenue en toute logique seconde voire secondaire, doit quant à elle incarner une tradition de justice sociale extorquée au capital et au libéralisme économique.

4. Personne ne parle alors de souveraineté populaire ou alors, c'est pour la disqualifier.

5. Du côté de ladite « gauche de gauche », cette disqualification s'énonce au nom des institutions partidaires et

syndicales, qui doivent guider la véritable action de gauche, et au nom de l'État qui est l'acteur qui produit le vrai changement en actionnant le levier de la loi. Toutes les coordinations autogestionnaires sont alors suspectes ; ne font-elles pas depuis toujours le lit de cette deuxième gauche qui trouve de fait une partie de ses origines dans un PSU très autogestionnaire. L'idée même que des pratiques politiques innovantes ne relèvent pas toujours d'une nouvelle loi n'appartient pas alors à l'imaginaire dit « de gauche ». Ne pas être étatiste, c'est être gauchiste ou de droite, traduisez irresponsable ou réactionnaire.

6. Du côté de la deuxième gauche, ce désintérêt pour la souveraineté populaire se fait conjointement à une récusation systématique de l'événement révolutionnaire par ceux qui, au cœur du bicentenaire, font de l'irruption du peuple la cause du dérapage de l'histoire de la Révolution française. Cette deuxième gauche est l'oreille des experts, mais, au nom d'un rejet du populisme, se méfie du peuple. Elle se dit démocrate plus que républicaine, car elle rejette l'étatisme, mais, pour autant, ne veut pas du *demos* instructeur de torts. La démocratie est alors réduite à une mise en scène du pluralisme, mais un pluralisme qui se passe désormais de la catégorie politique de peuple. Celui-ci devient une catégorie sociologique, le petit peuple, et chacun comprend alors qu'il est bien inquiétant. Il ne faut surtout pas l'écouter, on risquerait peut-être de l'entendre, allez savoir…

7. Après avoir longuement déploré la « disparition de la gauche » (*Lignes* n° 37, 1999) après les grandes grèves de novembre 1995, on peut d'ailleurs aujourd'hui déplorer la disparition du peuple. Sur les affiches de certains partis, on ne parle plus ni du peuple, ni des travailleurs, ni des Français, mais des gens, indistincts. Serions-nous à nouveau un « agrégat inconstitué » non plus de peuples désunis mais

d'individus triomphants et bernés ? Le mot peuple n'a pas réapparu, ni même petit peuple ou menu peuple mais, plus récemment, « les gens ordinaires ». Y en aurait-il donc d'extraordinaires ? Et à quel titre ? Seraient-ils plus vertueux ? Non, nous assure-t-on, même moins. Les « extraordinaires » ne sont pas vertueux, ils sont même indécents et corrompus, ils ne disposent pas de la commune décence. Mais alors en quoi est-elle commune cette décence, est-ce de l'essence des gens ordinaires d'être vertueux, par tradition ? Mais alors, c'en est fait de la liberté des sujets pensants, ils sont justes actants d'un habitus à préserver. « La gauche » aurait bien disparu et, avec elle, la « liberté guidant le peuple ».

8. Reste pourtant une signalétique picturale : « La liberté guidant le peuple » offre un fond hors temps, c'est-à-dire déshistoricisé, au parti pirate qui se dit ni de droite ni de gauche, mais devant. Retour des avant-gardes ? Ou compétence libertarienne qui saurait ainsi recycler des symboles sans pour autant adhérer à l'histoire de l'émancipation des peuples ? Car, quand même, si « gauche » il y a eu, elle a dès ses débuts, incarné non seulement la souveraineté du peuple mais son émancipation !

Une émancipation spatialisée

9. Au moment où le mot « gauche » a pris une connotation politique, dans l'espace de l'Assemblée nationale constituante, en 1789, il n'existait que le côté gauche qui s'opposait au côté droit. À gauche du président de l'Assemblée, à droite de ce président. La droite est légitimiste et conservatrice dans ce choix spatial religieusement connoté. La gauche indifférente à cette tradition. Une société, c'est d'abord le lieu qui la contient (Sartre). On comprend alors à quel point est oiseuse l'opposition entre une rhétorique spatiale qui ferait du côté gauche et du côté droit un simple curseur variable avec l'histoire et le temps, qui n'existerait que dans un jeu

d'opposition, et une conception plus essentialiste, qui fait de la gauche et de la droite un système opposé de manières de se tenir et de penser le monde, de manières d'être sensible aux situations traversées. D'emblée la droite défend des valeurs anti-émancipatrices par son choix spatial à la droite du père. Or le jour où ces notions ont été consacrées par commodité pour le vote, il s'agit bien de prendre position par rapport au père, car l'on vote sur le droit de veto.

10. Cette question éminemment importante, débattue deux jours après l'adoption de la déclaration des Droits de l'homme et du citoyen, avait mobilisé, nous dit le très réactionnaire Malouet, jusqu'aux porteurs de chaises. Le menu-menu peuple parlait du droit de veto et suivait les travaux de l'Assemblée. Tout Paris bruissait de cette question. Tout Paris est alors alarmé, car un veto absolu permettrait au roi de dénoncer toutes les décisions prises par l'Assemblée nationale. Les députés du tiers état sont alors divisés. Mounier est pour le veto absolu, quand Sieyès considère que même le veto suspensif proposé par Lameth serait « *une lettre de cachet contre la volonté générale* ». Le droit de veto est bien un pouvoir d'élever la voix pour empêcher ou différer un acte législatif. Le roi disposerait de deux mois pour sanctionner un décret en affirmant : « Le roi consent et fera exécuter », mais, s'il refuse, il utilisera l'autre formule : « Il examinera », et le décret pourra être suspendu pendant trois législatures. De fait, refuser le veto au roi, c'était reconnaître que le roi n'avait plus ni nature extraordinaire ni pouvoir extraordinaire, qu'il était un citoyen ordinaire conformément à ce qu'affirmait la Déclaration des droits, non encore ratifiée par les soins de ce chef de l'exécutif. Lui accorder un veto suspensif, c'était lui donner un crédit étonnant, fondé cependant sur une rhétorique républicaine. Pour que le pouvoir législatif n'usurpe pas la souveraineté populaire, il fallait donner à ce dernier un tribun du peuple en la personne du roi, car le pouvoir de veto est bien celui

du tribun du peuple. Il n'est pas un pouvoir agissant mais un pouvoir empêchant. Le veto suspensif donne ce pouvoir et permet au travail législatif fautif d'être repris en toute sérénité, sans avoir besoin de recourir au terrible article 2 de la Déclaration qui contient le non moins terrible droit de résistance à l'oppression. Celui qui allait se révéler le plus grand oppresseur de l'Assemblée des représentants du peuple par l'usage qu'il ferait du veto, avait ainsi été crédité d'une vertu civique telle que ce pouvoir immense serait toujours utilisé en faveur du peuple souverain, conformément à la Déclaration des droits. La position qui l'avait ainsi emporté ménagea de fait la chèvre et le chou, ni gauche ni droite. Car la droite voulait conserver un vrai père, et un veto définitif donnant finalement au roi un pouvoir de censeur législatif qui maintenait sa puissance législative et exécutive contre la souveraineté populaire, que cette souveraineté soit celle de la résistance à l'oppression, qui alors ne voulait plus rien dire, ou celle des législateurs constamment empêchés d'agir. Le côté droit refusait toute émancipation. De fait, seul le côté gauche la voulait pleine et entière.

11. Cette émancipation suppose que chacun soit capable de se passer de toute figure paternelle ou paternaliste, qu'il soit capable d'indépendance subjective, seule garante de la liberté politique conquise dans une conception où cette liberté politique ne peut pas ne pas être réciproque et où cette réciprocité suppose l'égalité des cœurs, des corps et, de fait, quoiqu'en dise alors Sieyès, des intelligences, pourvu que l'éducation devienne l'institution civile émancipatrice. Malgré tout, même éduquée, l'intelligence sera émancipatrice, mais comme en second. Car cette émancipation doit d'abord être voulue d'une manière sensible, et c'est au nom d'un ressenti sensible qu'on pourra choisir de s'installer à gauche et de résister à ce qu'on estimera oppressif. Or cette sensibilité repose sur une conception de la liberté qui n'est

pas pouvoir d'agir illimité, mais pouvoir d'agir limité par l'impératif de la non-domination. Écoutons Sieyès : « *Tous ayant un droit découlant de la même origine, il suit que le droit de chacun doit être respecté par chaque autre, et que ce droit et ce devoir ne peuvent pas ne pas être réciproques. Donc le droit du faible sur le fort est le même que celui du fort sur le faible. Lorsque le fort parvient à opprimer le faible, il produit effet sans produire obligation. Loin d'imposer un devoir nouveau au faible, il ranime en lui le devoir naturel et impérissable de repousser l'oppression. C'est donc une vérité éternelle, et qu'on ne peut trop répéter aux hommes, que l'acte par lequel le fort tient le faible sous son joug, ne peut jamais devenir un droit ; et qu'au contraire l'acte par lequel le faible se soustrait au joug du fort est toujours un droit, que c'est un devoir toujours pressant envers lui-même.* »

12. C'est pourquoi la sensibilité de gauche ne peut être compatible avec une quelconque soumission à l'oppression. Que ce soit celle du roi, de l'Assemblée, de l'armée, des pouvoirs financiers, des mauvaises lois donc d'une mauvaise légalité. La sensibilité du côté gauche qui prend au sérieux la Déclaration des droits de l'homme et du citoyen, et son humanité une, est bien celle du sujet émancipé capable de s'associer avec ses congénères pour faire respecter cette émancipation qui est, bien sûr, d'abord émancipation des faibles, des malheureux, des petits, des ordinaires, mais aussi émancipation de toute tradition et de tout guide. Seul l'usage de la simple raison, guidée par un cœur pur, entendez non corrompu, fait des sujets libres. La liberté de conscience comme la liberté d'opinion est dans la Déclaration des droits. Mais, dès 1790, on refuse à cette liberté religieuse toute puissance normative collective, au nom justement de la non-domination. La liberté religieuse doit elle aussi être réciproque et il ne peut y avoir de religion dominante. Les Églises doivent être combattues si elles deviennent oppressives dans l'espace public et empêchent le libre usage du

corps sensible d'abord, et de la raison émancipée ensuite, les facultés de juger des situations.

Entendre la voix du peuple

13. Si nul ne pouvait se réclamer d'une position établie une fois pour toutes et si les processus de radicalisation ont conduit des votants de gauche en 1789 à devenir le côté droit de 1793, la manière d'accepter ou non d'être l'oreille de ce peuple est très vite un signe témoignant de ce qu'on appelle le côté gauche face au côté droit. Jacques Rancière[1] évoque, à propos de la parole populaire, « *une parole en trop qui défie l'historien* », souvent enclin à considérer cet amas de mots et de papiers comme insignifiants. Or la question de la valeur de ces paroles ne préoccupe pas seulement l'historien. Il a fait l'objet de débats tranchés à l'Assemblée constituante. Faut-il vraiment accorder aux adresses et pétitions envoyées de toutes les assemblées primaires de France une écoute attentive et ritualisée ? Le marquis de Bonnay considère en juin 1790 que « *l'affluence des adresses* [...] *occupe presque en entier les séances du soir au détriment des questions importantes* ». Ces adresses, pour cet homme de droite, sont de l'ordre du dérisoire et il propose de les regrouper dans une séance hebdomadaire. Lemercier, du côté gauche, observe alors que beaucoup de législateurs se dispenseraient de « *paraître à ces séances, qui bientôt perdraient beaucoup de leur dignité par l'absence d'un très grand nombre de membres*[2] » ; Cochelet, du côté gauche également, poursuit en affirmant que « *les représentants doivent attacher un très grand prix à l'opinion publique ; par conséquent ils ne sauraient recevoir trop d'adhésions à leurs décrets* ». Le marquis de Bonnay se fait sarcastique : « *J'avais*

1. J. Rancière, *Les Mots de l'histoire. Essai de poétique du savoir*, Paris, éditions du Seuil 1992, p. 96.
2. *Idem*.

pensé qu'il valait mieux faire les affaires du pays que de respirer l'encens qu'on brûle à nos pieds. »

14. Ce débat n'est pas anecdotique, il interroge le fondement de l'échange réglé entre le corps des citoyens, le corps du peuple et les législateurs. Parce que les adresses ne diraient pas grand-chose d'important dans leur contenu, elles sont renvoyées du côté du futile, de l'inutile, du côté non pas du logos et du symbolique, mais de la gestuelle religieuse inadéquate à la situation d'Assemblée. De fait les adresses arrivent par flux et se ressemblent beaucoup pour une même période. « *Les patriotes de village sont comme les jeunes gens que l'amour trouve ou rend inexpérimentés. Ils répètent des stéréotypes, des phrases de romans, des billets doux empruntés à d'autres.*[1] » Mais ces adresses disent, au-delà de leur contenu, autre chose que le Marquis déplore ; elles disent justement l'amour non plus pour le roi mais pour les législateurs qui machinent un droit nouveau, l'amour pour ce droit révolutionnaire et ceux qui y travaillent pour lui sous son regard. Elles disent le transfert de sacralité qui s'effectue dans ce geste ritualisé de l'adresse. Désormais l'Assemblée est un sanctuaire et les adresses sont sans aucun doute des offrandes nécessaires pour que ce sanctuaire soit bien celui de la souveraineté populaire et non celui d'une souveraineté confisquée par les législateurs. Aussi cet amour des lois et des législateurs est perçu avec raison par les députés patriotes comme constitutif de l'opinion publique, c'est-à-dire de l'opinion du peuple, et la réception de ces mots répétitifs comme relevant du travail d'Assemblée le plus noble. L'amour du peuple doit être accueilli et il faut redouter son désamour, sa désaffection qui ne peuvent venir que de son sentiment de ne pas être entendu, ce qui le conduirait à la résistance à l'oppression.

---

1. *Idem.*

15. « *Les malheureux sont les puissances de la terre, ils ont droit de parler en maîtres aux gouvernements qui les négligent* » (Saint-Just). Un gouvernement conforme à la Déclaration des droits doit écouter le peuple parlant. Des législateurs conséquents doivent être sensibles aux puissances de la terre. Un gouvernement de gauche doit être sensible au malheur et chercher à le prévenir, à le borner, à le soulager. Cette sensibilité que Saint-Just, mais aussi, Robespierre, Billaud-Varenne, Grégoire et tant d'autres de la Montagne en l'an II appellent vertu, est amour de l'égalité proclamée dans la Déclaration des droits et ne souffre pas de discussion. Il n'y a pas de côté gauche sans vertu, c'est-à-dire sans amour de l'égalité.

Fragilité du côté gauche

16. Pendant l'an II, au cœur des adversités, le gouvernail a été confié à quelques hommes considérés comme capables d'héroïsme et des plus grandes vertus. Mais l'expérience de la lutte des factions a montré que l'héroïsme et la vertu n'étaient pas si bien partagés par les représentants : « *Il y a eu dans le gouvernement plus d'habiles gens que de gens vertueux* », affirme Saint-Just. Dans la conception sensualiste de la naissance du côté gauche, seule la sensibilité donne une faculté de juger des situations et de résister à l'oppression. Si cette sensibilité émancipée disparaît, le côté gauche alors identifié à la République disparaît. « *Malheur à ceux qui vivent dans un temps où l'on persuade par la finesse de l'esprit et où l'homme ingénu, au milieu des factions déliées, est trouvé criminel parce qu'il ne peut comprendre le crime. Alors toute délibération cesse, parce que dans son résultat on ne trouve plus et celui qui avait raison et celui qui était dans l'erreur, mais celui qui était le plus insolent et celui qui était le plus timide. Toute délibération cessant sur l'intérêt public, les volontés sont substituées au droit voilà la tyrannie.* » Dans ce fragment des *Institutions républicaines*, Saint-Just désespère car il sait que, ne plus voir le crime, c'est ne plus avoir de sensibilité naturelle, ne plus avoir de rapport spontané avec

sa conscience et la morale : « *Le citoyen n'a d'abord de rapport qu'avec sa conscience et la morale, s'il les oublie, il a ce rapport avec la loi, s'il méprise la loi il n'est plus citoyen : là commence son rapport avec le pouvoir.* » Corrompre au sens de dénaturer la sensibilité naturelle, c'est faire perdre la boussole d'une république. C'est pourquoi « *Un gouvernement républicain a la vertu pour principe, sinon la terreur. Que veulent ceux qui ne veulent ni vertu ni terreur ?*[1] »

17. Quand la compétence sensible de distinction entre le juste et l'injuste, la distinction entre les lois oppressives et les lois libérantes est mise à mal, on peut nommer résistance à l'oppression un pur désir de séparation de l'intérêt général au nom de l'intérêt particulier. « *Qu'on mette de la différence entre être libre et se déclarer indépendant pour faire le mal*[2] », demande alors Saint-Just, rappelant que la liberté du côté gauche, du côté républicain, ne peut pas oublier d'être réciproque et donc solidaire. Cet oubli conduit à une corruption des mœurs que Saint-Just appelle le fédéralisme civil : « *un fédéralisme où chaque commune s'isole d'intérêt. C'est ce qui arrive en ce moment, chacun retient ses denrées dans son territoire, toutes les productions se consomment sur le sol.* » Le 23 ventôse, il affirme : « *L'immoralité est un fédéralisme dans l'état civil, par elle chacun sacrifierait à soi tous ses semblables, et ne cherchant que son bonheur particulier, s'occupe peu que son voisin soit heureux et libre ou non.* » Là serait la défaite de la résistance à l'oppression : l'indifférence. C'est le nom pris par la cruauté libérale du libéralisme économique. La liberté illimitée du commerce des grains qui permet d'affamer les

1. Saint-Just, « *Institutions républicaines*. Troisième fragment », in *Œuvres complètes*, présentées par Miguel Abensour et Anne Kupiec, Paris, Gallimard, coll. « Bibliothèque de la pléiade », 2004, p. 1138.
2. *Idem.*, p. 1137.

peuples, la liberté illimitée d'une presse commerçante, qui raconte des histoires falsifiées.

18. Saint-Just met alors l'accent non seulement sur la fragilité mais sur la chute du moment révolutionnaire : « *On parle de la hauteur de la Révolution : qui la fixera, cette hauteur ? Elle est mobile. Il fut des peuples libres qui tombèrent de plus haut.*[1] » Mais son pessimisme le conduit à affirmer une nouvelle donne sans doute plus autogestionnaire, celle des institutions civiles : « *Formez des institutions civiles, les institutions auxquelles on n'a point pensé encore : il n'y a point de liberté durable sans elles. Elles soutiennent l'amour de la patrie et l'esprit révolutionnaire même, quand la Révolution est passée. C'est par là que vous annoncerez la perfection de votre démocratie.*[2] » Pour Saint-Just, il faut un nouveau mot d'ordre : faire une cité. Le 26 germinal an II : « *Il faut que vous fassiez une cité, c'est-à-dire un peuple de citoyens amis, hospitaliers et frères* » ; dans le troisième fragment : « *Formons la cité, il est étonnant que cette idée n'ait pas encore été à l'ordre du jour.* » Ainsi, ce ne sont pas les seules lois, fussent-elles bonnes, qui désormais signent pour lui le côté gauche, mais cet effort incessant à émanciper les citoyens du besoin de lois : « *Il y a trop de lois, trop peu d'institutions civiles* » ; « *Obéir aux lois cela n'est pas clair ; car la loi n'est souvent autre chose que la volonté de celui qui l'impose. On a le droit de résister aux lois oppressives* », rappelle Saint Just dans son troisième fragment. Il faut donc rendre aux citoyens l'initiative des institutions qui font la cité et ainsi signer peut-être ce qu'on pourrait appeler une première gauche émancipée…

---

1. *Idem.*, p. 1141.
2. Saint-Just, « Rapport sur la police générale », in *Œuvres complètes*, *op. cit.*, p. 763.

D'une autre gauche de gauche

19. Il fut des hommes de gauche qui perdirent leur boussole : l'amour de l'égalité, appelé jadis vertu. Égalité civile devant les lois, égalité civique dans l'art de les faire et d'inventer les institutions qui font vivre la cité en dehors d'elles, égalité entre toutes sortes de puissances.

20. Rappelons que cette vertu n'allait pas sans un amour de la vérité, et un certain contrôle de la cruauté.

21. Substituer l'ascendant des mœurs à l'ascendant des hommes, retrouver les compétences sensibles, affectives, qui seules permettent de résister à l'oppression, permettent de dire non à la mort de la Grèce programmée par les institutions financières européennes et à ce qui y a conduit. Retrouver le désir d'être à gauche contre les lois oppressives. Retrouver son nom d'homme libre.

(*Lignes*, 2013)

« L'amalgame est hétérogène et solide. » Nouvelles extrêmes droites amalgamées

Symptômes

1. Un ministre de la République française, femme, noire, d'origine guyanaise ayant porté, dans un gouvernement socialiste, le projet de « mariage pour tous » permettant à un couple de même sexe de pouvoir se marier, a reçu des insultes racistes répétées : le 20 octobre 2013, le prêtre de Saint-Nicolas-du-Chardonnet a entonné dans une manifestation Civitas : « *Y'a bon Banania, y'a pas bon Taubira.* » Le 25 octobre, à Angers, supposée douce ville, une enfant de 12 ans interpelle la ministre, elle brandit une peau de banane et crie : « *La guenon, mange ta banane.* » Dans la même séquence temporelle, une Ardennaise frontiste, compare publiquement Taubira à un singe [1].

2. L'humoriste français, Dieudonné, ce qu'on appelle en Italie un bouffon, invente en 2000 un geste intitulé « quenelle » qui se veut une variante du bras d'honneur antisystème, mais qui emprunte le bras tendu au salut nazi. En 2009, Dieudonné se présente aux élections européennes sous l'étiquette du parti antisioniste en Ile-de-France. Sur ses affiches de campagne, il exécute ce geste aux côtés d'Alain Soral. Depuis, il encourage tout un chacun à le faire dans toutes sortes de situations. 340 000 fans le suivent sur son site. Chaque année, Dieudonné félicite le meilleur de ces

1. Suspendue du FN en décembre 2013, elle a été condamnée le 15 juillet 2014 à 9 mois de prison ferme par le tribunal de Cayenne. Jean Marie le Pen a alors qualifié les magistrats de « *traîtres à la loi et violeur de morale* » sur Twitter.

adorateurs de la quenelle par une « Quenelle d'or » ; Robert Faurisson, négationniste qui réfute l'existence des chambres à gaz dans les camps allemands s'est vu remettre la « Quenelle d'or 2010 ». Janvier 2014, le ministre de l'Intérieur fait interdire le dernier spectacle de l'humoriste, pour antisémitisme. L'affaire conduit à démultiplier les visites sur le site de Dieudonné. La victoire républicaine est une défaite médiatique.

3. Le 24 janvier 2014, des messages SMS circulent auprès de certains parents les incitant à retirer leurs enfants de l'école pour protester contre l'enseignement de la « théorie du genre ». Un enseignement qui n'existe pas, comme l'a rappelé le ministre. À Meaux comme à Strasbourg particulièrement, mais *in fine* dans toute la France, l'absentéisme des élèves musulmans est alarmant. Farida Belghoul, qui a débuté à l'extrême gauche dans la « Marche pour l'égalité », est à l'origine de ce mouvement. Elle est qualifiée de « *formidablement courageuse* », par Béatrice Bourges, figure du très réactionnaire *Printemps français* et signataire du « Manifeste des intellectuels du peuple destiné aux parents d'élèves ».

4. Le mot σὺμπτωμα, en grec, signifie « coïncidence » ; il est constitué du préfixe σὺν, « avec » et de πὶπτω, « arriver », « survenir ». Le symptôme est donc, à l'origine, « ce qui survient ensemble », ce qui « concourt » ou « co-incide », au sens littéral du terme. Il n'est pas certain que les sociétés aient des maladies, mais elles ont des histoires qui, comme les maladies, font symptômes. Pour une histoire donnée, les symptômes sont multiples, et parfois, il peut ne pas y avoir de symptôme : l'histoire asymptomatique, rien de visible ne fait saillance. Inversement, un même symptôme peut très souvent être attribué à différentes histoires : on ne peut donc pas conclure automatiquement qu'un symptôme (par exemple le racisme, l'homophobie, l'antisémitisme,

l'orthodoxie haineuse) est dû à une maladie donnée (par exemple, le fascisme) ; ce serait commettre un sophisme. Le sophisme de l'affirmation du conséquent. Il faut rassembler un faisceau de faits et chercher leur point de cheminement et de convergence.

5. Jacques Derrida dans l'article « Penser ce qui vient[1] » affirmait que « *ce qui nous arrive* » est aussi ce qui « *arrive par nous* ». L'aveu d'impuissance, ou d'irresponsabilité, le choix du silence relèvent d'une stratégie bien faible lorsque l'air du temps fait suffoquer. Nous sommes collectivement, c'est-à-dire historiquement, responsables de cette situation. J'ai la faiblesse de croire que nous demeurons des acteurs historiques et qu'il est possible de démêler notre histoire dans ses fils visibles et invisibles, et que c'est même aujourd'hui la tâche qui nous incombe pour entendre que la puissance actuelle du Front national n'est pas un importun pathétique, mais bien la résultante d'une histoire. Pour entendre également que cette puissance est la face visible, car électorale, d'une guerre de position où les batailles ont pris cette année des noms emblématiques, « Manif pour tous », « quenelle », faisant suite aux « apéros saucisson-pinard » et autres manifestations identitaires dures, le tout dans un climat de crise. Mais la crise économique n'exonère pas de l'histoire politique, elle est, comme la guerre, un accélérateur, un révélateur de l'histoire qui se déploie sur le temps long.

Guerre de position, 1

6. La distinction entre guerre de mouvement et guerre de position est reprise à Clausewitz par Gramsci. Si la Révolution russe pouvait être de mouvement en s'emparant de l'appareil d'État, la révolution dans des pays comme l'Italie serait

---

1. J. Derrida, « Penser ce qui vient », in R. Major, dir, *Derrida pour les temps à venir*, Paris, Stock, coll. « l'autre pensée », 2007.

guerre de position, en s'emparant contre la bourgeoisie des esprits aliénés à ses intérêts. Si le premier modèle de rupture est celui de l'insurrection, le second est celui d'une sorte de révolution des nénuphars, où une plante finit par envahir l'ensemble du domaine et en change l'écologie. L'affrontement avec l'État n'est qu'une partie de la stratégie plutôt désormais moléculaire de la bataille politique : il faut coloniser culturellement les entreprises, la presse, les organisations religieuses, l'école, les arts, etc. Gramsci redonnait ainsi toutes leurs places aux superstructures, à l'idéologie et à la praxis qui permettaient de déplacer la donne et l'emprise de la bourgeoisie sur les humbles, de les désaliéner presque malgré eux, en faisant valoir finalement une emprise contre une autre. Gramsci parle alors aussi de « *révolution passive* », et souligne l'ambivalence de ce type de processus politique[1].

7. Ce n'est pas tombé dans l'oreille de sourds. L'extrême droite et la droite font leur miel des *Cahiers de prison*. Ils enrôlent des intellectuels pour déployer leurs positions dans une récurrence indéniable et qui repose chaque fois sur un brouillage volontaire des repères idéologiques et politiques.

8. 1969. Lendemain de mai 1968. Les intellectuels de la nouvelle droite, parmi lesquels Alain de Benoist, créent le GRECE : « Groupement de recherche et d'études pour la civilisation européenne. » Ils affirment vouloir affronter le mélange de culture judéo-chrétienne et d'idéologie marxiste du monde intellectuel et universitaire français. Ils ne cachent pas qu'ils sont les bons élèves de Gramsci quand celui-ci affirme que la violence n'est pas nécessaire pour mener et gagner une révolution. Le véritable enjeu est de transformer

1. On se reportera à l'anthologie des *Cahiers de prison* d'Antonio Gramsci publiée par Razmig Keuchichian aux éditions la Fabrique, Paris, 2012, intitulé *Guerre de mouvement, et guerre de position.*

les consciences dans une dialectique du consentement et de la coercition. Le GRECE affirme régulièrement vouloir « *combattre plus par les idées et l'astuce que par la force* ». *L'hégémonie* est, chez Gramsci, produite par les travailleurs intellectuels qui ont la tâche spécifique de détruire les valeurs de la société que l'on veut radicalement transformer. Le GRECE œuvre pour disputer le terrain au marxisme et pour une renaissance culturelle de l'Occident. Il y aura une version païenne et une version chrétienne de l'Occident. Du côté païen, une culture du sang pur aryen. Du côté chrétien un autre imaginaire du sang, sang-mêlé pour permettre d'étendre l'empire de la mystique du Christ, sang-mêlé sur un certain mode[1] qui rend insupportable l'idée de mariages qui ne seraient pas exogamiques. Quant à des mariages de personnes du même sexe, ce n'est même pas envisageable, car ils ne sont pas voués à la reproduction.

9. 2007. Alliance de Nicolas Sarkozy, candidat à l'élection présidentielle, avec des hommes comme Patrick Buisson issus de cette nouvelle droite. Dans *Le Figaro*, le candidat déclare : « *Au fond, j'ai fait mienne l'analyse de Gramsci : le pouvoir se gagne par les idées.* » Ceux qui parlèrent de « lepénisation des esprits » sont confrontés à une guerre de positions de grande envergure. Patrick Buisson réécrit l'histoire en faisant un usage immodéré de l'imbroglio, de la confusion des références. Affaiblir la capacité à voir clair est l'objectif d'une première tranchée de la guerre de position dans des discours de campagne[2] puis sur la chaîne *Histoire*.

---

1. Sur ce point, je renvoie aux travaux de l'anthropologue Enric Porqueres y gene « Cognatisme et voies du sang. La créativité du mariage canonique », art. cité, p. 335-356.
2. Lire *Comment Nicolas Sarkozy écrit l'histoire de France*, CVUH, éditions Agone, 2008.

Imbroglio, 1

10. Georges Balandier analyse l'embrouille à la fois comme l'exercice de la ruse en politique et comme une modalité d'intervention dans l'ordre du symbolique. Pour Lynda Dematteo, « *L'embrouille est le principal mode d'action du bouffon qui engendre le désordre pour mieux renouveler l'ordre. L'imbroglio est une stratégie efficace recherchée pour elle-même dans la mesure où elle fait disparaître les faits sur lesquels s'établissent les débats*[1] ».

11. Pour obtenir dès 1953 l'amnistie des collaborateurs au nazisme et au vichysme, la droite maurassienne met en doute la valeur de la Résistance et lui fait honte en s'appuyant sur ses valeurs démocratiques. L'épuration est comparée aux massacres de septembre 1792, le maratisme évoqué pour faire réapparaître le spectre du « juif Marat » vengeur et non justicier. Cela permet de révoquer en doute la valeur de la justice des vainqueurs, y compris à Nuremberg, de récuser la référence à la Révolution française, de maintenir une association ancienne entre l'imaginaire antirévolutionnaire et antisémite à travers cette figure de Marat. Les promesses émancipatrices du projet universaliste résistant sont enterrées au nom de la clémence démocratique, et même des droits de l'homme[2].

11. Mars 1962, les accords d'Évian mettent fin à la guerre d'Algérie et stipulent le droit pour toutes les personnes d'Algérie de garder la nationalité française. Juillet 1962, une ordonnance déclare que « *les personnes de statut civil de droit local*

1. L. Dematteo, « Anthropologie de l'imbroglio, les formes de la conflictualité politique dans les régimes de l'apparence », *Vacarme*, printemps 2011 ; *L'Idiotie en politique. Subversion et néo-populisme en Italie*, Paris, maison des Sciences de l'homme, 2007.
2. Sur les enjeux d'amnistie, N. Loraux, *La Cité divisée. L'oubli dans la mémoire d'Athènes*, Paris Payot, 1997 ; S. Gacon, *L'amnistie, de la Commune à la guerre d'Algérie*, Paris, le Seuil, 2002 ; S. Wahnich, *Une Histoire politique de l'amnistie*, Paris, PUF, 2007.

originaires d'Algérie ainsi que leurs enfants peuvent, en France, se faire reconnaître la nationalité française », s'ils fournissent « *une déclaration acceptée par le juge responsable dans leur aire d'habitation dans la République française* ». On retire ainsi de fait la nationalité française aux Français musulmans d'Algérie. On la leur redonnera parcimonieusement et d'une manière arbitraire. Le 3 juillet 1962, une ordonnance présidentielle met fin aux mandats électoraux représentatifs des 55 élus d'Algérie dont son vice-président, Bachaga Saïd Boualem. Michel Debré dans un entretien à *Paris Match*, défend alors le suffrage universel dans ces termes : « *Le suffrage universel ne pouvait pas se concevoir en 1958. Le corps électoral était le corps électoral de l'Union française, avec tous les Africains et les musulmans d'Algérie.* » L'exclusion brutale des Harkis, des députés d'Algérie, la marginalisation de Monnerville, président du Sénat, noir et d'origine guyanaise, qui tenta vaillamment de lutter contre l'emprise programmée du pouvoir exécutif contre le pouvoir législatif, expriment la faillite d'un creuset français multiculturel. La France confrontée à son déni d'égalité et d'humanité choisissait contre ses intellectuels de gauche, Sartre, Fanon, mais aussi Lévi-Strauss, l'inégalité contre-révolutionnaire. On assiste en fait à une racialisation, ou à un blanchiment du nom français. Blanchiment car le nom français n'a pas toujours eu en République cette couleur ou plus exactement cette connotation raciale[1].

La fabrique d'une histoire méconnue, 1 : déracialiser le nom français

12. À la veille de la Révolution française, et suite à l'effort de Boulainvilliers pour réaffirmer la qualité de la noblesse sous le nom de race des vainqueurs et des seigneurs, l'abbé Sieyès, dans *Qu'est-ce que le Tiers-état*, avait affirmé qu'il fallait

---

1. Lire T. Shepard, *1962, comment l'indépendance algérienne a transformé la France*, Paris Payot, 2008.

déracialiser les rapports sociaux : « *Le Tiers État ne doit pas craindre de remonter dans les temps passés. Il se reportera à l'année qui a précédé la conquête ; et puisqu'il est aujourd'hui assez fort pour ne pas se laisser conquérir, sa résistance sans doute sera plus efficace. Pourquoi ne renverrait-il pas dans les forêts de la Franconie toutes ces familles qui conservent la folle prétention d'être issues de la race des conquérants et d'avoir succédé à leurs droits ? La nation alors épurée pourra se consoler, je pense, d'être réduite ainsi à ne plus se croire composée des descendants des Gaulois et des Romains.* » Les nobles comme tels sont exclus de la nation souveraine, mais, en abandonnant sa noblesse, on pouvait devenir citoyen.

13. Cette déracialisation, ou cette manière de congédier la guerre des races au profit d'une simple guerre avec ses vainqueurs et ses vaincus, n'apparaît pas dans ce seul texte. La question n'est plus l'origine raciale mais l'origine politique de la fondation contractuelle. Quand Saint-Just interroge : « *Qu'est-ce qu'un roi près d'un Français ?* », il n'oppose pas seulement un aristocrate face au peuple, mais le pouvoir issu du sang au pouvoir issu de la conquête politique de sa souveraineté. Une grandeur racialisée à une grandeur politique et historique. Déracialiser la grandeur, c'est la réinscrire dans le temps de l'histoire comme façonnement du monde, là où le sang figeait une tradition hors du temps. La lutte des races est ainsi invalidée et traitée comme une fiction politique chez Sieyès comme chez Saint-Just. La fiction c'est celle des races, qui venaient briser l'idée d'une humanité non seulement une, mais faite d'individus libres et égaux en droit et qui ne peuvent obtenir leur statut social et politique par la naissance, c'est-à-dire par le sang, le corps. Les révolutionnaires bataillent d'abord pour inclure les juifs, les « *libres de couleurs* » dans la société, puis pour abolir l'esclavage et inclure ainsi dans la nation l'universalité du genre humain ou chacun comme citoyen prend part à la vie politique commune. Les citoyens français révolutionnés ne sont pas les seuls blancs

riches en 1794, même si c'est ce qu'aurait souhaité le lobby colonial contre-révolutionnaire dès 1789[1].

Guerre de position, 2

14. Saint Just, dans le contexte de 1794, interroge : « *Je voudrais savoir quels étaient du temps de Pompée, les pères dont descendent les rois nos contemporains ? Quels étaient pour leurs descendants, leurs prétentions au gouvernement de la Grande Bretagne, de la Hollande, de l'Espagne et de l'Empire ? Et comme la pensée rapide et la raison trouvent peu d'espace entre les âges, tous ces tyrans sont encore des petits-fils de laboureurs, de matelots ou de soldats, qui valaient mieux qu'eux.*[2] »

Pasolini a-t-il connu Saint-Just ? Ils ont en commun d'aimer ce peuple si souvent abandonné des gouvernants. Pasolini lit Gramsci en 1948. En le lisant, il se pense cinéaste-intellectuel capable de parler à la paysannerie, à ces petits-fils de laboureurs mis a mal par le libéralisme marchand. Saint-Just avait connu les paysans dans l'Aisne, Pasolini dans le Frioul lors d'un soulèvement d'ouvriers agricoles contre les grands propriétaires au lendemain de la guerre. Saint Just a cru dans des institutions civiles capables de produire cette hégémonie culturelle révolutionnaire et Pasolini a cru dans un « *rouge chiffon d'espérance* ». Gayatri Chakravorty Spivak n'a connu ni Pasolini ni Saint-Just, mais a lu aussi Gramsci. Lorsqu'elle cherche à donner une voix aux femmes subalternes indiennes et interroge : « *Can the Subaltern Speak* », elle s'en réclame. Le travail politique d'un intellectuel réside dans la nécessité de se mettre au service des dominés en se mettant au service d'un seul maître : la situation culturelle et sociale. Elle refuse de croire à la facilité qui consiste à simplement

---

1. Lire S. Wahnich, *L'Impossible citoyen. L'étranger dans le discours de la Révolution française*, Paris Payot, 1997, rééd. 2010.
2. Saint Just, *Rapport de Police générale*, 26 germinal an II, *Œuvres complètes, op. cit.*.

redonner la parole à ceux qui ne l'ont pas. Il faut, comme intellectuelle, traduire la situation sur un mode critique, pas seulement étudier les subalternes.

Aujourd'hui, en France, ce petit peuple est étudié, un peu, mais peu d'intellectuels estiment qu'ils ont à traduire sa situation historique. De fait, il semble flatté par de mauvais maîtres, pris en otage par un goût pour la dérision : dérision des institutions, dérision de l'espérance, dérision des responsabilités. Le vote Front national concerne des classes sociales très aisées et ces classes sociales abandonnées et livrées à un cynisme rigolard, amateur de quenelles, de blagues nauséabondes qui flirtent avec l'homophobie, le sexisme et toutes les sortes de racismes. Les modestes, les précarisées, les découragés, ceux qui aspirent à s'élever socialement n'ont plus de chiffon rouge, ni de porte-parole critique. Le cynisme règne.

15. « *Il faut se garder de penser que le public est l'innocente victime de manipulateurs populistes* », affirme Lynda Dematteo, spécialiste de la ligue du Nord. « *Le public italien se délecte des manœuvres de ses dirigeants. Giulio Andreotti, surnommé* "le diable" *par ses compatriotes, est l'objet d'une certaine admiration. Silvio Berlusconi lorsqu'il affichait un cynisme et exaltait ce que l'on appelle de l'autre côté des Alpes* "la culture de la fourberie" *séduisait une large part de la population. La ligue du Nord a fait un usage constant du bluff, du débordement, du brouillage stylistique, du détournement, mais elle le faisait d'une manière décalée, donc sans risque pour la conscience de ses partisans qui affichent toujours une certaine distance rigolarde à l'égard de ses discours les plus violents.* » Et de conclure : « *L'honnêteté et la vertu civile sont aujourd'hui tournées en dérision car elles apparaissent comme l'apanage des perdants. La* "raison du plus malin" *est au contraire socialement valorisée.*[1] » L'Italie, laboratoire de l'Europe ?

1. L. Dematteo, « Anthropologie de l'imbroglio, les formes de la conflictualité politique dans les régimes de l'apparence », art cité.

16. Désormais la guerre de position est numérique. Elle use de tous ces registres, bluff, brouillage, détournement sur le Net. La quenelle, qui se diffuse sous une forme virale dans l'ambiguïté, déleste ceux qui la font de toute culpabilité, car être anti-système, c'est plutôt valorisant, et tant pis si on flirte avec le pire. Anelka savait-il ?

Les modes d'action des activistes d'extrême droite identitaires fonctionnent aussi sur ce registre viral. Investir un fast-food Hallal avec des masques de cochon n'a de sens que si l'on sait que la vidéo sera vue des milliers de fois. Diffusion virale. La même génération identitaire occupe le toit de la mosquée de Poitiers pour fêter la date de 732. Elle dit lutter contre l'islamisation de la France au nom des Gaulois et incite de fait à la haine raciale. Diffusion virale. Quand ses porte-parole sont mis en examen, les mêmes osent se réclamer des droits de l'homme et de leur patrie, à la manière des maurrassiens en 1953. Diffusion virale. Organiser un apéro saucisson pinard n'a de sens que dans son relais pour fabriquer la confusion, en faisant passer de l'identitaire pour de la laïcité. Diffusion virale. La laïcité est, de fait, désormais perçue par le plus grand nombre, y compris à gauche, comme excluante. Elle semble indisponible car parfaitement subvertie. Enfin ce sont des énoncés qui organisent la confusion, tel « égalité et réconciliation[1] », qui permettent à des Soral de prospérer sur la toile et de faire valoir une nébuleuse ou encore un « amalgame » de tout ce qui obscurcit notre époque.

17. La réconciliation, dans ce cas, c'est la possibilité d'amalgamer ce qui d'ordinaire s'oppose. Ainsi associer la

---

1. Soral y valorise le ni droite ni gauche, gauche du travail, droite des valeurs, fait des notes positives sur les livres qui portent sur la Révolution française, ainsi des œuvres complètes de Saint-Just évoquées ci-dessus, faisant régner l'imbroglio.

défense de l'Occident chrétien et un islam orthodoxe au nom de la défense de la famille naturelle contre la théorie du genre et contre le Mariage pour tous. La réconciliation, c'est aussi celle des chrétiens et des païens, païens d'hier du GRECE dont des figures actuelles et issues du GUD font baptiser leur enfant par des intégristes et leur donnent pour parrain Jean Marie Le Pen. Alliance des antisionistes, des lepénistes, de Dieudonné qui, lui aussi, a fait baptiser un enfant par le même Jean-Marie. Alliance des intégristes catholiques et des intégristes musulmans, alliance de l'UDI avec les uns ou les autres. Aujourd'hui, on peut être l'épouse d'un membre du gang de Fofana qui a tué le jeune Ilan Halimi, avoir soi-même été condamnée pour séquestration, et être recrutée au sein de l'équipe municipale UDI de la mairie de Bobigny. Comme disait Robespierre, il y a une « *clémence cruelle* ».

Des discours segmentés pour des publics spécifiques dont l'histoire est spécifique convergent vers des intérêts politiques momentanément communs. Convergent ainsi des identitaires islamophobes et l'association « La banlieue s'exprime », un groupe antisioniste dur parrainé par Dieudonné qui veut venger la trahison coloniale et postcoloniale française en reprenant la parole. Les mêmes louent le travail contre-révolutionnaire de Ronald Sécher qui, avec sa notion de génocide franco-français pour parler des guerres civiles de Vendée, accuse la politique révolutionnaire d'être raciale.

Il y a certes des tiraillements, mais la convergence demeure entre dénonciation, exclusion et réconciliation.

Quant au financement de tout ça ? L'alliance est faite avec des hommes d'affaires, voire des gouvernements du monde arabe et perse. La Syrie de Bachar el Assad, le Liban, l'Iran de Mahmoud Ahmadinejad qui, parfois par antisionisme, parfois par antisémitisme, voire par nazisme, financent de multiples manières cette « réconciliation » sur le mode Soral et Dieudonné. Des films, des entreprises, des campagnes électorales : des millions d'euros.

Ainsi, dans cette constellation, l'antisémitisme occupe une place centrale. L'ancien ami noir d'un juif travaille avec intensité au négationnisme, à l'antisémitisme, sous couvert d'antisionisme. Une autre histoire était cependant possible entre les Noirs et les juifs en France.

La fabrique d'une histoire méconnue 2 : cause juive, cause noire en France

18. La cause juive face à la violence nazie est nouée à la cause noire en France par Gaston Monnerville, député de la Guyanne, le 21 juin 1933. Il prononce en effet au Trocadéro, un discours [1] qui s'alarme du sort désormais réservé aux Juifs allemands avec l'arrivée de Hitler au pouvoir. Il tient d'abord des propos universalistes : « *Chacun de nous se sent atteint au meilleur de son intelligence et de sa sensibilité, lorsqu'il assiste au spectacle d'un gouvernement qui renie ce qui fait la beauté d'une nation civilisée ; je veux dire : le souci d'être juste, la volonté d'être bon envers tous les membres de la famille humaine, quelles qu'en soient la religion, la couleur, la race.* » Mais ensuite il affirme une compassion spécifique en tant que « *fils de la race noire* » : « *Nous sommes avec vous dans vos souffrances et dans vos tristesses. Elles provoquent des résonances que ne peuvent pas saisir ceux à qui n'a jamais été ravie la liberté. S'il est vrai que l'hérédité est la mémoire des races, croyez que nous n'avons pas perdu le souvenir des souffrances de la nôtre. Et c'est ce qui, en dehors même du plan supérieur de la solidarité des hommes, nous rapproche davantage de vous et nous détermine à nous associer à votre protestation. Nous sommes à vos côtés et vous nous trouverez toujours à vos côtés, chaque fois qu'il s'agira de lutter contre* [...] *l'obscurantisme hitlérien.* » Il évoque la traite des Noirs d'abord, puis l'extermination des Herreros dans les colonies allemandes et conclut : « *Toujours quelques crimes précèdent les grands crimes.* » Il s'inquiète ensuite de la volonté de Hitler

---

1. http://www.senat.fr/histoire/associations/discours.html

de retrouver ses anciennes colonies. Il ne fustige pas cependant le colonialisme français. Il pense alors que la France est une nation civilisée qui dispose de la « *conscience de* [son] [...] *devoir humain.* » Il évoque Grégoire, car il rattache alors à l'idéal de la Révolution française, la valeur de la France. « *Menons cette lutte avec sérénité, certes, mais une sérénité qui ne doit exclure ni l'ardeur, ni la fermeté. Il y faudra sans doute quelque courage. Pour aboutir, qu'il nous suffise de nous inspirer du principe qui a été le guide essentiel de* [...] *l'abbé Grégoire,* [...] : *Il n'y a pas de vertu sans courage.* »

19. Lorsque Léopold Sédar Senghor, prend la parole en 1945 pour évoquer la question du colonialisme français, il n'a pas la cécité de Gaston Monnerville dans les années 1930. Lui compare ce colonialisme à un mauvais paternalisme, négateur de l'égalité. Il refuse désormais de maintenir l'Empire français si l'égalité n'est pas davantage réalisée. Il évoque alors la France de Vichy collaborant avec les Allemands nazis pour parler des Noirs qui accepteraient le maintien d'un tel colonialisme aux côtés des Français : « *On nous demande notre coopération pour refaire une France qui soit à la mesure de l'Homme et de l'Universel. Nous acceptons, mais il ne faut pas que la métropole se leurre ou essaye de ruser. Le "bon Nègre" est mort ; les paternalistes doivent en faire leur deuil.* [...] *Nous voulons une coopération dans la dignité et dans l'honneur, sans quoi ce ne serait que "Kollaboration", à la vichyssoise.*[1] » Ainsi, le colonialisme négateur de l'égalité et de l'universel concret est implicitement comparé aux actes des nazis avec lesquels des Français ont collaboré.

20. Un pas de plus est franchi lorsqu'Aimé Césaire reprend lui aussi ce nouage en 1945. Il reprend l'idée importante selon laquelle quelques crimes précèdent toujours les

1. L. S. Senghor, « Défense de l'Afrique noire », *Esprit*, 1er juillet 1945.

grands crimes. Mais cette fois, c'est pour dire à quel point l'Occident s'est en fait peu soucié de ce qui était arrivé aux Noirs, du fait qu'ils n'étaient justement pas Européens : « *Alors un beau jour la bourgeoisie est réveillée par un formidable choc en retour : les gestapos s'affairent, les prisons s'emplissent, les tortionnaires inventent, raffinent, discutent autour des chevalets. On s'étonne, on s'indigne. On dit comme c'est curieux ! Mais bah, c'est le nazisme ça passera ! Et on attend et on espère, et on se tait à soi-même la vérité que c'est une barbarie, mais la barbarie suprême, celle qui couronne, celle qui résume la quotidienneté des barbaries ; que c'est du nazisme, oui, mais qu'avant d'en être la victime on en a été le complice ; que ce nazisme-là, on l'a supporté avant de le subir, on l'a absous, on a fermé l'œil là-dessus, on l'a légitimé, parce que, jusque-là, il ne s'était appliqué qu'à des peuples non européens, que ce nazisme-là on l'a cultivé, on en est responsable, et qu'il sourd, qu'il perce, qu'il goutte, avant de l'engloutir dans ses eaux rougies, de toutes les fissures de la civilisation occidentale et chrétienne.*[1] » La violence subie par les Noirs a été pour Césaire la face cachée de la violence subie par les juifs, une même cruauté occidentale et chrétienne. Ce qui explicite que l'esclavagisme puisse être conçu dans le regard occidental comme un plagiat par anticipation du nazisme.

Aimé Césaire souhaite démontrer que la lutte contre le nazisme doit se poursuivre dans le combat contre l'extrême racisme qui continue à être perpétré et envers des juifs et envers des Noirs : « *Quand je tourne le bouton de ma radio, que j'entends qu'en Amérique des Nègres sont lynchés, je dis qu'on nous a menti : Hitler n'est pas mort ; quand je tourne le bouton de ma radio, que j'apprends que des Juifs sont insultés, méprisés, pogromisés, je dis qu'on nous a menti : Hitler n'est pas mort ; que je tourne enfin le bouton de ma radio et que j'apprenne qu'en Afrique*

1. A. Césaire, *Discours sur le colonialisme*, cité par Frantz Fanon dans *Peaux noires masques blancs*, rééd., Le Seuil, coll. « Points », p. 14-15.

le travail forcé est institué, légalisé, je dis que véritablement, on nous a menti : Hitler n'est pas mort.[1] »

Ces textes témoignent d'une double volonté, d'une part associer au travers du nom honni de Hitler la cause noire et la cause juive, mais aussi les distinguer car, quand même, les juifs sont européens.

21. Ces textes sont cités par Frantz Fanon en 1953, dans son maître ouvrage, *Peau noire, masques blancs.* Mais il s'en démarque autant qu'il s'en inspire, car il souhaite réaffirmer à son tour le lien historique entre cause noire et cause juive. « *De prime abord, il peut sembler étonnant que l'attitude de l'antisémite s'apparente à celle du négrophobe. C'est mon professeur de philosophie, d'origine antillaise, qui me le rappelait un jour :* "Quand vous entendez dire du mal des Juifs, dressez l'oreille, on parle de vous." *Et je pensais qu'il avait raison universellement, entendant par là que j'étais responsable, dans mon corps et dans mon âme, du sort réservé à mon frère. Depuis lors, j'ai compris qu'il voulait tout simplement dire : un antisémite est forcément négrophobe.*[2] »

Mais loin de la négritude et de l'affirmation raciale, Frantz Fanon déclare son désir de se déprendre de toute identité au profit d'une subjectivité libre, non pas déshistoricisée, mais tout en connaissant l'histoire, en ne se laissant pas enfermer par l'histoire : « *Je ne suis pas prisonnier de l'Histoire. Je ne dois pas y chercher le sens de ma destinée. Je dois me rappeler à tout instant que le véritable saut consiste à introduire l'invention dans l'existence. Je n'ai pas le droit de me laisser engluer par les déterminations du passé. Je ne suis pas esclave de l'Esclavage qui déshumanise mes pères.* [...] *Je suis mon propre fondement.* »

---

1. A. Césaire, cité de mémoire par Frantz Fanon, *Discours politiques*, campagne électorale 1945, in F. Fanon, *Peaux noires masques blancs, op. cit.* p. 72.
2. F. Fanon, *Peaux noires masques blancs, op.cit.* ; *idem* pour les citations suivantes.

Dans ce processus, Frantz Fanon est conduit à affirmer : « *Le nègre n'existe pas, pas plus que le blanc* », et ainsi à remettre en question l'histoire longue du préjugé de couleur, mais aussi l'histoire longue des culpabilités transmises. « *Vais-je essayer par tous les moyens de faire naître la Culpabilité dans les âmes ? La douleur morale devant la densité du Passé ?* » « *Il n'y a pas de monde blanc, il n'y a pas d'éthique blanche, pas davantage d'intelligence blanche. Il y a de part et d'autre du monde des hommes qui cherchent.* »

Interpréter les symptômes

22. La violence qui s'est déchaînée à l'égard de Taubira ne relève pas d'un résidu de racisme qu'on croyait éteint. Elle incarne ce que la Ve République a refoulé dès sa naissance en choisissant de marginaliser Monnerville, Noir guyanais comme elle, de refouler l'empire au nom d'une France européenne, entendez appartenant à l'Occident chrétien[1]. Pas de Colombey-les-deux-Minarets à Colombey-les-deux-Églises. Elle porte ce que cet Occident chrétien déteste, un mariage dont l'objectif n'est pas de diffuser la mystique du Christ, mais de jouir ici bas de la vie. Taubira incarne l'égalité et l'universalité du droit républicain, qui a d'ailleurs emprunté à l'universalisme chrétien, et a affirmé approfondir le travail amorcé par la Révolution française. Il ne serait finalement pas étonnant de la voir bientôt accusée d'être du côté de la cause juive, comme le juif Marat, après qu'a été soupçonnée sa loyauté à l'égard des symboles d'identité française.

23. L'antisémitisme, qui se déploie par des signes de connivence anti-système, puise lui aussi dans une histoire longue, celle du renoncement dans les années 1950 à

1. Qu'il ne s'agit pas de confondre avec l'universalisme chrétien, le premier en fabriquant un communautarisme occidental fermé s'oppose explicitement aux ambitions de l'autre.

l'anti-nazisme et à l'anti-vichysme, puis du renoncement à l'effectivité universelle de la subjectivité de chacun au nom de l'histoire des groupes particuliers.

La cause post-coloniale souhaite à nouveau racialiser l'affrontement politique, dire comme le parti des Indigènes de la République, il y a les Blancs dont les juifs font partis et il y a les non-Blancs : Noirs, Arabes musulmans. Il y a là, bien sûr, négation de l'idéal révolutionnaire de déracialisation du politique et, à cet égard, il est vrai que les acteurs de ce mouvement sont eux aussi anti-système et ambigus en se réclamant du « ni droite ni gauche » et d'un essentialisme supposé stratégique. Pourtant, Gayatri Chakravorty Spivak, qui a inventé cette notion, ne la pense pas dans ces termes. Elle ne se réclame même pas du post-colonialisme et pense que c'est une erreur de faire usage de son travail dans le contexte européen : « *J'ai conscience du fait que l'on découvre cet ancien essai actuellement, parce qu'on a le sentiment qu'il décrit la situation en France, en Autriche, etc. Mais je dirai que cette critique d'un colonialisme du passé ne s'applique pas d'emblée aux situations ici et maintenant. Il ne faut pas calquer les formules.* [1] » L'essentialisme stratégique décrivait la manière dont les subalternes essentialisent leur groupe dans les luttes politiques, mais pour le repérer plus que pour le louer. Aujourd'hui en Inde, « *ces subalternes ont bien plus conscience des supérieurs de ma caste et de l'oppression qui vient de la petite noblesse rurale d'aujourd'hui que de quelques Anglais fantasmatiques dont on ne se souvient que le jour de l'indépendance, comme un petit rituel divin du postcolonial.*[2] » La fixation postcoloniale d'une analyse du politique fait alors l'économie

1. Entretien réalisé le 25 janvier 2010 à la librairie le Merle moqueur, publié par *Transeuropéennes* en partenariat avec les éditions Amsterdam. http://www.transeuropeennes.eu/fr/articles/voir_pdf/223.
2. *Idem.*

d'une autre quête d'égalité, non comme front de race, mais comme liberté réciproque, c'est-à-dire d'une liberté comme non domination des uns sur les autres, des uns ou des autres.

24. Face à la victoire encore relative, malgré tout, de la guerre de position menée depuis la Seconde Guerre mondiale par toutes les contre-Lumières de l'Occident païen et chrétien, il s'agit de mettre en œuvre à nouveau une contre-hégémonie culturelle. On ne peut se contenter de décrire le monde à l'échelle 1, à l'instar des géographes décrits par Borges quand il réfléchit sur la rigueur de la science[1]. Nous avons besoin de points de vue et même de points de vue qui cherchent à convaincre qu'un autre monde est possible et souhaitable. Il nous faut assumer de traduire à la manière de Spivak, la position de subalternes qui, culturellement, n'ont pas pour seul destin et vocation d'aimer se décharger du poids de l'injustice éprouvée en faisant des quenelles et en insultant des ministres. Il s'agit aussi de faire venir cette justice attendue. Cet effort a été abandonné depuis bien longtemps par les supposées élites de la supposée gauche.

L'égalité qui doit venir ne sera pas gage de réconciliation improbable et sans doute non souhaitable, mais de reprise

1. J. L. Borges, « Musée. De la rigueur de la science », in *L'Auteur* (*œuvres complètes*, t. II, p. 57, Bibliothèque de la Pléiade, Paris, 1999) : « *Dans cet Empire, l'Art de la Cartographie parvint à une telle Perfection que la Carte d'une seule Province occupait toute une Ville et la Carte de l'Empire toute une Province. Avec le temps, ces Cartes Démesurées ne donnèrent plus satisfaction et les Collèges de Cartographes levèrent une Carte de l'Empire, qui avait le Format de l'Empire et qui coïncidait point par point avec lui. Moins portées sur l'Etude de la Cartographie, les Générations Suivantes comprirent que cette Carte Dilatée était inutile et, non sans Impiété, elle l'abandonnèrent à l'Inclémence du Soleil et des Hivers. Dans les Déserts de l'Ouest, subsistent des Ruines en lambeaux de la Carte, habitées par des Animaux et des Mendiants. Dans tout le Pays, il n'y a plus d'autres reliquats des Disciplines Géographiques. Suarez Miranda,* Viajes de Varones Prudentes, Livre IV, *Chapitre XILV, Lérida, 1658.* »

d'une autre politique. Lesdits subalternes doivent y avoir leur place. Alors peut-être pourront-ils refuser vaillamment d'être les jouets consentants de maîtres qui pensent un monde fait de hiérarchies racialisées, plutôt qu'une humanité une. C'est de l'histoire, à venir.

(*Lignes*, 2014)

Nous ?
Oui, « nous ».

Nous le souffle démocratique

« Nous », ce sont tous ceux qui ont travaillé à inventer un espace délibératif conflictuel comme première retenue de la violence, ceux qui, par fausse naïveté butée, veulent ne pas céder sur ce qui fonde une démocratie : la mise en débat de la fabrique de la loi. Nous les citoyens d'Athènes, nous les bouleutes, nous les membres des assemblées primaires de 1789, des sociétés fraternelles et politiques des deux sexes, nous pétitionnaires de toujours, nous qui avions fait face à la loi martiale, nous qui avions reconquis nos droits de bataille en bataille, nos droits à dire non et à simplement le faire savoir par la puissance du langage cinglant et des corps assemblés, violence certes mais vouée ainsi à demeurer en puissance, violence symbolique. Nous qui avons eu le courage de l'insurrection pour qu'elle ne soit plus nécessaire. La mort de Rémi Fraisse dit à quel point notre héritage a été dilapidé et récusé. Cet héritage, c'est celui d'un dialogue incessant et réglé entre représentants et représentés afin que la « force de loi » ne porte jamais atteinte au corps. Représentés, nous savons que nous sommes le souverain peuple et que nous avons le droit de résister à l'oppression, violence résistante, agissante, libérante.

> « *Le peuple est debout prêt à venger la majesté nationale outragée. Ces moyens de rigueur sont justifiés par l'article 2 des droits de l'homme "résistance à l'oppression". Quel malheur cependant pour des hommes libres qui vous ont transmis tous leurs pouvoirs de se voir réduits à tremper leurs mains dans le sang des conspirateurs". "Forcera-t-on le peuple à se reporter à l'époque du*

13 juillet, à reprendre lui-même le glaive de la loi et à venger d'un seul coup la loi outragée, à punir les coupables et les dépositaires pusillanimes de cette même loi ? Non, Messieurs, vous voyez nos craintes, nos alarmes et vous les dissiperez.[1] »

Représentants, nous savons ou nous devrions savoir que nous ne sommes que des intercesseurs de cette souveraineté populaire, et qu'ainsi nous ne devons être que les catalyseurs de la voix d'un peuple vérité, dans cette quête de vérité.

« *Je reste persuadé que pour qu'une décision légale devienne légitime elle doit être partagée. Les temps ont changé, les citoyens sont hyperinformés, les communications se développent, les informations circulent vite… c'est une bonne chose et tout cela correspond à une forme de contrôle démocratique qui doit modifier les vieilles pratiques des élu-es dans l'élaboration des politiques construites trop souvent de façon technocratique et parfois hors sol. Sachons, nous les élu-es, profiter de ce merveilleux souffle démocratique. N'ayons pas peur de l'expertise citoyenne, acceptons d'être remis en cause, partageons nos doutes et, ensuite, oui décidons car nous avons été élu-es pour ça. Vous le savez, à Sivens, rien de tout cela n'a été fait. L'expertise citoyenne remarquable du collectif pour la sauvegarde de la zone humide du Testet n'a jamais été reconnue et entendue.*[2] »

« *Voilà plus d'un an que la jeunesse s'épuise avec courage à dénoncer le projet de construction de Barrage à Sivens. Il aura fallu le décès de Rémi Fraisse (21 ans) pour que l'on en parle dans les médias.*[3] »

Violence sourde et oppressive des représentants qui ne veulent rien entendre.

---

1. Pétition du 20 juin 1792 présentée par une députation de 8000 citoyens à l'Assemblée nationale pour lever les vetos du roi.
2. Guillaume Cros, Conseil régional de Midi-Pyrénées, texte présent dans un cahier de doléances du Tarn ouvert pour réagir à certains élus tarnais à propos du barrage de Sivens. https://cahierdedoleance-dutarn.wordpress.com/
3. Carole Métivet, Maire de Crespin, novembre 2014, cahier de doléances du Tarn, *op.cit.*

Nous, les filtres de liberté et de vérité

Savoir se donner nos propres lumières, savoir reconnaître les lumières de savants, savoir chercher la vérité afin que le débat démocratique ne se fasse pas en vain et en mauvaise foi. « Nous » avons inventé tant de filtres à la liberté pour que la liberté ne soit pas un aliment de dure digestion comme disait l'abbé Fauchet du cercle social en 1792. Le cercle social veut alors exercer une « censure publique ». Une Bouche de Fer reçoit les lettres du public, qui peut ainsi déposer ses observations et dénoncer tout ce qui ne va pas.

> « Chercher la vérité, *Monsieur le député Valax, c'est prendre connaissance des trois avis négatifs formulés par les meilleurs spécialistes des sciences de la nature et de la vie de ce pays (2 avis du Conseil National de Protection de la Nature – CNPN, et 1 avis du Conseil Scientifique Régional du Patrimoine Naturel de Midi-Pyrénées – CSRPN).*
>
> Chercher la vérité, *c'est comprendre sur quoi portent les réserves des services de l'État sur ce dossier : la Direction Régionale de l'Environnement de l'Aménagement et du Logement, l'Office National de l'Eau et des Milieux Aquatiques.*
>
> Chercher la vérité, *c'est comprendre pourquoi les conclusions de la commission d'enquête publique n'ont pas été respectées (avis favorable réservé, subordonné à l'avis favorable du CNPN).*
>
> Chercher la vérité, *c'est élucider ce mystère : pourquoi le ministre Philippe Martin, tout juste en fonction accorde les autorisations à ce dossier alors que la ministre précédente les refusait ?*
>
> Ne pas subir la loi du mensonge triomphant qui passe, *c'est étudier avec soin le rapport des experts mandatés par le ministère de l'environnement et c'est demander des comptes à ceux qui dimensionnent le projet alors qu'ils ne savent même pas évaluer les volumes d'eau nécessaires pour l'irrigation ou le nombre des exploitations agricoles concernées par ce service.*[1] »

---

1. Un citoyen du Tarn, chef d'entreprise, ancien adjoint au maire, cahier de doléances *op. cit.*

Nous, les administrateurs civils

Nous avons longtemps réfléchi à savoir comment articuler le pouvoir civil et le pouvoir des armes, nous avons eu de drôles d'outils dangereux entre les mains, une loi martiale dès décembre 1789. La mort d'un boulanger accusé d'accaparer le pain en avait donné la justification sinon la légitimité, mais des porte-parole populaires avaient de suite compris que c'était un outil contre-révolutionnaire. Les mauvais administrateurs pourraient l'activer à mauvais escient, celui d'Étampes en mars 1792 en était mort.

> « *Législateurs, nous gémissons amèrement avec vous sur le sort du magistrat qui y a péri victime ; mais combien ne nous paraîtrait-il pas plus digne d'éloges si, au lieu de s'en être tenu à une âpre et repoussante inflexibilité, il eût pris d'avantage conseil d'une salutaire et courageuse prudence ! Il eût conservé la vie et il eût épargné un crime au peuple. Cette dernière considération aurait bien dû au moins le toucher pour sa gloire*[1]. *Au lieu de s'appliquer à ramener un peuple égaré ; au lieu de chercher à calmer ses alarmes sur les subsistances, il ne fit que l'aigrir, en repoussant durement toute espèce de représentation, et, ce qui mérite surtout d'être pesé, en donnant précipitamment et à plusieurs reprises, comme on nous l'assure*[2], *le signal de l'exécution de la loi martiale.*

---

1. « *L'inflexibilité du maire doit-elle seule en faire un héros ? Eh ! quel autre genre de mérite a t-il déployé dans cette circonstance ? La gloire ne se décerne pas; elle se mérite, et elle est surtout due au magistrat qui sauve son pays, non à celui qui ne fait que le compromettre. J'allois dire ma pensée et convenir que le maire d'Etampes est en effet un héros pour les marchands de bled, puisqu'il est mort victime de leurs inhumaines et égoïstes spéculations. Mais je m'arrête… Les lâches ! Ils l'ont abandonné dans le péril, et en poursuivent aujourd'hui l'apothéose. C'est surtout cette partie de la garde nationale d'Etampes qui mérite le blâme de n'avoir pas soutenu son magistrat ; aussi leur honte devroit elle, être inscrite sur la pyramide qu'ils ont sollicitée.* »(Note du curé de Mauchamp)
2. « *Il ne sauroit s'élever aucun doute sur ce fait que l'on a grand soin de taire. Non seulement il est attesté par la voix publique, mais je le tiens de la propre bouche de l'un des cinq gardes nationaux qui s'étoient mis sous*

Avant de recourir à cette loi meurtrière, avant même d'oser l'envisager, combien, un magistrat ne doit-il pas frémir ! Combien ne doit-il pas avoir épuisé toute autre ressource, et combien ne doit-il pas voir la chose publique en péril ! La loi martiale, dans les mains d'un homme qui n'en sait pas redouter l'usage, est un poignard dans les mains d'un assassin. » (Dolivier, curé de Mauchamps, avril 1792)

Lorsque la loi martiale a atteint le peuple manifestant au champ de mars le 17 juillet 1791, cela a laissé des traces indélébiles. Le procureur syndic du département de Paris, Roederer ne supporte pas qu'on puisse prendre le risque de réitérer un carnage et défend le non-usage, par le maire de Paris, de la loi martiale le 20 juin 1792 :

« *Observez* [...] *que le rassemblement parti des faubourgs avait en général des intentions très pures,* [...] *mais encore que parvenu à la porte royale, il était grossi d'une foule de citoyens paisibles, de femmes et d'enfants, entraînés dans le très long intervalle des faubourgs Saint Antoine et Saint Marcel à*

---

les armes pour soutenir le maire. Il ne put s'empêcher de convenir, dans une société où je me trouvai, qu'il étoit vrai que le maire avoit ordonné de faire feu, mais ajouta-t-il, son intention n'étoit pas d'être pris au mot. Voilà donc un ordre bien formel ; cependant ce n'est point à cette première fois, qui eut lieu à l'entrée de la ville, que le peuple se porta à la violence, ce ne fut que dans le marché, et après que le maire y eut réitéré le même ordre. Il faut observer que ces deux ordre furent donné sans avoir été précédés par aucune proclamation, aucune formalité en règle exigées par la loi ; et de plus, il faut observer que le maire n'était soutenu que d'un petit nombre de troupes qui même ne partageoit pas son courroux contre le peuple. Ainsi, de quelque manière qu'on l'envisage, sa conduite mérite, au moins, le reproche d'une blamable témérité ; et, dans cette témérité ne pourroit-il pas y être entré quelque motif particulier ? M. Simoneau, riche au moins de 18 à 20 mille livres de rente, à la tête d'un commerce immense en tapisserie, qu'il exerçoit avec tout l'avantage que donne l'aisance, n'auroit pas été aussi intéressé dans celui des grains ? J'entends plusieurs Personnes prétendre en être certaines ; moi, je n'affirme rien. » (Note du curé de Mauchamp).

l'Assemblée nationale, soit par la curiosité, soit par l'idée qu'ils assistaient à une fête civique, soit par l'empressement de porter à l'Assemblée nationale un témoignage de respect, soit encore par contrainte. Tel était ce rassemblement sur lequel on dit qu'il fallait jeter la mort pour frapper la poignée de séditieux qui avait résolu de forcer le château. [...] *Ainsi n'ayant pas pu ou pas voulu préserver les hommes paisibles, les femmes et les enfants, du torrent de la sédition, un magistrat serait réduit à les massacrer !* [...] *et sous quel prétexte ? Pour garantir les citoyens dont l'existence ou la propriété sont en péril. Eh ceux qui sont actuellement la proie des séditieux doivent-ils être sacrifiés à la sûreté de celui qui pourrait le devenir ? Non.* » « *Et il ne faut pas se le dissimuler, quand le magistrat ordonnerait de faire feu sur de tels rassemblements, le soldat de bronze ne lui obéirait pas.* » « *La municipalité aura justifié clairement sa conduite en disant* [...] *je n'ai pas pu exécuter à la rigueur la loi qui défend tout rassemblement armé, parce que la loi est infirmée par une sorte de désuétude, et que la désuétude est connue de l'Assemblée nationale. Je n'ai pu contenir le rassemblement que par une force résistante et la force mal commandée n'a pas été résistante. Je n'aurais pu la réprimer que par une force agissante, mais lorsque la répression est devenue le seul moyen d'empêcher le désordre, les personnes à réprimer et les personnes à préserver étaient mêlées ensemble.*[1] »

On assiste ainsi finalement à une dialectique de la violence émeutière et de la violence du maintien de l'ordre en vue d'un maintien de l'ordre capable de respecter la vie et la justice.

Mais au-delà même de cette loi martiale inique et devenue, dès 1792, désuète, les premiers républicains se sont méfiés des armées et de l'usage des armées. « *Les pays qui dans le monde sont restés libres ont pris contre leurs propres armées des précautions presque aussi défiantes que contre l'ennemi.*[2] » L'invention des CRS en 1944, CRS alors peuplées

1. *Le Moniteur universel*, tome 13, p. 142.
2. E. Quinet, *Comment la France échappa en 1793 et 1794 au militarisme*, 1865, La Révolution française, Lacroix ed.

de communistes résistants, est une manière ne pas laisser à l'armée la question du maintien de l'ordre civil.

Jusqu'à l'incorporation de la gendarmerie dans le cadre du ministère de l'Intérieur, faire appel à des gendarmes, à des gardes mobiles, à des militaires supposait une situation vraiment exceptionnelle. Désormais, c'est d'une manière indifférenciée que la puissance civile de l'État, en la personne des préfets, peut faire appel à un corps civil ou à un corps militaire. En faisant appel à un corps militaire, le risque est de transformer un affrontement civil ordinaire, une manifestation, en guerre civile, car l'armée dispose d'armes et peut en situation être finalement amenée à en faire usage. Or une manifestation, même si elle est illégale, n'est pas une guerre. Sur le terrain, il y a des opposants, mais pas d'ennemis.

Qui aurait pu empêcher que l'action de maintien de l'ordre conduise à la mort de Rémi Fraisse, dans la nuit du 25 au 26 octobre 2014, suite au lancer en cloche d'une grenade offensive ? Ceux mêmes qui avaient donné les ordres, les autorités civiles.

Car fort heureusement les militaires n'ont pas à se prononcer sur les ordres qu'ils reçoivent, ils sont bien subordonnés au pouvoir civil. Leurs consignes étaient de tenir le terrain durant la nuit pour permettre aux ouvriers du chantier de reprendre les travaux au petit jour.

> « *Or, cette nuit-là, comme les précédentes semble-t-il, il n'y avait pas d'autorité civile sur le terrain. Pas même un officier de police judiciaire territorialement compétent. Dans le rapport d'enquête de l'inspection générale de la gendarmerie nationale (IGGN), le reproche est derrière les mots : "Pour assumer la responsabilité de l'ordre public dans le département du Tarn en lien avec le projet de retenue d'eau à Sivens, le préfet s'est appuyé sur l'expérience de son directeur de cabinet et sur l'expertise tactique du commandant.* [...]. *En dehors d'un survol en hélicoptère de la gendarmerie, il s'est rendu une fois sur le site au cours d'une période de relative accalmie". C'était le 8 octobre 2014. L'autorité*

civile présente sur place aurait pu prendre la décision d'un repli stratégique.[1] »

C'eût été le principe de précaution préconisé par Roederer et Pétion… Le préfet du Tarn les a trahis, a trahi sa mission, nous a trahis.

Nous l'universalité des citoyens,

Ce « nous » c'est l'universalité des citoyens qui acceptons encore, bon an mal an, de laisser à l'État le monopole de la violence, des lois, des armes, mais ce pouvoir doit s'assortir d'une capacité à protéger les citoyens, pas d'une autorisation à les ignorer, les agresser, et puis, finalement, à les tuer. Or cette manière de maltraiter un peuple est une manière de falsifier la démocratie et ses institutions, d'aller jusqu'à mentir sur le moment de la mort de Rémi Fraisse reconnue seulement deux jours après l'événement… C'est ce qu'on appelle de la corruption ou, à la manière de Montesquieu : une absence totale de vertu.

> « *Les maîtres au lieu de nous policer nous ont rendus barbares parce qu'ils le sont eux-mêmes. Ils récoltent et récolteront ce qu'ils ont semé* », affirmait Gracchus Babeuf en 1789, Jaurès avait commenté : « *Ô, dirigeants d'aujourd'hui, méditez ces paroles et mettez dès maintenant dans les mœurs et dans les lois plus d'humanité qu'il se peut pour la retrouver aux jours inévitables des révolutions. Et vous, prolétaires, souvenez-vous que la cruauté est un reste de servitude car elle atteste que la barbarie en régime oppresseur est encore présente en vous.*[2] »
>
> « *Article 33 : La résistance à l'oppression est la conséquence des autres droits de l'homme.*

---

1. G.Moréas, http://moreas.blog.lemonde.fr/author/moreas/
2. J. Jaurès, *Histoire socialiste de la Révolution. La Constituante*, Paris, Éditions sociales, 1983.

Article 34 : Il y a oppression contre le corps social, lorsqu'un seul de ses membres est opprimé. Il y a oppression contre chaque membre lorsque le corps social est opprimé.

Article 35 : Quand le gouvernement viole les droits du peuple, l'insurrection est, pour le peuple et pour chaque portion du peuple, le plus sacré des droits et le plus indispensable des devoirs. »

Ces droits déclarés en juin 1793 font partie de notre bloc constitutionnel.

La mort de Rémi Fraisse fait violence à nos institutions démocratiques et républicaines, à notre chose publique et à nous tous qui la composons bien plus que nos représentants et nos administrateurs. Certains sont clairement défaillants et devraient, à ce titre, être sanctionnés, ne serait-ce que pour conserver un peu de crédit à cette chose publique.

Français encore un effort !

Les formes d'une insurrection à venir ne sont fixées par aucun modèle mais devront s'assigner la nécessité de la vertu, inventer l'au-delà d'une souveraine cruauté interminable, c'est-à-dire sa retenue.

(*Vacarme*, 2014)

Face à l'oppression, un peuple impassible, comme absenté à lui-même

De l'apathie comme constat

1. Si la résistance à l'oppression, comme le déclare la déclaration des droits de 1793, est la conséquence des autres droits de l'homme, l'apathie actuelle face à l'oppression serait le mauvais signe de l'ignorance, de l'oubli et du mépris des droits de l'Homme, aujourd'hui comme hier seules causes des malheurs publics et de la corruption des gouvernements.

2. Les malheurs publics ne manquent pas, chômage de masse, terrorisme, guerre, parfois une petite épidémie plus ou moins réelle, plus ou moins factice ; « *a fame, peste bello, liberas no domine* » : la prière moyenâgeuse semble redevenue d'actualité. Mais Dieu ne peut nous libérer des maux du temps et il faudrait savoir s'en libérer seuls en résistant à l'oppression de gouvernements corrompus et, surtout, d'une gouvernementalité où à nouveau les peuples sont traités comme des troupeaux. Un temps qualifié de post-démocratique[1]. La crise aura au moins révélé ce secret de polichinelle : nos régimes politiques occidentaux, ne sont pas vraiment démocratiques ni à l'échelle nationale, ni à l'échelle européenne, ni à l'échelle globale.

3. Dans ce déni de démocratie, les différentes échelles sont d'ailleurs intriquées. L'échelle européenne est supposée déterminée par l'échelle nationale, car les décisions importantes doivent y être ratifiées, mais désormais, si les peuples

---

1. C. Crouch, *Postdémocratie*, trad. Y. Coleman, Zürich, éditions Diaphanes, coll. « Transpositions », 2013.

votent mal, on peut renoncer à les faire voter ou les faire voter plusieurs fois. Cette falsification des résultats électoraux sur le traité en vue d'une constitution européenne – car comment appeler le fait de refaire voter les pays qui avaient voté contre, sinon une falsification légalisée ? – a produit un premier dévoilement conduisant un certain nombre d'électeurs à désormais grossir les rangs des abstentionnistes. La crise grecque a montré que l'intrication se faisait désormais à l'échelle globale sans plus tenir compte de l'expression démocratique de la voix d'un peuple qui tente de se ressaisir de ses droits à exister. En effet le « Non » grec au référendum n'a rien changé à la pression exercée par les institutions européennes sur le gouvernement grec, et la Troïka, constituée d'experts représentant la commission européenne, la banque centrale européenne mais aussi le fonds monétaire international, a gardé son pouvoir intact. L'expertise est ainsi passée du stade de l'audit conçu pour éclairer des décideurs démocratiquement contrôlés, à celui de négociateur et de décideur au sein de l'union européenne sans plus aucun contrôle démocratique. Nous sommes ainsi entrés dans un régime où la finance globalisée décide sous couvert d'institutions autoproclamées, fondamentalement illégitimes du point de vue des peuples souverains, et illégales au regard des institutions ratifiées démocratiquement.

4. Parfois les choses s'aggravent localement quant à cet état de droit qui semble être devenu superflu. Les normes devenues labiles, des situations d'exception font officiellement et légalement office de procédure légale de longue durée. C'est en ce moment le cas en France où l'état d'urgence a été légalement prolongé et est en voie d'être constitutionnalisé par des institutions de l'État de droit. Comme si elles avaient décidé de se saborder elles-mêmes. « *L'état d'urgence n'est pas l'arbitraire, ni la suspension de l'État de droit. Les mesures qui ont été prises sous son empire ont été soumises au contrôle du Conseil*

constitutionnel, du juge administratif et même du parlement. » Voici ce que me répondait mon député quand je l'enjoignais le 5 février 2016, à l'appel du conseil d'urgence citoyenne de ne pas voter la constitutionnalisation. C'est ainsi par le droit que le droit meurt. En France, de fait le Parlement, le conseil constitutionnel et des juges administratifs ont avalisé ce que la Commission nationale consultative des droits de l'Homme trouve inacceptable, le terrorisme servant d'alibi ou de justification dans ce que l'on peut considérer comme une nouvelle politique de la peur entretenue.

5. Pourtant les peuples, quand ils ne sont pas écrasés comme le peuple grec, semblent finalement soit s'en accommoder, soit même considérer que cela est naturel. Certes la réforme du Code du travail et la loi sur le travail produisent un léger remous. Après les échanges de piques entre membres du parti socialiste usurpateur du nom, une pétition a été signée par près d'un million de personnes, des mouvements s'organisent. Une certaine jeunesse qui n'a pas subi la même histoire, mais a déjà une expérience désastreuse du monde du travail, affirme qu'elle « vaut mieux que ça ». Elle le sait dans son corps, elle le sent, elle le dit. Cette loi n'est pas une loi.

Mais pour tous les autres, d'où vient cette naturalisation tout de même bien partagée d'une organisation de la politique qui ne laisse finalement plus aux peuples qu'une présence ritualisée et évanescente dans l'exercice d'un droit de vote désormais dénué de toute efficience politique réelle ?

De l'apathie comme danger

6. L'apathie était ce que craignaient le plus les acteurs révolutionnaires français. Le 5 nivôse an II, Robespierre affirme que « *s'il fallait choisir entre un excès de ferveur patriotique et le néant de l'incivisme ou le marasme du modérantisme, il n'y a pas à balancer. Un corps vigoureux, tourmenté par une*

surabondance de sève, laisse plus de ressource qu'un cadavre[1] » Quelque mois plus tard Saint-Just affirme : « *la révolution est glacée, tous les principes sont affaiblis, il ne reste que des bonnets rouges portés par l'intrigue.*[2] » Or cette glaciation est une perte d'ardeur et il l'attribue à « *l'oppression méchante* » à « *son exemple contagieux qui, de degré en degré, depuis le plus fort jusqu'au plus faible, établit la dépendance* », là où devait régner la liberté.

7. L'apathie est une absence d'émotion. Pour cette raison les révolutionnaires se sont souciés de produire les institutions civiles réparatrices qui les feront retrouver et permettront de redonner à la Révolution française et au républicanisme sa fameuse sève, celle qui fait de chaque citoyen un veilleur capable de résister à l'oppression grâce à son intuition sensible. Pour Robespierre, les émotions doivent fournir un instinct politique : « *La Nature a mis dans l'homme le sentiment du plaisir et de la douleur, qui le force à fuir les objets physiques qui lui sont nuisibles, et à chercher ceux qui lui conviennent. Le chef-d'œuvre de la société serait de créer en lui, pour les choses morales, un instinct rapide qui sans le secours tardif du raisonnement, le portât à faire le bien et à éviter le mal.*[3] » Cet instinct sûr, qui doit permettre de juger sans hésitation une situation politique et morale, n'est pas seulement inné ou naturel. Désormais, Robespierre pense qu'il doit être socialement construit et entretenu. Si le peuple est bon, il peut être égaré par ses propres passions ou par les discours passionnés des autres, des « *méchants* ». Retour aux mauvaises institutions et aux mauvaises pratiques.

---

1. *Moniteur*, p. 52, t.18.
2. Saint-Just, *Œuvres complètes*, chap. troisième, fragment, Institutions républicaines, *op. cit.*, p. 1141.
3. Bibliothèque nationale, 8°, Le 38 787.

8. L'institution salvatrice, chez Saint-Just, est l'histoire comme récit civil qui produit une imagination politique sensible. Elle est alors associée au refus des modèles. « *Ne méprisez rien, mais n'imitez rien de ce qui s'est passé avant nous : l'héroïsme n'a point de modèle.*[1] » Si les révolutionnaires ont la mémoire de la grandeur romaine liée à sa liberté politique, c'est bien pour eux une liberté monumentale, mais plutôt qu'un modèle, elle est une audace à reconquérir dans le présent révolutionnaire. On pourrait parler, pour une telle transmission qui refuse l'identification avec des maîtres passés, d'une transmission sans totalisation. Pour Saint-Just, la France à son tour pourrait alors jouer un rôle de « *passeur* » de liberté. Or pour jouer ce rôle exemplaire, le sens de la Révolution comme l'expérience révolutionnaire ne doivent pas être falsifiés. « *Précisez tellement tous les principes, toutes les idées qu'on ne les travestisse plus.*[2] » Il est devenu crucial de faire de la vérité historique elle-même une valeur, une vérité historique qui se confond alors avec le sens à donner aux événements. « *Que chaque empire du monde jette les yeux sur le point d'où il est parti et qu'il nous lise son histoire.* [...] *Ils ont des siècles de folie et nous avons cinq ans de résistance à l'oppression et d'une adversité qui produit les grands hommes.* [...] *Si la république romaine renaissait, elle se glorifierait de nous, et rougirait beaucoup de ses autres successeurs.*[3] » Mais si la Révolution française renaissait ne rougirait-elle pas de ce peuple libre tombé de haut ?

De l'apathie comme effet

9. Mais les hommes ne sont pas nés méchants, dit Saint-Just. Et Patrice Loraux, lorsqu'il réfléchit sur ce que les juntes militaires en Argentine avaient produit comme effet sur la

1. Saint-Just, Rapport sur la police générale, *Œuvres complètes*, *op. cit.*, p. 763.
2. *Idem.*, p. 762.
3. *Idem.*, p. 753.

population et la société en faisant « *disparaître* » les militants pour la liberté, propose une théorie de « *l'impassibilité*[1] ». Face au spectacle de l'immonde, les hommes perdent leur sensibilité et deviennent ainsi potentiellement indifférents et, par là, méchants si l'on veut, incapables en tout cas de résister à l'oppression.

10. Patrice Loraux évoque une « *pétrification des affects* ». Une capacité de ne plus ressentir. Or il affirme que cette anesthésie est liée au fait qu'on ne se représente plus ce qu'on voit ou ce qu'on est en train de faire. « Vous représentez-vous ce que vous avez fait[2] », demande-t-il, ou ce que vos aïeux ont fait ou regardé ou subi ? Ou ce que nos gouvernements font faire aux fonctionnaires du ministère de l'immigration ou des préfectures que nous rétribuons, nous le représentons-nous ? Ça nous blesse de nous le représenter. Mais une blessure ouverte n'est pas grave si elle fait souffrir, alors que l'impassibilité conduit au pire. En Syrie, en Libye, à Calais, dans nos ministères, sur nos places publiques, dans notre Code du travail ici en France, les politiques publiques inventées, pour faire la guerre aux peuples étrangers, pour contrôler nos frontières, pour faire la guerre au menu peuple, nous blessent. Et si l'on ne veut pas souffrir, compatir, elles réclament l'endurcissement.

11. Qu'est-ce que s'endurcir ? C'est se mettre *au service de*. Au service de la politique de rétention, au service de Frontex, au service de la politique de contrôle de l'immigration, au service de l'expertise de préférence chiffrée, de l'état d'urgence, de l'arbitraire, au service du confort des uns

---

1. P. Loraux, « Les disparus », in J.-L. Nancy (dir.), « L'Art et la Mémoire des camps. Représenter, exterminer. Rencontre à la maison d'Izieu », *Le Genre humain*, n° 36, 2001, p. 41-59.
2. *Idem.*, p. 45.

contre la misère des autres. Le service des acteurs ou des actants qui font le sale boulot, dit-on. Mais c'est aussi avoir son nom entamé par ce sale boulot fait en notre nom, avoir sa sensibilité outragée par ce sale boulot et finalement être devenu sinon d'emblée impassible, déjà impuissant. C'est ça le trauma de la cruauté en acte. « *On finit par sentir puissamment qu'on ne sent plus, qu'on ne sent pas. De proche en proche, le trauma diffuse à travers les peuples où sont perpétrés les crimes. On assiste alors à une réorganisation étrange du réel, où tout ce qui pourrait constituer une faille, une résistance semble disparaître.* » « *Tout se fait compact tout se soude.* » « *Et celui qui se sera plié peut-être une seule fois à ce service, il lui deviendra impossible d'être tendre en profondeur.*[1] » Quant à ceux qui regardent ou qui détournent le regard, ils seront peut-être portés au-delà de la douleur et sentiront aussi qu'ils ne sentent plus.

Avant les effets, retour sur les causes

Les causes qui expliquent l'ignorance, l'oubli et le mépris des droits de l'homme sont donc de trois ordres. Des causes qui relèvent d'une falsification de la transmission historique. Le chapitre est long. Des causes qui relèvent de la corruption des gouvernements, pas seulement celle qui s'établit en monnaie sonnante et trébuchante, mais celle qui, loin de toute vertu, donne pouvoir aux dits « méchants » et détruit les bases solides de la liberté des peuples. Des causes qui relèvent de l'outre douleur et de la collaboration, ce que nous avons appelé « se mettre au service de » et qui fait perdre la tendresse. Mais toutes ces causes sont de l'histoire qui rejoue sur une forme singulière cette apathie face à l'oppression, quand ce n'est pas un désir puissant de se mettre au service d'une oppression accrue en choisissant de nouvelles figures de chefs qui loin de représenter le peuple pourraient encore mieux l'absenter.

---

1. Énoncés librement inspirés de Patrice Loraux, retravaillés par moi-même pour le spectacle de Vincent Rafis, *Eldorado dit le Policier* donné en 2011 au Centre dramatique national d'Orléans.

Histoire refoulée, falsifié, ignorée

12. L'histoire refoulée activement, voire déclarée morte et, pourrait-on dire aujourd'hui, avec un soulagement non feint est celle de la Révolution française quand elle ne répond pas de la seule interprétation en termes de Révolution bourgeoise. Cette Révolution reste mal connue. Quand un philosophe – un grand philosophe pourtant – dit dans une tribune récente : « *Il faut repenser de fond en comble le commun, l'être ensemble, qui sont devenus des mots doucereux. Repenser comment nous sommes au monde. Penser aussi que certaines positions au monde s'usent. La royauté, ce qui a rendu possible la Révolution française, a chuté car elle était usée. Ce que la Révolution française a engendré, la République – et plus largement une civilisation – est aujourd'hui usée à son tour* », il commet cette erreur assez caractéristique du rapport de la philosophie à l'histoire : il forme un récit de l'engendrement linéaire des régimes politiques, et de leur usure elle aussi linéaire ; il adopte une conception de l'histoire où le temps est homogène et vide, sans à-présent, sans boucles de rémanence qui permettraient pourtant de ressaisir des foyers de liberté avec audace et ardeur.

13. Ce sont pourtant les à-présent antiques qui ont conduit à l'humanisme et aux Lumières et mis à bas l'absolutisme plus que la royauté. C'est la réouverture des foyers de liberté qui a frayé un chemin à cette liberté qui fonde notre humanité. Peut-elle d'ailleurs mourir comme meurent des civilisations, cette liberté ? Il faudrait introduire plus de discontinuités pour comprendre historiquement où nous en sommes et ne pas oublier que ce n'est pas la royauté qui a engendré la Révolution, mais que la Révolution est venue interrompre la royauté sans nécessité téléologique. Enfin reconnaître que la Révolution française et le modèle républicain dans lequel nous sommes, celui de la Ve République sont, comme l'huile et l'eau, difficiles à homogénéiser.

14. Or ce chemin frayé par la Révolution française a été attaqué par ceux qui n'en voulaient vraiment pas, s'arc-boutant à l'Ancien régime très catholique et très hiérarchique. Ils laissent encore la trace de leur fureur dans les retraductions actuelles de leurs lointains épigones au château de Versailles. Anish Kapoor, né d'une mère juive irakienne et d'un père hindou, en a fait les frais et son monument de vie est devenu un lieu d'inscription mortifère où l'on pouvait lire pèle mêle : « *À Versailles le Christ est roi* », « *Le second viol de la France par l'activisme juif déviant* », « *sacrifice sanglant* » avec des s de *ss* ; « *La reine sacrifiée deux fois outragée* », une croix de Malte, un cœur vendéen. Anish Kapoor a affirmé dans la presse qu'il refusait de croire que la France se reflétait dans les tags de cette minorité d'esprits étriqués qui s'approprient l'espace public et jugent, au mépris de la loi et au nom de tous, de ce qui est bon ou non, possible ou non, acceptable ou non, digne de la France ou non. Il a malgré tout parlé aussi de sa tristesse face au silence des intellectuels et à la passivité des politiques face à quatre attaques répétés contre son intervention artistique dans l'espace public.

15. C'est ce chemin frayé qui a été aujourd'hui rendu impraticable par une historiographie antitotalitaire de droite, celle de la constellation Furet, plus soucieuse de vilipender l'irruption du peuple et la terreur que de penser comment la Révolution française avait inventé un espace délibératif démocratique inédit. Espace récusé dès thermidor, qui refoule toute trace de démocratie insurgeante en rétablissant le suffrage censitaire, en fermant les sociétés politiques puis en rédigeant une constitution qui donne tout pouvoir à l'exécutif, le fameux Directoire où les chefs dirigent. Si la IIIe République a redonné pouvoir au législatif, elle ne cessa pas de se méfier du peuple, de le traiter en enfant et d'exporter aux colonies cette conception inégalitaire des rapports entre gouvernants et gouvernés, soi-disant pour le bien des

gouvernés. Quant à la Ve, tant vantée par ceux mêmes qui l'avaient installée, loin de laisser une quelconque place à la liberté, elle trouve son origine dans ce qu'il faut bien appeler un coup d'État.

16. Ceux qui aujourd'hui défendent l'état d'urgence et sa constitutionnalisation se réclament des institutions de la Ve République dont l'assisse a d'emblée quelque chose de pourrie comme le dit Hamlet du royaume du Danemark. Les gaullistes avaient encouragé les pieds-noirs à faire sécession pour garder l'Algérie Française et empêcher les négociations d'un cessez-le-feu avec le FLN prévues par Pierre Pflimlin, député MRP, pressenti pour la présidence du Conseil.

L'appel à de Gaulle se fait alors en trois temps, par un éditorial du plus grand journal d'Alger le 10 mai 58, une manifestation d'anciens combattants qui mettent à sac le gouvernement général d'Alger, forment un comité de salut public en abusant des mots de la Révolution française, et exigent de Paris « *un gouvernement de salut public, seul capable de conserver l'Algérie partie intégrante de la métropole* ». Les députés, qui n'apprécièrent pas cette intrusion, résistèrent et investirent comme prévu Pierre Pflimlin. La rupture du Parlement avec une Alger sécessionniste de fait était consommée. Les pleins pouvoirs civils et militaires en Algérie sont alors confiés au général Raoul Salan, qui commande l'armée sur place. Or le général Salan, dans un discours public du 15 mai, en appelle finalement aussi au général de Gaulle, sans plus tenir compte du Parlement.

De Gaulle fait répondre le jour même qu'il se tient prêt à « *assumer les pouvoirs de la République* ». Le 19 mai, jouant double jeu, il donne une conférence de presse pour dire qu'il refuse de recevoir le pouvoir des factieux d'Alger. Il se gausse des journalistes qui s'inquiètent de l'éventualité d'une dictature, mais la République était déjà morte.

Le 27 mai, de Gaulle agit sans l'aval du parlement et affirme dans un communiqué qu'il entame le processus régulier pour « *l'établissement d'un gouvernement républicain* ». Là est le coup d'État.

17. René Coty, président de la République, cède. Le 1er juin, dans un message au Parlement, il en appelle au « *plus illustre des Français* ». La mise au pas du Parlement se poursuit. Le général forme un gouvernement de rassemblement et rédige la nouvelle constitution où le pouvoir exécutif et le président, son chef, détiennent désormais la prééminence du pouvoir, sans se soucier davantage du pouvoir législatif et du peuple qui, comme dans tout régime autoritaire, est convié à des référendums. La nouvelle constitution est d'ailleurs approuvée par référendum le 28 septembre 1958, avec 79,2 % de *Oui*.

C'est alors que le mot « République » subit sa falsification la plus grave. Elle n'est plus un régime public du bien commun, mais le régime d'un chef qui préside un conseil de ministres qui a l'initiative des lois. Cela ressemble bien sûr au modèle monarchique.

Vouloir en finir avec la Révolution française pour en finir avec la Ve République est à ce titre un non-sens historique et politique. L'ignorance, l'oubli, le mépris des droits de l'homme et du citoyen, sont au cœur de notre système politique qui a tourné le dos à l'héritage révolutionnaire forclos. C'est cette forclusion qui agit encore sur nous.

18. Les spectacles affreux en France, ceux qui peuvent pétrifier la sensibilité ont d'abord concerné la répression des révolutionnaires républicains. En premier lieu, les anciens esclaves qui ont cru à leur nouvelle liberté, récusée si vite par Napoléon. Le spectacle se poursuit en juin 1848 où les ouvriers républicains sont écrasés, puis d'une manière terrible lors de la semaine sanglante qui oppose les Versaillais aux

Communards, souvent eux aussi républicains. Les spectacles affreux ce sont ceux de la colonisation où l'on tue, enfume, asservit des populations entières au nom de la civilisation. Travail d'Empire et d'une République troisième du nom qui a déjà dilapidé une grande part de l'héritage. Mais ça bataille encore, car les républicains ne sont pas tous modérés alors, et la République reste un concept politique qui fait naître le conflit. Il y a ceux qui veulent revaloriser l'héritage de toute la Révolution, en faire un bloc, un bloc à assumer pour la liberté, l'égalité, et la fraternité bradées dans les faits en France comme aux colonies, mais dont il faut continuer à affirmer que ce sont les seules normes acceptables et qu'elles permettent la critique des faits, justement.

19. Le spectacle affreux, c'est celui de l'extermination des juifs par les nazis avec le rôle prééminent du gouvernement collaborateur de Vichy. Nombre de Français, même si évidemment pas tous, disent qu'ils n'ont pas vu, une manière de dire qu'ils ont préféré détourner le regard. Aujourd'hui, ils trouvent parfois insupportable les monuments installés à Drancy en mémoire des convois qui en sont partis. Nul ne sait quelle trace profonde ce spectacle-là a laissé, mais le silence et l'endurcissement produisent silence et endurcissement. L'histoire reste déchirée et déchirante, elle ne permet pas facilement de reprendre voix. Elle le permet d'autant moins que les résistants, ceux qui avaient pris le risque de sauver des juifs et de défendre la patrie révolutionnaire en chantant la Marseillaise, ont perdu la partie dès 1953 avec l'amnistie des collaborateurs. Comment dénouer l'horreur quand ceux qui l'ont agie sont protégés par l'obligation de faire silence. La notion de crime imprescriptible, propre à la France, n'a pas conduit à délier véritablement les langues. La pétrification demeure.

20. Le spectacle affreux enfin c'est celui de la décolonisation, trahison des promesses d'égalité : bombardements au Vietnam, à Madagascar et à Sétif, puis la torture en Algérie, un art de la guerre enseigné aux juntes du Chili et d'Argentine.

21. Il faut sauver ceux qui pleurent, comme cet homme déchiré de chagrin dans le cortège mortuaire qui accompagne Pablo Neruda alors que les chars de Pinochet quadrillent la ville de Santiago. On le voit dans le magnifique film de Bruno Muel, *Septembre chilien*, où résonnent la voix de Simone Signoret et celles de plein d'autres femmes, chiliennes qui savent que c'est une certaine conception du droit de vivre qui a été atteinte, y compris désormais dans la nécessité vécue, face à des ennemis irréconciliables, de devoir prendre les armes. Naomi Klein[1] fait débuter là la conquête du néolibéralisme et ce qu'elle appelle le capitalisme du désastre. Là, les *Chicago boys* de Milton Friedman ont commencé à pétrifier la vie. Là ils ont commencé à effacer les conquêtes sociales de l'après-guerre et à semer les actes qui absentent durablement les peuples à eux-mêmes.

22. Nous en sommes là. Des hommes et des femmes tentent d'interrompre cette apathie en manifestant contre ce qui ne va pas. Car si l'histoire fabrique ses après-coup, elle n'est pas seulement engendrement mais aussi tentatives plus ou moins désespérées d'interrompre la répétition, de faire bifurquer les chemins lorsqu'ils sont devenus des impasses, de faire ressurgir le caractère intempestif d'une humanité libre.

(*Lignes*, 2016)

---

1. N. Klein, *La Stratégie du choc, la montée d'un capitalisme du désastre*, Arles, Actes sud, 2008.

« Dans l'horrible situation où nous sommes faire entendre la voix de la vérité »

La théorie janséniste d'un dieu caché a fait de la voix de Dieu un pur silence. Le peuple prête alors sa voix à ce Dieu devenu muet. *Vox populi, vox Dei*. Ainsi la voix du peuple devient l'expression même de la voix de Dieu, voix de la Vérité. L'abbé Fauchet le rappelle en 1791, quand il évoque deux conciles du premier christianisme, où la majorité des évêques donnait l'exemple du mensonge pour complaire au tyran et où les fidèles protestèrent et contestèrent la légitimité des mauvaises résolutions de leurs prélats. Il oppose alors le peuple aux « *grands* », aux « *notables* ». « *Il s'agit pour une communauté politique comme pour une communauté religieuse de pouvoir corriger son prince.* » La voix du peuple toujours sacrée peut dire la vérité et ainsi résister à l'oppression des autorités, y compris à l'oppression des mauvaises lois.

Cette oppression, aujourd'hui, porte divers noms, celui de l'aéroport de Notre-Dame-des-Landes, celui de l'état d'urgence, celui de la loi sur le travail… Or, à chaque fois, le pouvoir s'appuie sur la possibilité de rendre présente cette voix de la vérité en s'appuyant sur des institutions qui prétendent répondre à une sorte d'appel au peuple : le référendum pour la Zad, le sondage d'une majorité silencieuse et apeurée pour l'état d'urgence, l'affirmation que, même avec un million de signataires voire de manifestants, l'opposition à la loi sur le travail est une opposition minoritaire.

Autant dire qu'aujourd'hui la *Vox populi, vox Dei* est rapportée à la loi du nombre et de la majorité, fût-elle silencieuse.

Or la voix du peuple, qui avait surgi lors des premiers conciles, n'était pas la voix calculable des silencieux absents, mais la voix intempestive de ceux qui, présents, avaient lancé un cri du cœur face à l'injustice. C'étaient les moins apeurés, les plus sensibles, les moins apathiques : une minorité.

Cette même question s'est posée d'une manière aiguë au moment du procès du roi. Les Girondins affirment qu'il faut faire « *appel au peuple* », dans une logique où seule la voix du peuple au complet serait légitime pour juger le roi et surtout prononcer une peine, qui pourrait être de mort.

Dans ce contexte, Robespierre pense que cet appel au peuple est un piège. Une manière de faire chanceler la volonté souveraine, alors que cette volonté s'était déjà exprimée en fait dans l'insurrection même. « *Il est des principes indestructibles supérieurs aux rubriques consacrées par l'habitude et les préjugés ; le véritable jugement d'un roi, c'est le mouvement spontané et universel d'un peuple fatigué de la tyrannie qui brise le sceptre entre les mains d'un tyran qui l'opprime ; que c'est là le plus sûr, le plus équitable et le plus pur de tous les jugements*[1]. »

Robespierre récuse alors les notions de minorité et de majorité, « *nouveau moyen d'outrager et de réduire au silence ceux qu'on désigne sous cette dernière dénomination* ». Or, ajoute-t-il, « *la minorité a partout un droit éternel ; c'est celui de faire entendre la voix de la vérité, ou de ce qu'elle regarde comme telle*[2]. » Face à la loi du nombre réclamée par les Girondins, Robespierre mobilise à nouveau la voix de la vérité, et cette vérité reste celle de l'épreuve de l'événement où, par définition, les acteurs ne sont jamais majoritaires. Toute la difficulté est cependant de distinguer entre voix de la vérité, fût-elle minoritaire, et voix factieuse qui ne cherche qu'à diviser artificiellement pour voiler la vérité. C'est alors que le savoir sensible devient une pierre de touche à la manière de Rousseau. Sentir, éprouver est l'épreuve de vérité par excellence. Être vertueux c'est écouter la voix de cette sensibilité et l'assumer même dans la

1. M. Robespierre, discours du 28 décembre 1792.
2. *Idem.*

solitude. « *Dans l'horrible situation où nous ont conduits le despotisme, la légèreté de l'intrigue, je ne prends conseil que de mon cœur et de ma conscience. Je ne veux avoir d'égards que pour la vérité.*[1] »

La logique de Robespierre est celle d'une cité rachetée par une minorité qui peut avoir raison contre la majorité ; un seul, même, peut avoir raison contre tous et ainsi sauver la cité en la libérant de l'erreur, grâce à sa sensibilité et à son courage.

Vouloir contre cette raison de l'événement libérateur faire un sondage, un référendum, ou fabriquer du discrédit, c'est toujours récuser l'épreuve intempestive de la vérité.

Dieu est devenu silencieux, la voix du peuple ne peut l'être, elle parle d'une manière rare, limitée, erratique, mais, quand elle surgit, c'est une erreur de ne pas l'entendre.

Las de n'être pas entendus, et ainsi de ne plus se sentir représentés, de nombreux citoyens organisés en associations, se rassemblent pour se faire entendre et surtout, disent-ils, pour se ressaisir d'un pouvoir d'agir pour aujourd'hui. C'est le cas depuis septembre à Saillans, dans la Drôme, puis début mars à Vogüé, en Ardèche. Ils veulent prendre part au pouvoir et cela implique pour certains, clairement, d'être élus. Ils inventent donc de nouvelles formations politiques citoyennes, ce qui est en soi profondément rafraîchissant. Mais, pour autant, il est possible de passer assez vite du rafraîchissant au glaçant. Car la quête du pouvoir d'agir ne dit que très parcimonieusement la visée de ce pouvoir et de ces actions. Comme si la question démocratique, malgré tout constamment revendiquée, pouvait faire l'économie du débat conflictuel sur le juste et l'injuste, le vrai et le faux, comme s'il était donc possible de ne pas mettre en branle la parole pour fabriquer de la politique démocratique. Car dans le déroulé de ce qui s'élabore comme formation politique, la parole est parcimonieuse. Parcimonieuse, car la loi du nombre oblige

1. M. Robespierre, 11 janvier 1792.

à la contrôler le plus possible, dans des prises de parole brèves et « raisonnables », dans des énoncés contraints et réduits au strict minimum, dans les fameux gestes de la sociocratie, qui depuis le « mouvement des places », semblent proches de la langue des signes des sourds et muets, mais sont en fait empruntés aux gestionnaires des assemblées corporatistes de l'Amérique du Nord à la fin du XIXe siècle. À celui qui prend la parole – jamais plus de cinq minutes car ce serait léser les autres –, on peut dire : oui je suis d'accord, en secouant ses bras au-dessus de sa tête, non, en croisant ses bras sur son buste, c'est trop long, demander silence aux autres, réclamer d'éclaircir un point. Si cela permet, au moment où un orateur parle, de prendre le pouls de ceux qui l'écoutent, cela ne permet pas une élaboration très intense et l'on peut regretter sur ce plan les *disputatio* dans les règles, qui supposaient de s'être mis d'accord en amont sur les points de désaccord. Or avec cette loi du nombre, ces points de désaccord sont juste éludés car la recherche permanente est celle de l'accord. Et tant pis pour ce qui tombe aux oubliettes, même si, parfois, c'est le monde même, trop conflictuel pour être abordé comme objet de cette démocratie, car le but n'est pas de changer le monde mais de chercher la démocratie. Pour fabriquer le dogme majoritaire on aura gardé le sourire, refusé de se laisser perturber par ces désaccords d'énervé(e)s. Le refus du langage signé apparaît alors comme une trahison, le désaccord est signe d'agression à moins de le traiter par l'élaboration du malentendu avec la technique de la rivière à traverser : un énoncé est formulé par une personne face à une assemblée divisée en deux par une rivière, ceux qui sont d'accord rejoignent l'individu qui a prononcé l'énoncé, l'un de ceux qui est en désaccord va dire pourquoi, ceux qui sont d'accord avec lui vont le rejoindre, et ceux qui sont en désaccord le quitter. La perte de sens est alors érigée en mode d'élaboration continue, et personne ne saura finalement si on a répondu à la question soulevée. Il ne s'agit pas de lever ou d'éclairer les malentendus mais d'en faire le fondement du mouvement. Dans ce monde bienheureux, le parle-être a disparu au profit du corps-être car tout le monde est persuadé que traverser une rivière, fût-elle imaginaire, pour dire oui ou non, c'est être bien plus conscient de ce qu'engagent ces deux petits mots. Mais, malgré tout, cela reste deux petits mots et c'est éminemment binaire. Malentendu et binarité remplacent donc l'art oratoire, soit l'argumentation et l'élaboration par l'alternance de l'écoute concentrée et de la réponse argumentée. Le langage ordinaire devient un problème car les mots fâchent, et c'est embêtant, donc plus de mots qui fâchent, et surtout aucune tentative de re-sémantisation des mots qui ont été falsifiés, donc « ni droite ni gauche » plutôt que la réappropriation de ce que « gauche » pourrait vouloir dire aujourd'hui si on désencastrait le mot des partis dits de gauche… Non, il s'agit d'être ailleurs, hors langage, dans cette danse des corps parlants, l'unité à labelliser dans notre diversité.

C'est platonicien et heureux. Peu de langage, pas de mots qui divisent, beaucoup de langages codés et de formes répertoriées qui rassemblent. Danser la politique plutôt que la parler. On danse ensemble, on parle séparément. La parole abolit le commun et trahit l'égalité, donc parcimonie, concession limitée !

Pascal disait qu'il fallait se mettre à genoux, prier, et que la foi viendrait. Chez Platon, il ne s'agit pas de foi, mais simplement de participer au corps social : on va mettre de l'ordre dans les mouvements du corps humain, de façon à en obtenir des retentissements positifs dans l'âme. « Avez-vous senti que l'expérience était démocratique ? », demande le maître du jeu, car, malgré tout, il en faut un. Le faire « réglé » servira de pensée. Le chant et la danse mesurés enseigneront une règle de vie, et surtout l'art de ne pas se fâcher.

Comment ne pas craindre que, derrière cette scène chorégraphique parsemée d'énoncés rares, ne se tiennent pas quelques malins ?

Nos démocrates ayant chassé le conflit régulé pour la règle majoritaire, le 50 % plus une voix, les malins pourront faire entrer dans la coquille vide, au pire une règle qui n'aura rien de désirable, au mieux une règle qui aura été décidée par ceux qui, malgré tout, inventent les règles du jeu, de la danse, du sourire, mais confisquent le droit de qualifier les énoncés comme audibles ou inaudibles en confiant *in fine* à une bonne plume la traduction de ce qui n'aura pas été dit. Mais la Charte sera une chanson et le candidat un bouffon qui ne dit pas grand-chose. Cela en revanche a été clairement dit par nos danseurs démocrates.

Loin de se passer de modèle, ce qui reviendra alors ce seront d'une part les outils de la majorité silencieuse à peine déplacés : le vote majoritaire L, avec de nouveaux candidats labellisés mais sans projet ; le référendum L, mais d'initiative populaire sans qu'on sache qui rédigera la question, comment elle aura été décidée, par qui et comment. Est-ce en traversant une rivière de malentendus, ou de trop bien entendus ? Quant à l'insurrection elle aura été considérée comme trop radicale, elle fait peur… La question de la vérité du solitaire et du minoritaire n'aura pas été posée, d'ailleurs la question de la vérité de la situation n'aura pas trouvé ici de place.

Diderot, mon ami d'enfance, avait fait de la quête de vérité, l'enjeu de l'espèce humaine dans l'*Encyclopédie*. « *Il n'y a de qualité essentielle à votre espèce que celle que vous exigez dans tous vos semblables pour votre bonheur et pour le leur. C'est cette conformité de vous à eux tous et d'eux tous à vous, qui vous marquera quand vous sortirez de votre espèce et quand vous y resterez. Ne la perdez jamais de vue, sans quoi vous verrez les notions de la bonté, de la justice, de l'humanité chanceler dans votre entendement. Celui qui refuse de chercher la vérité renonce à la qualité d'homme, et doit être traité par le reste de son espèce comme une bête farouche* […].[1] »

1. D. Diderot, *Encyclopédie*, t. 5, article : « *Droit naturel* », 1755.

Mais mon ami, je le crains, est devenu bien inactuel. Et moi, à vouloir discutailler, débattre et ne pas être raisonnable, sans doute aussi. J'apparais et la sagesse disparaît…

(*Vacarme*, 2016)

V

LA FOI EN L'IMPOSSIBLE

Grandeurs de la démocratie
(Dialogue avec Pierre Zaoui)

[*Si la démocratie, c'est le différend, alors pour la défendre, il faut l'exposer à la critique. Peut-on la désirer encore ? Pierre Zaoui soulève trois objections : l'opposition Platon, l'opposition Marx, l'opposition Nietzsche, qui viennent la mettre à l'épreuve, sans ménagement. Sophie Wahnich répond en puisant dans l'histoire, notamment dans celle de la Révolution française dont les feux éclairent encore l'idée démocratique. Dialogue en cours.* (NdÉ)]

Pierre Zaoui : Je ne vois pas du tout aujourd'hui de montée du désir démocratique. J'ai plutôt l'impression, au contraire, que croît le désir de servitude : du côté des « luttes », je n'ai pas le sentiment d'un vrai « débord » démocratique. Ça manifeste beaucoup en ce moment, c'est encourageant, et puis rien ou presque : le gouvernement est atroce, les médias aux ordres, et les mouvements s'épuisent ou valent moins comme constitution démocratique que comme témoignages de résistances infra-politiques. Et du côté de la démocratie « représentative », on élit Sarkozy, Berlusconi, Poutine, Ahmadinejad, Netanyahou, ou Bouteflika ; ça me semble encore moins un signe de vitalité démocratique. Obama si. Mais en même temps, sans la crise économique qui éclatait en septembre, aurait-il gagné ? McCain semblait plutôt en bonne passe d'être élu, ce qui, démocratiquement, après huit années de Bush, aurait quand même été parfaitement inouï.

Sophie Wahnich : Je suis d'accord avec toi pour constater que le débord démocratique est vraiment fragile aujourd'hui, et pour cause. L'État de droit a été tellement présenté comme le seul objet du désir démocratique que le désir de justice ou d'égalité ou de dignité ou de vérité fabrique du trouble intérieur ! Chacun de se demander s'il a bien le droit, la légitimité de ne pas trouver justes les nouvelles lois et de le dire. Alors oui, la peur de perdre cet outil protecteur que constitue malgré tout le droit quand il est relié au désir de protection des faibles, des humbles, des démunis, contre des tyrans, des forts, des puissants, des pervers, fait que ce courage, cet effort de demander un droit juste, n'advient pas aisément. Mais, malgré tout, le sujet de liberté, le désir de justice, le caractère intempestif de la voix du peuple ne sont pas morts. J'observe depuis les années 1990, présentées comme celles de la fin de l'histoire et de la démocratie juridique triomphante, une insistance réelle de ceux qui, de multiples manières, incarnent cette ambition démocratique de désinstallation du droit du plus fort pour refonder un droit protecteur. Je pense bien sûr aux nouveaux mouvements militants, mais aussi, plus classiquement, à toute une série de sonnettes d'alarme : 1993, mouvement anti-CIP ; 1995, mouvement contre le démantèlement de la sécurité sociale et des retraites ; 1997, mouvement de soutien aux sans papiers contre les lois Debré ; 1999, mouvement des chômeurs, puis mouvements anti-CPE où, pour la première fois depuis longtemps, on assiste à une victoire. La litanie peut être désespérante car les victoires ne sont pas souvent au rendez-vous. Mais Athènes met plus de cent ans à sortir de la crise issue de la mauvaise répartition des terres et des pouvoirs, à sortir de la tyrannie et de l'aristocratie – l'effort est long. Un révolutionnaire français, Chaumette, parle du « *Sinaï des Droits de l'homme* ». Cet effort s'affaisse aussi régulièrement dans l'histoire, l'effort épuise, mais les gains d'émancipation ne sont réels qu'en sa présence rare.

P. Z. : D'accord pour le « Sinaï des Droits de l'homme », pour le « Sinaï de la démocratie », qui se formule sans doute encore dans l'idée lefortienne de démocratie « inachevée » par essence et non par accident, démocratie ouverte qu'il faut donc sans cesse étendre, parfaire, reconquérir dans un mouvement sans fin. Ou aussi, évidemment, dans l'idée de démocratie radicale à la Castoriadis, dans cette idée d'étendre la démocratie partout, dans le travail avec l'autogestion, dans le voisinage avec les conseils de quartier, dans la famille avec le féminisme et les droits de l'enfant, etc. C'est une très belle idée. Mais elle me semble s'être heurtée à un fort barrage des faits, et c'est ma seconde réticence : qu'est-ce que ça veut dire une exigence démocratique infinie ? Souvent, les hommes et les femmes la désirent peu ou pas durablement, parce que l'autogestion tourne vite à l'auto-exploitation généralisée, les conseils de quartier à des rengaines après la libération de la prise de parole initiale, et l'égalité parents-enfants à la pétaudière ou au mensonge (être dans un pur rapport d'égalité démocratique avec mes enfants me paraît pire qu'impossible : cela me paraît possible et c'est l'un de mes pires cauchemars !), et l'égalité hommes-femmes à un risque de normalisation dangereuse des désirs qui ferait trop bon cas de la réalité de l'inconscient (qui, à mon sens, ignore autant l'égalité que la contradiction, la négation ou le temps). On peut bien dire alors que ce sont le capitalisme et la réaction qui ont tué à chaque fois ces formes inchoatives de démocratie radicale, mais force est quand même de reconnaître qu'ils sont à chaque fois bien aidés, et ça finit par rendre sceptique ou mélancolique. Parce que, pour filer ta métaphore, la traversée du Sinaï ça a dû être une sacrée expérience mélancolique, une expérience de vain combat et de vaine attente qui fait que le peuple manque toujours ou disparaît sous la figure du chef : Moïse, Moïse… D'où ma plus grande proximité avec Deleuze qu'avec Lefort ou Castoriadis : les devenirs, les mouvements démocratiques intempestifs, les désirs de révolte, oui, les institutions symboliques ou les imaginaires communs (les Droits de l'homme, l'égalité, « le peuple »…), j'ai plus de doutes…

S. W. : Je ne suis pas convaincue que l'égalité dans la différence tue le désir. Au contraire, je pense que le désir des femmes suppose cette égalité, sinon la sexualité c'est la guerre, la conquête, la domination. Je ne sais. Je crois qu'en fait on retrouve cette question de l'effort. L'émancipation suppose de savoir dire non, de se fâcher quand le projet dérape vers de l'aliénation, de la domination, de l'exploitation ; le projet démocratique suppose une vigilance. Or toute l'éducation de l'oubli actif consiste à dire l'inverse : il faut respecter la loi, le chef, le fort et même aimer ça, être indulgent avec les crapules. Le tournant a eu lieu dans les années 1980. Cette vigilance suppose du débat constant, donc des lieux pour débattre et une inventivité sans répit. Les normes, y compris amoureuses, de soumission sont effectivement de plus en plus diffusées et cela permet d'acheter un semblant de paix. La démocratie, c'est la guerre latente pour la liberté. Si l'on baisse les bras on redevient esclave. Finalement « pourquoi faire l'effort d'être libre » serait la question démocratique par excellence, et elle n'a pas de réponse. Mais il me semble que la révolte face à l'excès d'inhumanité, de trahison, de triche produit cet effort, et que nous y sommes. Mais cela peut prendre beaucoup de temps à réinventer d'une manière dense et efficace.

P. Z. : Mais sur ce point je te suis parfaitement. Là où je crois qu'on diffère, c'est sur ce qu'il s'agit de réinventer exactement : est-ce vraiment l'idée démocratique ? L'idée et même le mot de démocratie ne sont-ils pas aujourd'hui un peu trop salis ? Comme dirait Deleuze, il a peut-être servi à « *bénir trop de choses* » : des guerres infâmes, des occupations, une bonne part du colonialisme, la loi de Lynch, la peine de mort, ou encore les politiques d'aujourd'hui sur l'immigration ou la baisse des impôts. Au mieux c'est un mot un peu trop mou, qui ne permet qu'un consensus de façade : qui ne se dit pas démocrate aujourd'hui ? De ce point de vue la position de Rancière, qui aime non les consensus mais la démocratie, me semble symptomatique : pour échapper à une telle critique, il faut qu'il prouve que la démocratie est en vérité « haïe » et le peuple méprisé, que tous ceux qui se prétendent « démocrates » haïssent en vérité les vraies manifestations des volontés populaires. Mais, outre le fait qu'une telle haine ne me semble pas vraiment avérée (ne pas aimer la démocratie, ou s'en foutre, ou la trouver à jamais ambiguë, ne signifient pas la haïr), la proclamer me semble surtout produire un idéal bien trop haut pour nos propres forces, et qui tend du même coup à culpabiliser tout le monde : on n'est jamais assez démocrate, jamais assez capable de réussir ce geste si rare et difficile de parvenir à s'investir dans la chose publique en tant que citoyen et de s'en désinvestir en tant que personne. Autrement dit, il me semble parfois qu'il y a trop peu de création et de nouveauté dans les déclarations d'amour abstraites envers la démocratie pour ne pas cacher des passions bien plus sombres.

S.W. : Que le mot soit usé sans doute, comme le mot « amour » devenu « vieux », mais l'abandonner au profit du seul droit et de l'État de droit, c'est renoncer à toute une histoire de l'émancipation. Démêler l'imbroglio, oui, mais se faire piquer les bijoux de famille sans rien dire, alors non. Pour Rancière ou pour ceux qui, comme moi, entendent ses arguments, je ne sais quelle passion sombre nous habite, mais la haine de la démocratie comme possibilité de l'émancipation intempestive, ce n'est pas une vue de l'esprit. Les communards sont fusillés et déportés, les révolutionnaires français du moment 1793 présentés comme des buveurs de sang, les mouvements d'émancipation, quand ils s'égarent, très rarement amnistiés, les collaborateurs et les fascistes toujours... Les mots sont toujours chargés d'une histoire qui n'est ni linéaire ni limpide, et vouloir décharger les mots c'est vouloir se décharger d'une conscience historique qui est celle de la difficulté de faire advenir de l'émancipation démocratique. Il y a des néologismes qui réussissent, mais il y a plus de renoncements que d'inventions, je fais plus confiance aux retournements énonciatifs qu'aux néologismes.

P. Z. : Tu as raison. Au fond, sous couvert d'histoire, ta vraie position n'est peut-être pas empirique mais théorique. Tu sembles parler de « l'émancipation démocratique » finalement de manière très anhistorique, de la Grèce à la Révolution. Donc déplaçons la question sur le terrain théorique. Elle devient alors : indépendamment des victoires et des défaites, des oublis et des retombées, l'émancipation et l'égalité de tous sont-elles les fins dernières de l'action et de l'engagement politique ? Ma principale opposition à cette idée est philosophique, et on peut l'appeler l'opposition-Platon. Aujourd'hui, quand on veut défendre la démocratie, on attaque l'aristocrate, voire le « totalitaire » Platon et on réhabilite ses « ennemis » : les sophistes, le sens commun, Aristote, les hellénistiques, etc. Or la philosophie c'est quand même d'abord Platon, c'est-à-dire à la fois ce geste de rupture avec le sens commun, avec le bon sens, avec la pensée vulgaire, et ce geste de distinction ou de sélection qui ne partage pas, ne fait pas de compromis, et emporte tout d'un seul côté, au nom d'un sens plus absolu et plus intransigeant de la vérité. Il n'y a pas à tortiller là-dessus. De ce point de vue, Platon me semble avoir nommé l'invariant de la position philosophique par rapport à la démocratie : c'est le pire des régimes par rapport à la vérité qui est toujours minoritaire, exige toujours de s'échapper du commun, et le « moins pire » par rapport au réel (quand le Roi est un tyran et les aristocrates une caste d'oligarques incapables). Après cela, on peut bien essayer en philosophie de « renverser » Platon comme on voudra, au nom de l'hétérogène, de la différence, de la puissance du faux, des « *devenirs révolutionnaires* » : on ne quitte pas pour autant cet invariant tant qu'on demeure philosophe. Sur ce point, même si j'ai par ailleurs mille distances par rapport à Badiou, quand même, respect d'avoir tenu bon là-dessus. Car sans l'expérience que la plupart des hommes, non pas sont idiots, mais vivent comme des idiots, sont un peu indignes de leur humanité, il n'y aurait plus de philosophes. Et cette expérience est par définition non pas anti- mais non-démocratique. En ce sens, d'ailleurs, peut-être est-elle aussi parfaitement orthogonale avec l'expérience de l'histoire, qui, elle, consiste peut-être à rechercher au contraire tous les moments où les hommes et les peuples réinventent des dignités communes.

S. W. : Ce que tu prends pour une position anhistorique est en fait une autre conception de l'histoire, celle qui, à la manière de Walter Benjamin, fait du passé une catégorie du temps contemporaine du présent. Les périodes du passé sont alors des laboratoires à revisiter à la manière de l'anachronisme contrôlé de Nicole Loraux. Revenir vers le présent lesté des questions que se posaient les Athéniens ou les révolutionnaires français pour voir comment elles peuvent résonner avec nos questions.

Ma référence pour la quête de la vérité, ce n'est pas Platon qui méprise la grosse voix de l'animal populaire, mais les Lumières qui déclarent que cette quête de vérité, quand elle intéresse la cité, est indissociable de la liberté de penser pour quiconque, quelles que soient les formes que prend la pensée. La pensée des Lumières est alors certes une pensée formulée par des énoncés de discours, mais elle est aussi une pensée plus sensualiste, plus expérimentale, plus nouée à des pratiques, à un sens pratique. L'enjeu n'est pas la quête d'une vérité absolue, car si elle est absolue elle ne concerne plus l'*ethos* de la cité, mais ce qu'on appelle la science aujourd'hui, et l'oubli actif de la démocratie n'a jamais cessé d'inventer, contre la formule intempestive, des sciences de gouvernement. Les Lumières fondent une raison politique sensible qui appartient à tous, pourvu encore une fois que chacun, pour tous, fasse l'effort de la liberté de penser. La théorie d'un espace public de réciprocité fonde la nécessité pour chacun d'être à la hauteur de la cité libre, et donc d'être dans cette quête de vérité et de liberté. C'est la fonction même de la sphère publique fondée sur la nécessité de penser le gouvernement populaire articulé à cette intelligence collective à l'œuvre. Si cet ouvrage collectif décroît, alors il n'y a plus de démocratie. Les démagogues peuvent prendre le pouvoir.

Cette conception ne nie pas des écarts, des inégalités de talents, les gens talentueux sont valorisés, c'est-à-dire qu'on attend de leur talent un progrès pour tous. Il n'y a pas arasement des compétences, mais affirmation d'une égalité des dignités humaines dans l'effort de chacun et de tous à devenir libres ou à maintenir cette liberté. Lorsque les talents sont méprisés, les démagogues peuvent aussi agir en toute tranquillité.

P. Z. : Mais la reconnaissance ou la valorisation *communes* des compétences me semblent parfaitement impossibles par la voie démocratique. Parce que, justement, cette voie, de Rousseau à Rawls, repose sur l'abstraction des compétences et des dignités particulières. Il faudrait alors parler ici non plus d'une opposition-Platon mais d'une opposition-Marx : l'enjeu c'est moins de défendre une répartition égale ou équitable des ressources suivant un critère donné (mérite, travail, compétence, besoins, etc.) que d'abolir tout critère de répartition et de compétence au nom d'une division du social irréductible à tout classement, comme à toute égalité abstraite des dignités. Tout son génie, ce fut quand même ceci : défaire les catégories pérennes de la pensée politique, mais trop grosses et trop abstraites, de peuple, de population, de nation, au nom des catégories à la fois plus « réelles » (plus ancrées dans le travail quotidien) et plus « idéales » (faisant de l'essence de l'homme autre chose qu'un compromis ou une bigarrure) de classes. De ce point de vue, parler de démocratie me semble souvent (pas toujours, mais souvent) en régression par rapport à ce geste formidable. La lutte de classe, pour sa classe, contre son exploitation, ne peut pas être une lutte pour la démocratie et la dignité égale de chacun (on s'en fout bien d'être digne quand on trime comme un esclave). C'est une politisation par le bas, et j'aime ça. Et, à l'autre extrémité, la société sans classes, la communauté des hommes totaux, ça a aussi une autre allure que la démocratie. En bref, on peut reprocher mille choses à Marx, mais ce que j'adore encore chez lui, c'est cette articulation inédite de la communauté universelle et de l'individu libre singulier, et cette articulation ne me semble possible qu'aux dépens de l'idée de démocratie.

S.W. : Sur la dignité, je suis en total désaccord. Personne n'est indifférent à sa propre dignité dans la cité, et cette dignité est d'autant plus revendiquée qu'elle est bafouée ; les affaires de justice concernent tout autant des questions d'honneur et de dignité que des questions matérielles. La question, c'est de savoir où se fonde cette dignité. Pour les révolutionnaires français, dans leur capacité à faire respecter leur souveraineté et donc la justice, à faire respecter ce qu'ils appellent « *l'honneur du nom français* », l'honneur d'une grandeur qui se résume à avoir voulu devenir libre et à avoir fait l'effort de le devenir. Nier souveraineté populaire et justice, c'est nier cet effort et lui faire perdre sa dignité. « *Qu'est-ce qu'un roi près d'un Français ?* » interroge Saint-Just. Autrement dit, quels sont les titres et dignités des nobles face à des hommes qui ont su vouloir la liberté. Marx ne pense que la lutte des classes et la dissolution de toutes les classes, mais la démocratie c'est la lutte où une classe a gagné le pouvoir, sans dissoudre les classes mais en prétendant assumer le destin de tous. C'est pourquoi Marx dans le *Manifeste* déclare que « *la première étape dans la révolution ouvrière est la constitution du prolétariat en classe dominante, la conquête de la démocratie* ».

En bref, cette première étape est sans illusion. Marx, comme tous les socialistes utopiques, pense une sortie de l'histoire. La fin de la démocratie serait la dissolution de toutes les classes. Les démocrates pensent l'histoire infinie de cette lutte maintenue pour ne pas sombrer à nouveau dans la servitude. Marx pense une désaliénation de l'oubli actif, la conquête du pouvoir démocratique comme étape, et fait juste un pas de plus dans l'utopie.

P. Z. : Mais pour Marx le rapport à la démocratie (comme à l'histoire d'ailleurs) est purement instrumental ! Quant à l'idée que « *personne n'est indifférent à sa dignité* » dans la cité, je ne dis pas le contraire, je dis juste qu'on peut avoir un rapport avec elle plus complexe qu'une lutte pour la reconnaissance ou la valorisation égalitaire. On peut aussi aimer jouer avec : s'aimer paria, minoritaire, homme sans qualités, sans déterminations, loque beckettienne, anomalie irrécupérable, anarchiste couronné, prince et clochard, bref dissident. La dissidence c'est le contraire d'un « combat pour », c'est un « jeu avec ». Du même coup, peut-être que cette fois notre désaccord s'éclaircit un peu. Tu es dans une dialectique entre les principes et l'histoire. Je serais plutôt dans une dialectique entre des usages possibles (de l'égalité, de l'émancipation, de la dignité, de la démocratie) et des fins innommables, dissidentes. Cette fois, il faudrait toutefois changer encore de nom, et plutôt parler d'une opposition-Nietzsche. Nietzsche ne hait pas en soi le peuple ni les peuples ni la grandeur des peuples (il dit au contraire : « *avant il y avait des peuples maintenant il y a des troupeaux* », avant les peuples étaient grands). Mais ce qu'il déteste dans les idées de démocratisme ou de socialisme ce sont deux choses. D'abord le ressentiment, quand sous l'amour proclamé du peuple se cache la haine des grands, voire la haine de ses pairs. La haine et le soupçon triomphent quand la loi de la démocratie devient la loi de la majorité. Or cela advient peut-être dès que l'on pense que la grandeur n'est que du peuple et non des individus singuliers qu'il produit, quand le fait majoritaire l'emporte sur les devenirs minoritaires. C'est en tout cas ainsi que j'entends sa grande maxime : « *Il faut toujours défendre les forts contre les faibles* » : un grand peuple est d'abord celui qui protège au mieux ce qu'il y a de rare, singulier, hors norme, et donc fragile, en lui, et non pas celui qui cherche sans cesse à rabaisser, à égaliser, à défaire les grandeurs. Quant à sa seconde détestation, c'est celle des rengaines et des communions autour de valeurs éculées : il faut sans cesse se surmonter, sans cesse créer de nouvelles valeurs, donc le contraire d'une fidélité à un idéal et, encore moins, à un parti. C'est en ce sens en tout cas que j'aime les années 1960-1970 qui étaient effectivement très « nietzschéennes » : on ne cessait de vouloir dépasser le modèle démocratique par tous les bouts — par les combats des minorités, par la société sans classes, par les sociétés primitives sans État, par des communautés en marge, par des dissidences dans les interstices, par des machines de guerre nomades, par les sous-développés pré-politiques, par les fous, etc. Bref une « grande politique » mondiale au lieu d'un démocratisme ethnocentré ou populiste cherchant *ad nauseam* à reproduire la geste des Grecs, des Romains, ou des révolutionnaires du passé.

S. W. : Qu'est ce que le ressentiment ? Sans doute un sentiment d'impuissance à pouvoir tourner une page de l'histoire et donc, pour partie, le sentiment que la justice ne pourra pas advenir, qu'il est impossible de sortir des rapports de domination. La haine ne me semble pas relever de ce ressentiment, mais de la coupure radicale d'une justice à venir à laquelle on croit pleinement. La haine des grands ne produit pas de ce fait un ressentiment, mais un besoin de vengeance publique exemplaire, un besoin de justice. Robespierre exprime très explicitement une telle haine à l'égard du roi en 1792 : « *Je n'ai pour Louis ni amour ni haine,* *je ne hais que ses forfaits.* » Beaucoup plus tard, en 1902, Péguy, autour de l'amnistie de Dreyfus (qu'il refuse, car il ne veut pas que l'affaire soit refermée par une procédure de clémence en lieu et place d'une procédure de justice) déclare que la tolérance conduit à l'avilissement, qu'il faut haïr, et affirme que la haine, c'est la non-amnistie. La haine, donc, comme faculté de juger. Or que s'agit-il de juger ? À chaque fois que la haine est déclarée, il s'agit de juger ce que l'on appelle au XVIIIe siècle un « *crime de lèse-humanité* ». La haine n'est pas alors un sentiment qui surgit, un sentiment incontrôlable, mais une volonté qui s'exprime par un sentiment politique. Comme lorsque Claude Lefort explique que la terreur est une contrainte sur soi et qu'à cet égard il faut la vouloir ; la haine politique suppose aussi cet effort. Il faut faire l'effort de haïr et donc d'être intransigeant avec les crimes qui visent à faire disparaître la possibilité même de vivre humainement ou de devenir humain. Parmi ces crimes de lèse-humanité, la tyrannie, la réduction d'un être humain en esclave, la perversion de la langue du droit qui la rend inutilisable pour fonder l'humanité, la trahison. La haine ressemble alors à celle qui se déploie à l'égard des Amalécites dans la Bible. Ne pas les combattre c'est soi-même devenir criminel puisque ces « monstres » détruiront, malgré tout, ceux qui les protègent. C'est en ayant à l'esprit cette haine politique, non des grands mais des dangereux, qu'on retrouve quelque chose des fondements de la démocratie qui ostracise ceux qui pourraient la mettre en danger.

Venons-en à la loi de la majorité. En fait elle ne devient exclusive qu'après Thermidor, contre la logique moderne de la résistance à l'oppression où un seul peut avoir raison contre tous. Ce sont les acteurs de Thermidor qui refoulent la possibilité de cette grandeur garante de la démocratie, de la République, en supprimant la résistance à l'oppression comme droit naturel. Jusque-là, la minorité a non seulement toujours son mot à dire, mais elle incarne souvent la vérité de l'événement. Robespierre récuse après l'insurrection du 10 août les notions de majorité et de minorité, « *nouveau moyen d'outrager et de réduire au silence ceux qu'on désigne sous cette dernière dénomination.* [...] *Or* [ajoute-t-il] *la minorité a partout un droit éternel ; c'est celui de faire entendre la voix de la vérité, ou de ce qu'elle regarde comme telle.* » Face à la loi du nombre, Robespierre mobilise la voix de la vérité, et cette vérité reste celle de l'événement, où, par définition, les acteurs ne sont jamais majoritaires.

La démocratie peut-elle être un régime politique de la reproduction, de la transmission ? Elle n'est pas pensée comme telle par les révolutionnaires français les plus radicaux. Saint-Just affirme ainsi qu'il ne faut rien négliger, mais qu'il ne faut rien imiter. Chaque génération a la tâche d'inventer son devenir démocratique, d'où la volonté explicite de ne pas penser la démocratie comme immobile ; ainsi dans l'article 28 de la déclaration de 1793 : « *Un peuple a toujours le droit de revoir, de réformer et de changer sa Constitution. Une génération ne peut assujettir à ses lois les générations futures.* » Alors oui, il s'agit bien de penser la démocratie comme un phénix constamment à brûler et à réinventer. Je pense *in fine* que Nietzsche aurait pu faire un très bon révolutionnaire.

P. Z. : Je ne suis pas sûr de tout comprendre, mais ce que tu dis ne laisse pas de m'effrayer un peu. Je suis favorable à tous les combats, à tous les ennemis, à toutes les « haines » que tu voudras quand elles sont mues par un désir de justice et de liberté, mais à une seule condition : sous l'interdit absolu de donner la mort. Ce qui ne veut pas dire sous l'interdit de toute violence. Plus précisément, les occupations d'usine un peu rudes, les bannissements (autrefois presque équivalents à la mort mais plus aujourd'hui), les sabotages des lignes SNCF, voire, même si c'est un peu limite, les séquestrations de patrons comme à Continental – d'accord si c'est efficace. Le problème là n'est pas de principes : il est pragmatique, parce qu'à chaque fois ce peut être encore proportionnel à la violence et l'injustice subies, mais la mort, non, jamais.

S. W. : Tu as raison de soulever cette question, elle court en sous-texte depuis le début de nos échanges. Tout l'enjeu est de s'élever contre la fable angélique de la démocratie, qui veut la dépouiller de toute violence et donc, en un sens, de toute grandeur. Car, qu'est-ce qu'être grand, sinon résister à la violence mortelle de l'ennemi tout en retenant la violence souveraine ? Mais la violence et la mort sont toujours déjà là et ne sont pas l'invention d'êtres par essence « terroristes » ou perdus dans l'universalisme abstrait. Pour conquérir la démocratie, les Athéniens ont connu une guerre civile d'un siècle, les Français une révolution qui n'a pu être de velours. Il ne faut pas céder à l'oubli actif de cette réalité historique.

(*Vacarme*, 2009)

Peuple et violence dans l'histoire de la Révolution française

La violence politique dans l'historiographie de la Révolution française

Si l'histoire de la Révolution française ne se limite pas, fort heureusement, à l'analyse de la violence qui s'y est déployée, cette violence semble encore la frapper aujourd'hui d'un discrédit qui conduit à plusieurs impasses historiographiques.

La première consiste à éviter soigneusement d'en parler pour ne pas réveiller des démons et ainsi faire comme si les droits de l'homme et du citoyen n'avaient pas eu besoin de la violence populaire pour être ratifiés par le roi, dès octobre 1789. La violence de la période révolutionnaire est traitée comme un épiphénomène, ou comme un secteur d'histoire qu'il faudrait traiter à part.

La seconde consiste à en parler d'une manière quasi expressionniste à l'aide d'un vocabulaire choisi dans le registre thermidorien : « *spectre* », « *violence débridée* », « *surenchère* », « *gouffre* », « *anarchie* », et de refuser d'en analyser les enjeux théoriques pour en faire une pure pragmatique du fait révolutionnaire. La Révolution française devient alors un ring où tous les coups semblent possibles, permis ou acceptés en l'absence d'arbitre, puisque l'État, qui dans ce récit se doit de réprimer, est décrit comme « *faible*[1] ».

Enfin, la troisième impasse consiste à continuer d'en parler sur un mode généalogique et à faire de la Révolution française la « *matrice des totalitarismes* ». Cette historiographie a imposé un dégoût pour la Révolution française arc-bouté à

1. J.-C. Martin, *Violence et Révolution. Essai sur la naissance d'un mythe national*, Paris, éditions du Seuil, 2006.

un dégoût pour les crimes politiques du XXe siècle en superposant l'expérience du XVIIIe siècle et celle du XXe siècle[1]. Elle n'est ainsi qu'une manière de produire un discrédit sur la Révolution française dans son ensemble, sur la révolution comme phénomène politique et social, à maintenir un voile d'ignorance sur la Révolution comme processus d'émancipation. Elle est bien sûr en partie contradictoire avec la position précédente car l'absence d'État ou l'État faible ne peuvent produire du « *totalitarisme* ». Cette position souhaitait produire une critique, qu'on pourrait qualifier d'absorbante de l'histoire de la Révolution française. Elle devait disparaître dans sa dimension héroïque, laudative, et même interprétative, le dégoût devait l'emporter sur la curiosité. À ce titre, elle a pris quelques rides, car la Révolution française comme événement et comme objet a résisté à ce pouvoir absorbant[2]. L'histoire de la Révolution française ne peut se dissoudre dans cette question finalement fausse des matrices du totalitarisme. Elle reste cependant disponible, ne serait-ce que pour affirmer que tout travail qui s'intéresserait à la violence politique révolutionnaire et populaire, non pour la vilipender mais pour l'analyser et la comprendre, reconduirait une justification des pires violences politiques, celles qui ont endeuillé

1. Il s'agit du *Livre noir du communisme*, sous la direction de Stéphane Courtois et du *Passé d'une illusion* de François Furet. Dans cette filiation, et désormais avec Stéphane Courtois pour auteur *Le Livre noir de la Révolution française, la face obscure de la Révolution française*, le Cerf, Paris, 2008. Y ont participé plusieurs membres de l'Institut (Pierre Chaunu, Jean Tulard, Emmanuel Le Roy Ladurie).

2. En témoignent le site Révolution.net, les travaux des membres du comité de rédaction de ce site, Marc Belissa, Yannick Bosc, Françoise Brunel, Marc Deleplace, Florence Gauthier, Jacques Guilhaumou, Fabien Marius-Hatchi, Sophie Wahnich ; les travaux de Jean Fabien Spitz en science politique, ceux d'Anne Simonin qui vient de l'histoire contemporaine, la vigueur de ce champ outre atlantique et outre manche, etc.

le XXe siècle. De là à considérer que faire l'histoire de ces violences populaires est un appel au meurtre est un pas qui a été récemment franchi[1]. De fait, la fabrique de l'interdit pèse sur l'objet même des violences populaires si l'historien vise moins à les juger qu'à comprendre leur engendrement, s'il souhaite écouter les arguments des acteurs et restituer la part d'incertitude qui a été la leur. Faire cette histoire, c'est donc encore lever un tabou.

Le tabou ne porte pas seulement sur la violence, mais bien sur le peuple comme acteur légitime. Ces différentes manières de ne pas faire ou de faire l'histoire de la violence révolutionnaire conduisent à ne jamais le prendre en compte comme tel.

Dans le premier cas, sous prétexte de protéger l'objet Révolution, la violence des luttes qui s'y sont déroulées semble masquée. La fabrique d'une Révolution française sans violence exécutive, sans violence en contrecoup de la résistance à l'oppression, donne un sentiment étrange de déréalisation. Au lieu d'être vénérées ou monumentalisées comme elles avaient pu l'être très longtemps dans l'historiographie nouée à la société des études robespierristes et

---

1. Jean-Clément Martin peut ainsi écrire à propos de mon livre, *La Longue patience du peuple,* 1792, *naissance de la République* (Paris Payot, 2008) et des analyses qui y sont faites des massacres de l'été 1792 : « *L'historien ne peut pas oublier que les assassins (les mots ont un sens et il faut le garder) ont été mis au ban de la société et qu'ils n'ont dû leur impunité temporaire, qu'à leur rôle dans les institutions qu'ils ont contrôlées jusque dans les années 1793-1794.* [...] *Il ne peut être dupe des analyses pseudo politiques transmuant des actes de droit commun en justice populaire.* [...] *Le* XXe *siècle a été généreux en ce qui concerne les déviations de ce genre de justice ; de la révolution russe depuis l'été 1917, au Cambodge de sinistre mémoire, en passant par le Japon des militaires, pour refuser qu'on puisse justifier la mort d'un opposant parce qu'il a politiquement tort. Rien ne peut justifier philosophiquement une telle position d'appel au meurtre populaire, dans une pareille démonstration aussi imprécise et inscrite dans un climat de sacralité mal définie.* »

à la revue qu'elle publie depuis le début du XXe siècle, les *Annales historiques de la Révolution française*, ces luttes sont, pour ainsi dire, absentées, le peuple comme acteur politique et ses porte-parole avec.

Dans le second cas, rien ne mérite la vénération ni la monumentalisation, puisque la violence est, non seulement on ne peut plus discréditée, mais impossible à cerner. Elle est l'ombre de l'événement, son spectre. Cette historiographie qui prétend ne pas vouloir juger les acteurs pris dans une catastrophe politique, affirme pourtant que de mauvais plis sociaux ont rendu le petit peuple archaïque et violent, et elle déplore ainsi qu'il soit devenu à part entière membre du peuple souverain. En creux, il s'agit fondamentalement d'une attitude anti-révolutionnaire, puisque la Révolution conduirait nécessairement à la violence, ne pouvant se lover que dans des périodes de faiblesse de l'État répressif, dans des moments inouïs où des révoltes légitimées font le droit. La violence révolutionnaire, serait alors le surgissement d'un tréfonds humain nauséabond et rien d'autre, elle ne serait jamais légitime. La violence exécutive, quant à elle, le serait toujours puisqu'elle vise à empêcher que ce tréfonds se manifeste. Le peuple est constitué d'une nuée de barbares à maîtriser, à contrôler.

Enfin dans le troisième cas, le peuple est la victime du « *totalitarisme* » des comités, des institutions de terreur. Il n'est pas responsable de sa destinée puisque, justement, il a été manipulé par des figures perverses et dictatoriales, muselé par un appareil d'État destructeur de la liberté de penser et de s'exprimer.

Pour sortir de ces impasses qui, soit absentent le peuple, soit le diabolisent, soit le victimisent, il s'agit d'une part de lui redonner sa place comme acteur politique et, d'autre part, de cesser de parler de la violence au singulier, pour saisir comment s'enchaînent des violences multiples en période révolutionnaire : violences symboliques, violences sur les corps du côté de l'exécutif répressif, violences réactives du côté d'une « *majesté nationale outragée*[1] » qui résiste à l'oppression. Enfin il s'agit de prendre la mesure de ce que pourrait être une histoire vraiment contemporaine des violences politiques révolutionnaires.

Mais qu'est-ce que « le peuple » ?

Depuis que je travaille sur la « *voix du peuple* » et sur ce corps parlant que sont ses émotions, on m'a souvent demandé qui était « *ce peuple patient* » dont je parlais ? Si je croyais qu'il avait vraiment existé ? Qui il était sociologiquement ? Si Robespierre qui affirmait : « *Je suis peuple* » faisait, de mon point de vue, partie du peuple avec sa perruque poudrée et son bel habit ? Je me suis peu à peu rendue compte que le mot « peuple » était devenu une catégorie infréquentable en histoire, quasi inacceptable. Elle dévoilait la naïveté de l'historien qui croyait aux catégories de ses sources sans les interroger. Or, selon moi, faire l'histoire du peuple révolutionnaire, c'est accepter une tension réelle entre le peuple de l'énonciation d'acteurs qui parlent du « peuple » ou au nom du « peuple » et le fait populaire sociologique. Mais, on le sait bien, pour la Révolution française comme pour la démocratie grecque, le peuple est une fiction active et il est en même temps bel et bien l'enjeu de ce qui doit advenir en politique, un souverain populaire, un peuple qui occupe l'espace souverain. Il est à la fois la fiction active, l'objet manipulé et l'acteur central du processus qui conduit à l'avènement de la République comme gouvernement populaire. Le mot « *peuple* » de « *ma longue patience du peuple* » dit tout cela. Comme le chausson aux pommes de Marcel Proust, comme le temps de Koselleck, « le peuple » est un concept feuilleté, à la fois politique, historique et langagier. Il est le terme politique qui crée la tension

1. Expression de la pétition du 20 juin 1792, présentée à l'assemblée législative par les porte-parole du faubourg Saint-Antoine.

entre une totalité imaginaire et ceux qui ne sont pas encore autorisés à prendre part au pouvoir, ceux qui sont exclus par le suffrage censitaire de 1791. Penser la catégorie de peuple c'est penser ces tensions, ces écarts.

L'expression : « *longue patience du peuple* » est celle de Jean-Baptiste Louvet connu pour avoir accusé Robespierre d'être responsable, avec son supposé ami Marat[1], des massacres de septembre. On peut alors se dire que, oui, le mot « peuple », plus exactement l'éloge de cette longue patience du peuple chez Jean-Baptiste Louvet, n'a pas seulement partie liée avec la démocratie qui vient, mais avec une démagogie brissotine qui travaille « l'esprit public », avec son ministère de l'esprit public inventé par Roland. Ce dernier souhaitait explicitement travailler au corps l'opinion populaire et produisait la propagande nécessaire à cet effet depuis ce ministère public. Mais, ce peuple qui n'aurait même plus droit à son nom dans l'histoire, devient pourtant le corps-sujet de cette histoire. Des hommes, des femmes disent qu'ils sont le peuple souverain et poursuivent un trajet politique, persévérant, déterminé. Ils n'attendent ni l'aveu des Brissotins, ni même celui de Robespierre pour déclencher l'insurrection du 10 août au nom de la résistance à l'oppression. Ce peuple est certes composite sur le plan sociologique et même sur le plan philosophique. Ni purs sujets de liberté ni purs agents soumis à des déterminations certaines. D'une manière éphémère et rare,

1. Toute analyse de la violence révolutionnaire suppose de repasser par la case Marat. Or Marat est en partie fabriqué par les Girondins, et leur opposition systématique à *l'Ami du peuple* donne de plus en plus de poids à des propos qui sont parfois de l'ordre d'une provocation rhétorique, une provocation de journaliste et qui vont être pris au mot. Marat lui même s'en mord les doigts. Mais qu'est-ce que l'accusation de maratisme qui revient dès qu'on s'approche de la Révolution et de sa violence ? Une manière de renouveler ce jeu de miroirs et de transformer une analyse de la retenue de la violence en appel au meurtre.

ils ont pu, en 1792, devenir des sujets de liberté, en tentant de penser les situations qu'ils vivaient ou qu'ils subissaient. Ils ne décidaient pas dans la maîtrise des conséquences, mais agissaient parfois librement. Faire l'histoire de ce peuple, c'est refuser son absentement de la scène historique, c'est aussi déjouer l'identification du peuple à la « populace ». C'est ainsi déclarer : oui, cette catégorie suppose encore d'être historicisée, oui cela vaut encore la peine de faire l'histoire du « peuple ». J'irai même jusqu'à affirmer que faire l'histoire de la démocratie suppose de faire l'histoire du peuple et de distinguer une catégorie sociologique et historique qui peut opter politiquement contre la démocratie, alors que « le peuple » comme catégorie philosophique et politique ne peut aujourd'hui s'appeler tel qu'en inventant la démocratie.

Je crois qu'aujourd'hui cette conscience de la division constitutive du peuple et de la politique comme bataille, conscience au fondement du désir de faire de l'histoire, est en crise, comme est en crise l'histoire du peuple.

Venons en maintenant aux violences.

Violences réprimantes, violences libérantes

Loin de confondre toutes les pratiques violentes, une approche pertinente des faits de violence doit distinguer classiquement entre violence exécutive, réprimante – en Révolution, en 1791-1792, l'usage par exemple de la loi martiale – de la violence législative qui fabrique une violence symbolique. Mais il s'agit aussi de distinguer l'émeute nouée à la revendication de résistance à l'oppression, du massacre noué au « silence des lois », et à l'ouverture d'un cycle de la vengeance. Cette vengeance, les anthropologues la considère comme la forme que prend la justice quand la société n'est pas unifiée, mais qu'elle vise à le redevenir. Elle n'est pas une forme dégradée de la justice pénale, mais la forme de justice à l'œuvre dans des sociétés scindées en deux groupes vindicatoires. Si la guerre est, dans sa forme défensive, une troisième institution de justice, elle ne vise que l'anéantissement du groupe ennemi. La vengeance publique vise, elle, la réconciliation sociale avec le groupe vindicatoire antagoniste dont la dette d'honneur et de sang doit être réduite pour pouvoir réunifier la société[1]. La vengeance n'est pas une loi martiale.

Or ce qui frappe, c'est que, sans être des épiphénomènes ni des événements en surcroît dénués de décision et de caractère décisif, ces moments émeutiers ou vengeurs sont rares, car le peuple a une conscience réflexive des dangers de la fureur. Grâce à l'invention en situation de rituels d'apaisement, les révolutionnaires ont longtemps retenu, sans la refouler, l'émotion et la violence révolutionnaires. Au cœur de cette retenue, la demande de loi et le dialogue réglé avec l'assemblée. Pétitions et rituels sont alors aptes à faire partager aussi bien des arguments que des émotions.

Pourtant, malgré cette volonté de retenue, la violence a bien été effective. Dans quel chaînage depuis juin 1791 ? Une violence symbolique de l'exécutif, la fuite du roi signant sa trahison. Une violence symbolique des Constituants qui inventent une fiction protectrice pour ce roi. Une violence du pouvoir exécutif sur les corps des pétitionnaires réclamant justice face à ces trahisons, dans la fusillade du champ de mars, le 17 juillet 1791 où la loi martiale est déclarée. Violence répressive et policière sur les journaux et les sociétés politiques de sensibilité populaire ou républicaine. Violence symbolique de l'amnistie des émigrés, du roi et des personnes qui l'avaient aidé à fuir ; violence symbolique de l'amnistie des faits de révolution qui fait passer à la trappe la mémoire de cette fusillade. Violence de la loi martiale dans les campagnes, réactions violentes en regard, répression, violence symbolique du « silence des lois » et règlements de compte que ce silence autorise. Violence ensuite des défaites guerrières attribuées

1. Sur ce point, je renvoie à Raymond Verdier (dir.), *La Vengeance. Études d'ethnologie, d'histoire et de philosophie*, Paris, Cujas, 1980.

à une nouvelle trahison, veto vécu comme une exposition à l'anéantissement du peuple révolutionnaire par son roi, demandes de lois de défense refusées, incrimination des pétitionnaires du 20 juin...

La liste est fort longue de la violence subie avant que le peuple ne se décide à reprendre le glaive de la loi, à ressaisir sa souveraineté du côté d'une violence agissante. La décision de l'insurrection ne s'est pas faite sur un coup de tête et il paraît urgent de réfléchir à ce qui peut conduire à programmer une insurrection quand on redoute pourtant les effets délétères de la violence sur les corps. Il s'agit de comprendre quand et comment la patience du peuple s'épuise. Or cette question est d'actualité.

Actualité d'une telle histoire

Notre présent est plein d'une interrogation sur les manières de pouvoir maintenir un idéal démocratique face à la dérégulation des rituels les mieux établis (le vote), des institutions les plus caractéristiques de cet idéal (la presse) aux prises avec la ligne de crête démagogique ou autoritaire. S'il s'agit de réinventer des gestes de résistance à l'oppression, quelle forme peuvent-ils prendre ? Jacques Derrida, puis Giorgio Agamben ont pointé depuis déjà une dizaine d'années « *l'impossible au-delà d'une souveraine cruauté* », et montré que si l'alternative à la société du spectacle était cette cruauté souveraine, il n'était pas certain qu'il soit possible de retrouver facilement un *ethos* de citoyen. L'héroïsme des jeunes gens sacrifiés sur l'autel de la patrie ne pouvait correspondre à notre contemporanéité. Sont venus les gestes d'interruption des flux comme alternative à l'affrontement, une stratégie de biais qui interroge la place que la violence doit et ne doit pas prendre dans cette résistance. La violence sur les flux, n'est justement pas une violence sur les corps, elle espère être délestée de la cruauté.

Pourtant l'interpellation du présent est celle de violences effectives, émeutières, répressives, symboliques, ou très concrètes, quand ce sont des milliers d'emplois qui se perdent par délocalisations et que des vies se fracassent sur les brisants du libéralisme économique contemporain. Il s'agit alors de questionner les mécanismes qui conduisent à l'enchaînement des différentes violences qui ont parfois partie liée avec la résistance à l'oppression et parfois non. Enfin si l'on restreint le champ au seul registre de l'émeute, quelle place y tiennent les provocations des mauvais représentants de l'État, qui tel un Simoneau qui, pour avoir joué avec la loi martiale face à des hommes qui venaient taxer le blé pour simplement pouvoir survivre, en est finalement mort ? Quel rôle jouent dans cette montée des tensions les vrais instigateurs de politiques publiques déstabilisatrices ? Mais aussi : comment les acteurs provoqués parviennent le plus souvent à retenir une violence latente nouée à ce qu'il est convenu d'appeler aujourd'hui « l'insécurité sociale » ? Quels sont les dangers qui rôdent cependant lorsque l'État fait la sourde oreille aux demandes qui s'expriment par une souveraineté en actes, calme et déterminée ? En refusant de protéger par des lois les outils économiques et culturels que sont les entreprises et le système éducatif, il produit une dette incommensurable car, de tout temps, l'État doit produire la sûreté, la sécurité et la paix. Lorsqu'il ne le fait plus, il rompt un pacte fondateur et déclenche un désir intempestif de justice à la hauteur de cet abandon. Enfin, quels sont les effets du pourrissement de mouvements sociaux qui, s'ils dégénèrent, peuvent autoriser une reprise en main autoritaire ?

L'histoire de la patience populaire et de son épuisement mérite toute notre attention, moins pour répondre à François Furet et autres contre- ou anti-révolutionnaires, que pour faire de ces questions présentes la possibilité d'une nouvelle ouverture du dossier historique et politique. « *L'histoire est l'objet d'une construction qui n'est pas le temps homogène et vide mais qui forme celui qui est plein de "temps actuel". Ainsi pour Robespierre, la Rome antique était un passé chargé de temps actuel, surgi du continu de l'histoire*[1]. » Pour nous, l'histoire de la Révolution reste pleine d'un temps actuel ; il n'est ni celui de la Troisième République ni celui de l'inquiétude anti-totalitaire, mais celui d'un savoir nécessaire pour aborder savamment, prévenus et conscients, les luttes démocratiques qui sont devant nous.

Il s'agit de comprendre, à la lumière de la Révolution française, ce que doit être un bon représentant, un bon fonctionnaire, lesquels doivent apaiser les ressentiments, participer de cette retenue de la violence, ne pas attiser la colère, mais l'entendre.

Cependant, si les révolutionnaires les plus radicaux se sont méfiés de la violence comme moment qui peut échapper au politique et ont fabriqué une auto-institution de sa retenue, ils ne l'ont jamais diabolisée. Considérée comme un dernier recours, il s'agit alors de comprendre comment cette violence peut, à un moment stratégique, être libérée par une décision (l'insurrection du 10 août 1792), et peut aussi déborder cette décision (massacres de septembre) ; l'insupportable ne se confond pas alors avec l'intolérable.

Il serait bon que la conscience historique de ce risque habite ceux qui disposent de la violence symbolique et du pouvoir de faire des lois. Car c'est bien un désir de loi qui s'exprime dans la violence même. Un désir de lois protectrices, de lois justes, le renouvellement d'un pacte réconciliant le souverain et ses représentants. Alors oui, le peuple exige d'être entendu et, s'il ne l'est pas, il rompt ce pacte déjà fort mal en point.

---

1. W. Benjamin, « Thèse XIV sur le concept d'histoire », in *Œuvres*, t. III, Paris, Gallimard, 2000.

Disqualifier cette aspiration à la justice politique en la qualifiant d'appel au meurtre n'explique pas quand, pourquoi, comment le peuple se porte à de telles extrémités : Brûler n'est pas répondre.

(*Lignes*, 2009)

Pourquoi voter ?

L'institution du vote est ancienne et participe des pratiques d'assemblée, celle du village, celle de la fabrique, celle du forum. C'est une des manières de procéder à la légitimation d'une décision collective, l'une parmi d'autres, elles aussi anciennes : le consensus, l'expression minoritaire si elle est avouée comme « *voix de la vérité* », l'argument d'autorité à travers des figures déclarées compétentes en la matière, un chaman, un curé, un coq de village, un instituteur…

Le vote comme comptage des voix pour désigner un élu et non pas pour prendre une décision s'oppose depuis longtemps au tirage au sort considéré par les Athéniens du Ve siècle avant Jésus Christ comme une procédure plus démocratique, car ne relevant pas d'un capital social et ne pouvant donner lieu à une consolidation dans le temps. L'élection, et non le vote, est d'abord une pratique aristocratique. On vote d'ailleurs longtemps par acclamation pour désigner le plus valeureux des guerriers, la bataille politique ayant eu lieu en amont sur le terrain de la guerre sans euphémisme.

La période de la Révolution française hérite de pratiques de votes délibératifs dans les assemblées de village et de votes électifs. C'est ainsi que sont désignés les élus aux états généraux, puis les membres des différentes assemblées qui se succèdent. Mais, fondamentalement, le vote, même électif, suppose en amont une délibération, délibération qui conduit d'ailleurs à désigner les candidats possibles, à les évaluer, les qualifier. Plusieurs départements peuvent d'ailleurs choisir les mêmes candidats qui, à leur tour, s'ils sont élus à plusieurs endroits, peuvent choisir le département qu'ils vont représenter. Le jour du vote est alors une fête, les citoyens s'y rendent en compagnie nombreuse, comme on ferait pour un pèlerinage au chef-lieu de canton ; sur place une messe est dite et des rituels civiques sont organisés. Chants, musique, danses ponctuent la journée et la nuit. Ce qui se joue alors, c'est le rituel de l'inclusion sociale et politique nouée non seulement au vote lui-même mais à l'espace délibératif qui l'a précédé en amont et à celui qui va lui succéder en aval. Car si les députés écrivent des lettres à leurs commettants, c'est qu'il est admis que ces derniers non seulement doivent comprendre comment et pourquoi leur représentant agit en leur nom, mais qu'ils ont un droit de surveillance révolutionnaire sur lui. Ce droit n'est pas fictif car il est articulé au droit de résistance à l'oppression. Ainsi s'expliquent les journées des 31 mai et 2 juin 1793 où les Girondins, déclarés traîtres à leurs engagements depuis l'insurrection du 10 août 1792, sont éliminés de la Convention suite aux deux journées révolutionnaires où les canons ont été braqués sur la Convention.

Le vote auquel nous sommes aujourd'hui confrontés avec les institutions de la Ve République est loin, très loin apparemment, de ces pratiques anciennes. En amont, un espace délibératif ténu et faussé par une presse servile. En aval, nul moyen de contrôler les élus. Un vote pour élire qui semble fondamentalement aristocratique, même si cette aristocratie n'a pas grand-chose à voir avec l'idée de valeur des candidats, mais tout avec celle de procédures de confiscation de la désignation par les appareils des partis. Cette désignation âpre est nouée à des rapports de force qui, eux, sont souvent dénoués de convictions différentielles. De ce fait, s'il y a des primaires en ce pays, il s'agit de choisir des équipes plus que des idées ou des projets.

Les élections dans ce contexte jouent-elles encore un rôle d'inclusion sociale et politique, ou sont-elles les outils ritualisés de la légitimation populaire de décisions prises en amont, comme au temps de l'Ancien Régime français par exemple ou du temps de l'empire romain qui, tout en rejetant fondamentalement les institutions républicaines, maintient le rituel du vote ? Seuls ceux qui, historiquement, ont été privés du droit de vote peuvent revendiquer la responsabilité d'avoir à en maintenir la ritualité inclusive. Les autres ne peuvent que douter, ou désacraliser la pratique, tout en maintenant sa fonction pragmatique. La désacraliser en refusant l'idée que voter pour quelqu'un c'est adhérer à ce qui s'appelait, jadis, des convictions, un programme, un projet, et savoir qu'il s'agit juste de choisir parmi des produits celui qui paraît le moins frelaté. La désacraliser et refuser l'idée même d'état de grâce au profit de rapport de forces à maintenir. Alors, malgré tout, demeure une fonction pragmatique du vote : éliminer le pire, refuser la politique du pire. Alors, reconnaître que, dans un contexte institutionnel et politique apparemment dénué de sens, ce sens de la politique à venir nous appartient malgré tout aussi avec le vote, non comme pratique sacrée ou magique mais comme procédure parmi d'autres. Encore faut-il se pencher sur les autres procédures qui nous appartiennent et qui permettraient de renouer avec la tradition du vote délibératif. Ces autres procédures sont celles où il s'agirait, en amont, de construire, à côté des monopoles de la presse et des partis politiques, nos espaces délibératifs, nos journaux, nos sociétés fraternelles et populaires, où les plaintes multiples pourraient se politiser, où l'évaluation des candidats n'attendrait pas les primaires organisées, où le vote ne serait qu'un moment de la construction d'un rapport de force qui serait élaboré en amont, par des institutions de travail, la menace de la grève, la capacité à faire savoir que la démocratie est une prise de pouvoir du peuple et non un simple rituel électif. Il s'agirait de dire auxdites équipes qui se présentent comme candidats qu'ils seront surveillés et vilipendés si leurs actes contreviennent aux volontés exprimées par les sociétés politiques en amont, en un mot si les lois qu'ils fabriquent sont contraires aux intérêts du peuple, des peuples, de l'échelle la plus locale à l'échelle la plus cosmopolitique. Cela s'appelle une utopie ? Elle a existé il n'y a pas si longtemps. Les fronts populaires ont construit ces rapports de force dans des institutions qui, certes, s'appelaient partis ou syndicats, mais qui avaient encore la prétention de former des espaces de résistance, de délibération et d'opinion aptes à programmer une grève avec occupation des locaux. Leur objectif consistait à soutenir par la grève les nouveaux élus face aux puissances de l'argent, de conduire à la possibilité d'un nouvel éventail de lois qui réinventait l'art de vivre : une semaine de 40 heures, des congés payés, des institutions culturelles et sportives pour tous, etc. C'était en Espagne, en France et cela a laissé de belles traces, de beaux points d'appui. Cela a aussi laissé des amertumes, car ces fronts populaires ont été éphémères et n'ont pas réussi à tenir sur leurs objectifs internationaux, ils ont été vaincus dans des heures sombres. Il n'empêche que ce sont avec ces expériences, celles des sans-culottes de mai juin 1793, celles des grévistes de 1936, qu'il s'agit de renouer si l'on veut donner sens au vote et aux lois. Sans illusion et avec la conviction que la souveraineté populaire en acte, celle de la rue, des manifestations, des émeutes, des fêtes, des grèves et des insurrections, fait du vote un moyen de prendre des décisions en assemblée et un rituel qui permet aussi à une communauté politique de se reconnaître comme telle, politique, capable de faire la guerre mais aussi de la ritualiser par amour de la vie.

Tout reste à refaire, c'est-à-dire à réinventer. Dans l'ordre et le désordre.

(*Lignes*, 2012)

« Moi la Révolution », l'intensité offerte[1]
(En collaboration avec Thomas Lacoste)

[*Début 1994, le bicentenaire de la Révolution française n'est pas vraiment terminé. Je prépare une communication sur ses usages politiques. La Sorbonne ferraille encore avec François Furet, elle se cherche une voix pour lui répondre frontalement. Sur les conseils d'un ami étudiant, j'interroge Didier Leschi. Au détour de l'échange, je reconnais que je n'ai pas vraiment lu* Moi, la Révolution *de Daniel Bensaïd. J'accepte le cadeau.*

Février 2010, Thomas Lacoste prépare deux films, le court-métrage Il fut des peuples libres qui tombèrent de plus haut, *et le long-métrage* Ulysse clandestin *sur la nécessaire suppression du ministère de l'Identité nationale et de l'Immigration. Nous faisons connaissance. Nous parlons d'histoire, des manières de la faire, de l'écrire, de la transmettre. Daniel Bensaïd nous surprend. Espiègle à son habitude, il est venu s'installer pour le café, comme la* yiddish mama *des films de Woody Allen qui flotte au-dessus de son fils et l'interpelle, mais ici sans abus, dans la discrétion, le quotidien, en passant ordinaire. Il nous chuchote à l'oreille des questions et des encouragements, puis repart.* (NdÉ)]

L'été 1793, Marat, l'ami du peuple meurt, mais, ses amis le disent haut et fort pour se donner du courage, Marat n'est pas mort. Ici nul besoin de cortège pour le dire, Daniel

1. Écrit en collaboration avec Thomas Lacoste, ce texte commente *Moi la Révolution* de Daniel Bensaïd (Paris Gallimard, 1989), dont les citations sont issues. Les insertions ont pour origine, pour l'essentiel, une conversation à plusieurs voix, dont celle de Daniel Bensaïd et Claude Corman (auteur de *Sur la piste des Marranes, de Sefarad à Seattle*, éd. du Passant, coll. « Poches de résistance », 2000), un entretien « Le Marranisme, un internationalisme réinventé ? » (*Le Passant Ordinaire* n° 38, « Transmettre », janvier 2002) et quelques discussions entre 1997 et 2010…

Bensaïd n'est pas mort, il nous a tissé de ses mille rencontres qui en fondent de nouvelles. Il nous a tissé des rencontres entre fiction et savoir, histoire et politique, philosophie et poésie. Il nous a tissé de cette intense simplicité à être dans la vie et c'est tout.

Moi la Révolution, une autre critique du bicentenaire. Joyeuse, un peu théâtrale avec ce personnage de tréteaux : « la Révolution », qui s'adresse au gros matou « François Mitterrand ». Mais *la commedia dell arte* n'est jamais faite seulement pour rire et amuser le peuple, elle est là pour lui faire savoir ce qui se trame dans son dos.

> De Péguy à Benjamin, la remémoration critique (l'*Eingedenken*) est le contraire du souvenir pieux ou de la commémoration. La commémoration réconcilie, apaise. Elle marche au consensus, ainsi que l'ont montré de façon éclatante les cérémonies du bicentenaire de la Révolution française ou l'auto-célébration de 68. Quand on se réconcilie sur une affaire, disait Péguy à propos de l'affaire Dreyfus, c'est qu'on n'y comprend plus rien. De même pour l'affaire Jésus, pour l'affaire Jeanne d'Arc, pour la Commune, pour Octobre, pour la Résistance, pour la guerre d'Algérie, etc.

Il y a là des saynètes où un chien Balou arbitre une conversation entre Sade et son maître Restif. Balou porte le bonnet rouge par excès de zèle de son maître. D'autres où la Révolution elle-même beurre des mouillettes pour son œuf coque, épluche de l'ail pour la salade et s'ouvre une bouteille de Buzet devant sa télé, pour découvrir que les sept pays les plus riches du monde seront de la partie, elle s'en étoufferait. Elle boude.

> La machine de guerre a pris sur soi le but, l'ordre mondial, et les États ne sont plus que des objets ou des moyens appropriés à cette nouvelle machine. La machine de guerre mondiale s'assigne bel et bien pour but une paix terrifiante. Lorsque l'asymétrie des armes annule la symétrie du risque

encouru, la guerre dite « humanitaire » se transforme en guerre totalitaire.

Il y a quelque chose de rafraîchissant dans cette manière de tisser une véritable érudition sur l'événement et ses enjeux, et ces clins d'œil au cœur du présent, entre commémoration empesée et air du temps étouffant. *Moi la Révolution*, c'est une manière de faire parler l'histoire, comme un fantôme sympathique, une allégorie qui sortirait de son rôle et qui saurait rendre dérisoires des retours de bâtons anti-révolutionnaires aussi vieux que la Révolution elle-même.

La Révolution bataille pour sa mémoire avec mille tours de littérature et d'humour dans un gai savoir. La vieille dame en a déjà vu tant et tant qu'elle ne s'illusionne pas, mais parfois, tout de même, elle s'étonne qu'on puisse retrouver Joseph de Maîstre en ventriloque au cœur du bicentenaire, voir la tradition et la coutume, les oracles même, préférés aux principes posés par la raison. Drôle de fête.

Mais il ne s'agit pas juste de discutailler avec des intellectuels qui commémorent une Révolution pour mieux la dissimuler sous mille écrans scientifiques, de se plaindre ou de s'amuser. Daniel Bensaïd aussi joue au ventriloque, une autre figure de marrane « caché à découvert ».

> Avec le marrane, la transmission de l'héritage devient problématique. Il ne s'agit plus d'une propriété assurée, mais d'un héritage sans mode d'emploi auquel on ne reste fidèle que par l'infidélité. En lui résistant pour mieux l'éprouver.

Il est devenu la Révolution elle-même et l'exercice avive, aiguise les sens et la pensée. Il propose non seulement sa lecture politique du bicentenaire, mais sa lecture politique et philosophique de la Révolution française. Aucune question importante n'est esquivée. Inutile d'en faire ici le répertoire, mais en faire résonner quinze ans plus tard quelques-unes dans une proximité sensible devenue lisible.

Le marrane, jouant sur la durée aura-t-il le dernier mot ? La patience, oui. Et la persévérance, et l'endurance. Car le marrane imaginaire a la militance tenace. Il est résistant. Comme la taupe, il creuse. Comme le roseau, il plie sans rompre. Aura-t-il le dernier mot ? Qui de la vague ou de la falaise aura le dernier mot ? L'avant-dernier suffirait. Et contre qui ? Contre tout ce qui fige et cristallise, tout ce qui pétrifie et fétichise, tout ce qui emmure et immobilise. Contre le marché, contre la marchandise, contre l'argent. Contre l'Histoire majuscule et l'Humanité majuscule. Contre tous ces singuliers fétiches et contre le fétiche des fétiches, le capital lui-même. Après… Après, c'est une autre histoire. Et un autre mot. En attendant, l'époque est aux événements crépusculaires sans lever de soleil.

La Révolution est-elle bourgeoise ? La question ne ferraille plus avec Mitterrand mais avec la vulgate marxiste, avec la vulgate d'une certaine conception du progrès. Il est encore difficile d'affirmer dans certains cercles communistes, communistes de toutes sortes, qu'il est trop simple de qualifier la Révolution française de bourgeoise. Il est parfois difficile de faire entendre à l'extrême gauche comme au centre gauche, qu'il est trop simple de faire de Robespierre, à la manière de Guérin ou de Michelet, une sorte de mauvais objet. En prenant en charge cette question et ces figures, Daniel Bensaïd ne choisit aucun camp politique préconstruit, mais espiègle, il les interroge tous.

« *Benjamin Constant m'accusait d'avoir passé les bornes en m'en prenant à la propriété. Je n'étais plus à ses yeux ce que j'aurais dû être et sagement rester. Pour le* XIX*e siècle, c'était une évidence bien connue. On ne s'aventurait pas alors à me confiner dans ce rôle de bourgeoise popote. On me savait multiple et plurielle, impossible à fixer. On ne songeait pas à me découper en révolutions parallèles : l'une démocratique (démocratique, n'est-ce pas, fait mieux que bourgeoise) autant dire la bonne ; une paysanne, la méconnue ; une sans-culotte et plébéienne, l'inquiétante, la* *terroriste… on me prenait en bloc avec mes mélanges. Je lie en gerbes des forces qui s'opposent.* »

Alors c'est l'écriture vive et l'art de la formule qui permet de mettre en scène le feuilletage social, le feuilletage du temps et les conflits politiques à l'œuvre. « *Dans les coulisses les bourgeois s'affairaient, rachetaient les biens nationaux, prospéraient, profitaient de tout, bâtissaient des fortunes en quelques mois. Parlant de moi, le baron Oberkampf disait que* c'étaient de grandes affaires qui ne rapportaient rien. » Quand l'ouvrier tapissier Musine réclame le maximum, il interpelle les conventionnels : « *Que la majeure partie de vous oublie qu'il est propriétaire.* » Quant à Leclerc, il exhorte les députés à aller « *courir le peuple.* » Le pauvre n'avait-il pas fait la Révolution autant et plus que le riche ? Mais, reprend la Révolution, « *inutile de rentrer dans le détail des chiffres. En renversant les ordres, j'ai libéré des énergies centrifuges et préparé l'implosion du Tiers État. Je suis kaléidoscopique. La bourgeoisie n'est jamais qu'une de mes facettes, une figure provisoire que je n'ai jamais cessé d'effacer, de transgresser, de remanier.* » En quelques phrases affleure un trésor constitué par Balzac et Victor Hugo, l'archive et la littérature, l'imaginaire d'une Mary Poppins un peu magicienne et pourtant si bien campée sur terre. L'exclue s'appelle science historique. Faite de chiffres et de régularités, elle est devenue insensible à l'anecdote, à l'énigme et aux hiéroglyphes.

L'énigme Robespierre, hiéroglyphique entre toutes. Elle n'est jamais lâchée.

> L'histoire est l'objet d'une construction dont le lieu n'est pas le temps homogène et vide, mais qui forme celui qui est plein « d'à-présent ». Ainsi, pour Robespierre, la Rome antique était un passé chargé « d'à-présent » surgi du continu de l'histoire. La nouveauté inaugurale de la Révolution française s'entendait comme une Rome recommencée. Elle citait l'ancienne Rome exactement comme la mode cite un costume d'autrefois. Ainsi, Rome, pour

> Robespierre, s'arrache à la pétrification monumentale, et s'actualise. C'est en parcourant la brousse de l'autrefois que la mode flaire le fumet de l'actuel, elle est le saut du tigre dans le passé. Dans un fondu-enchaîné allégorique, l'autrefois acquiert l'épaisseur mystérieuse et menaçante d'une brousse tandis que la mode se mue en félin chasseur.

Robespierre et Saint-Just « *pensaient d'une pièce. Ce fut leur grandeur et leur misère, leur simplicité et leur complexité* ». Avec ces hommes de 1793 « *plus petits et vulnérables qu'on ne l'a dit, plus grands que vous ne voudriez,* [...] *nous avons partagé ne fût-ce qu'un temps, les mêmes illusions nécessaires à un grand dessein alors que vous n'avez plus sur vous-même, la moindre illusion.* » Les illusions sont perdues, mais est-ce une raison pour haïr ? Daniel Bensaïd préfère toujours se rapprocher de ce qui fait l'humanité de ces héros : leur fragilité. Un peu comme on s'agenouille devant un enfant pour saisir son implacable intensité sur un plan d'égalité. La grandeur des uns et des autres tient alors à cette tendresse du geste, de l'effort à se comprendre et à s'entendre. La compréhension n'est pas alors simple formule d'indulgence car, à Robespierre, Daniel Bensaïd reproche le « *complot de l'étranger* » et des énoncés contradictoires sur l'abolition de l'esclavage. Il reconnaît pourtant sa grandeur. Grandeur d'une quête honnête et difficile : « *Robespierre devinait, par-delà les circonstances exceptionnelles, un problème plus profond, qui tenait à la* contradiction éternelle entre la fragilité des mœurs, la dépravation des esprits, et la pureté des principes. » Et Daniel Bensaïd de reprendre le dossier de l'être suprême, mauvaise réponse sans doute à une vraie question : « *Comment assurer le passage du règne du crime à celui de la justice ?* [...] *En l'absence d'une révolution morale, la voie était ouverte à l'irrésistible ascension des oppresseurs subalternes.* »

> La raison messianique ne fait pas du passé table rase ; indissociablement politique et stratégique, elle est affaire d'agencement des temps et des espaces. Elle commande de ne pas désespérer du possible et d'agir pour le faire advenir. Le présent est sa catégorie temporelle, le carrefour de possibles à partir duquel elle déploie son action, remettant en jeu le passé et choisissant parmi les futurs. Ce présent n'est plus le maillon indifférent d'une chaîne, le simple trait d'union entre un avant et un après, mais un nœud de temporalités désaccordées, une conjoncture ou une situation critique, où se conjuguent le contingent et le nécessaire, l'événement et les conditions par lesquelles il échappe à l'arbitraire et au miraculeux. Ce présent stratégique est le moment *kaïrotique* de la décision et du *clinamen*.

L'être suprême dédramatisé, un soleil noir demeure, « *le secret d'une tristesse* », la Terreur. « *Sans la Terreur, je serai presque présentable dans les manuels scolaires de M. Ferry, et à la télévision de M. Bouygues, ramenée à un divertissant feuilleton de cape et d'épée, une suite heureuse de Scaramouche, où le héros finit toujours par épargner son faux frère de marquis. On pourrait retirer le carré blanc.*

Désolée, ça ne s'est pas passé comme ça. La Terreur, j'en ai ma part. Il y a longtemps qu'elle me fait un gros nœud, impossible à démêler, dans la gorge et sur l'estomac.

Je m'efforce de distinguer un avant et un après. Une Terreur d'en bas qui serait mienne et une terreur d'en haut, qui serait de l'État, une petite et une grande [...] *mais rien à faire au milieu, ça se chevauche,* [...] *je suis déjà victime et encore un peu bourreau.* »

Aucune esquive face à une mauvaise conscience qui pourtant ne conduit pas à renier l'histoire ou à la falsifier, la simplifier. Au contraire il faut la prendre à bras-le-corps pour « *le repos de ma conscience, passée et à venir* ». La Terreur ne peut conduire à renoncer à l'idée de révolution, car, affirme Daniel Bensaïd, elle n'est nullement fatale ni attachée à la pureté révolutionnaire : « *Ne va surtout pas croire que les rondeurs de l'opportunisme à principes soient une garantie contre le terrorisme : les grands terroristes, les Tallien, les Fouché, furent de grands opportunistes. On ne naît jamais terroriste on le devient. Et ça peut arriver à tout le monde. Ne prenez pas des airs de supériorité. Il y a différence d'époque, pas d'humanité. Sinon ce serait simple. Il y aurait des lions et des moutons, des méchants et des bons, des sanguinaires et des doux.* »

> C'est d'ailleurs pourquoi, on ne fera pas table rase d'un mauvais passé. On ne repartira pas de zéro. Le devoir de transmettre demeure. Mais comment transmettre ? Et, avant même de savoir comment, que transmettre au juste ? Les héritiers décident de l'héritage. Ils font le tri, et sont plus fidèles dans l'infidélité que dans la bigoterie mémorielle.

Il faut donc faire avec le fardeau, le porter, l'assaillir de questions, savoir ce qui se glace quand Saint-Just déclare : « *la Révolution est glacée.* » La Terreur devient un point de rencontre historique, « *au point où la défense acharnée d'un peuple pris à la gorge croise une vision du monde et une idée de l'État* ». L'histoire nous mord la nuque, disait Daniel Bensaïd dans les années soixante-dix. *Lui, la Révolution* le savait d'expérience. « *Au point où devient concevable la complète fusion du pouvoir et du droit* [...] *si le peuple est la source du droit, et s'il fait corps avec l'État, il n'y a plus aucune distance, plus de jeu entre le droit et l'État. Sans qu'on l'ait voulu, sans qu'on y ait même pensé, la dissidence devient crime.* »

> Le terrorisme devient le masque de toutes les menaces et de toutes les inquiétudes. Un gros mot, un gros concept, si gros qu'il écrase la politique et l'esprit critique. La terreur ne fait pas bon ménage avec l'exercice de la raison. Le terrorisme a une histoire. Le terme aussi. Dès les années 80, il est devenu un mot fétiche du vocabulaire américain. Il y aurait beaucoup à dire sur la manière dont il a remplacé, dans le partage manichéen du bien et du mal, le communisme. Sa menace imprécise, déterritorialisée, permet de

justifier un exercice « antiterroriste » de la violence d'État où la guerre disparaît pour se muer en simple descente de police internationale, où le droit se dissout dans la morale, où l'humanitaire se confond avec le militaire.

Alors ce ne serait pas le despotisme de la raison, mais celui du droit comme voix du peuple – voix de Dieu. À quand une politique profane ?

Tsevi et son prophète Nathan de Gaza cherchaient à s'éveiller d'un cauchemar – le massacre dont fut victime le judaïsme polonais en 1648. L'explosion messianique fit écho à cette catastrophe qui relance la question lancinante de savoir comment conjurer la répétition des désastres où l'homme est mis à l'épreuve de sa propre liberté. Pour prolonger les traces de Scholem jusqu'à nos interrogations actuelles, le sabbataïsme s'est propagé comme une flamme populaire née du refus de se soumettre au verdict de l'histoire immédiate. Dans le monde juif de Tsevi, de Da Costa, de Spinoza, il y a de la transgression dans l'air. Toute transgression n'est pas subversive. Mais proclamer que, « *quand tout sera saint, il n'y aura plus ni limites ni interdits* » invite à bousculer les normes et à semer le désordre.

Le dossier est inachevé, terreur sublime et farouche de Victor Hugo, elle produit l'effroi sur soi, de la Révolution ventriloque sur elle-même. Elle aurait tant voulu être tendre. Pour le bonheur et pour la liberté, mais la liberté ou la mort. C'est terrible, c'est l'histoire vraie.

Ultime question lancinante : d'où viennent non seulement la Terreur, mais tout simplement la violence et la cruauté des temps de révolution ? Il faut retrouver la chaîne des sentiments, ceux si doux des débuts pour comprendre comment « une violence de guerre civile » fait irruption en 1792.

« *Note bien qu'un commencement de liberté est toujours une joie, un éclat de rire, un départ en vacances bon enfant. Une barricade qui s'élève, c'est comme une table que l'on dresse, dans la bonne humeur, pour partager une veillée. Si quelqu'un a bu un verre de trop, s'il a le vin mauvais, on s'en charge, on le calme, on l'apaise, on finit par s'arranger. J'ai toujours été épatée par cette discipline spontanée des grandes multitudes.*

C'est la peur qui déchaîne le ressentiment et la cruauté. »

« *Les massacres de 92 sont déjà une vengeance de foule blessée, une fin de fête agressée. Je n'en fais pas pour autant une péripétie. Je les assume sans les approuver. Ils posent un grave problème, que je dois résoudre sans souffleur. Car même sur ce point, je vous dénie le droit de me juger.* »

L'alchimie des sentiments, à la manière de Georges Lefebvre, la longue patience des peuples opprimés, Karl Marx et Walter Benjamin sont là dans ce *Moi la Révolution.* »

> Il y aura une actualité de Marx aussi longtemps que le capital travaille et aussi longtemps que durera la crise de la civilisation marchande (Daniel Singer). L'Internationale sans partis, l'Internationale spectrale invoquée par Derrida, s'inscrit dans ce moment fragile de déjà plus et de pas encore : nous ne sommes déjà plus dans la spirale de la destruction et pas encore dans la logique de reconstruction.

Walter Benjamin. Dans ses *Thèses sur le concept d'histoire*, il rappelle que, pour Karl Marx la classe combattante est la classe opprimée. « *Dernière classe asservie, cette classe vengeresse, au nom de générations de vaincus, mène à son terme l'œuvre de libération.* [...] *La haine et l'esprit de sacrifice nécessaire à cette libération se nourrissent de l'image des ancêtres asservis, non de l'idéal d'une descendance affranchie.* »

L'esprit de sacrifice, la discipline de parti ? La dissidence nécessaire est dans les livres et dans la tendresse de la vie. L'intensité offerte.

Livres gigognes qui s'emboîtent, se concentrent, se condensent puis se déploient, comme dans une pulsation, un battement, un contretemps, rythmes forts et contrepoints d'une pensée à l'œuvre. Arythmie à suivre.

Dans ce livre éponyme et inaugural, *Moi la Révolution*, la critique du progrès et du temps homogène et vide circule de page en page. « *Je ne déroule pas uniformément le ruban du temps. Je m'amuse à replier le passé sur le présent, l'avenir sur le passé. Tantôt j'accélère le mouvement. Tantôt je le suspends. Je le noue et le dénoue.* [...] *Le progrès, loi impersonnelle, devenait le fétiche par lequel la bourgeoisie naturalisait son ordre social et prêchait une nouvelle soumission.* » Une véritable ombre portée, une suivante affreuse. « *Ordre et progrès, la devise positiviste* ».

> Les tragédies du XXe siècle exigeaient, dit Benjamin, de « *brosser l'histoire à rebrousse-poil* » et de revoir la dialectique du progrès et de la catastrophe. Comme le dit Heinrich Heine (*De la France*) « *cherchant à expliquer le présent par le passé, on reconnaît en même temps comment le passé est rendu intelligible par le présent et quelle lumière il emprunte à chaque nouvelle journée ; ce dont nos faiseurs de manuels historiques n'ont eu jusqu'ici aucun soupçon. Ils croyaient que les actes de l'histoire de la révolution étaient clos, et déjà ils avaient prononcé leur jugement définitif sur les hommes et sur les choses.* » L'histoire est à penser désormais d'un point de vue stratégique, et non plus comme tribunal du fait accompli qui émettrait son verdict au crépuscule. C'est en quelque sorte l'avenir du passé qui est en question comme le dirait Paul Valéry.

« *On m'escamote et me congédie par l'amputation d'une simple lettre* [...] *nous avons manqué l'évolution naturelle en 89, déclarait Taine. Elle pose des lapins oui !* [...] *Nous ne vivons pas Comte et moi, Furet et moi, le même temps. Vous pensez progresser, faire votre bonhomme de chemin* [...] *sur la ligne chronologique d'un temps homogène et vide.* [...] *Vous vivez le temps des horloges et des machines.* » La théorie du dérapage présuppose le ruban linéaire du temps. « *Alors que je sens vibrer dans mes veines le battement de tambours immémoriaux.* [...] *Pourquoi suis-je événement ? Pourquoi mon entrée solennelle dans la ligne du temps, brise-t-elle son homogénéité ? Pourquoi y inscrit-elle une liberté ?* »

Août 2008, festival d'Uzeste, Daniel présente son dernier livre, *Une Longue impatience*, Thomas son dernier film *Une peine infinie*. Croisement des corps et des regards, infinie disponibilité aux autres, festivaliers et militants déjà présents pour faire le saut vers le NPA. Thomas est avec son fils Peyo qui lit *Zarathoustra* et écoute Daniel. Celui-ci lui conseille les *Mythologies* de Barthes. Discussion pointue sur le droit international avec Monique Chemillier Gendreau. Défaire philosophiquement le nouveau droit d'ingérence. Lubat est sous le pin. Benat Achiary aux petits soins.

> Lorsque le nécessaire et le possible ne jouent plus, le temps vire à l'utopie. Le problème avec la notion d'utopie c'est d'abord que le terme même est chargé de significations multiples difficiles à démêler. Il tend à revêtir une dimension normative, voire autoritaire, et même « doctrinaire » aurait dit Marx. La tradition utopique oscille – son inventaire par Bloch dans *Le Principe Espérance* en témoigne – entre ces deux pôles, un pôle libertaire et un pôle disciplinaire, entre Fourier et Campanella.

Juin 2009, Londres, colloque de *Radical Philosophy*. Un dîner nous réunit chez un ami anglais. Une douce soirée pétillante. Le mouvement universitaire vient d'échouer en France, il est parfois difficile de garder la bonne humeur, les questions sont en suspens.

> L'utopie est aussi le signe d'une conjoncture où domine encore ce qu'Henri Lefebvre appelait « *un sentiment non pratique du possible* ». La soif d'utopie est inversement proportionnelle à la force du projet. Elle exprime la volonté de recommencer. Mais en repartant à ras-du-sol, des misères du présent. Elle traduit donc l'anémie du projet et répond au degré zéro où s'est trouvée rendue la pensée stratégique.

Le lendemain soir on se retrouve par hasard dans un petit resto, pris par la fatigue des colloques, c'est juste drôle et simple, on rigole, on parle de se revoir à Paris.

> Le marrane imaginaire a une double identité sans duplicité. C'est une sorte d'immigré clandestin. Il joue le rôle de passeur aussi, le passage et la « mutance », d'un monde à l'autre, d'une époque à l'autre. Il est pris dans une ambivalence réfractaire aux racines et aux enracinements. Cette fêlure intime et profonde du juif non-juif sur la voie de la raison profane qui constitue une sorte de référence typique d'autres divisions intimes et d'autres consciences déchirées ou partagées. Il y eut sans doute des trotskistes marranes, et des communistes marranes. Le problème, avec le marranisme, c'est d'en sortir sans se renier. C'est de trouver dans le passage une issue qui ne soit ni le retour à soi ni le ralliement aux vainqueurs, mais une évasion, une échappée, une percée vers le tiers exclu. Cette situation en équilibre instable, entre le singulier et l'universel, est propice aux inventions, aux ingénieux stratagèmes. C'est une question de vie et de survie. Une aptitude tenace à faire vivre un texte sous le texte, et un autre encore sous le sous-texte. Un jeu de cache-cache qui se dérobe aux identités tyranniques. Le marrane imaginaire fascine aussi par sa lente impatience qui est une patience pressée. Et encore par cette ligne de contrariété qui le fend en deux et l'oblige à penser contre lui-même. À se désaccorder sans cesse. À en appeler de soi à l'autre soi-même. Indéfiniment. Sans s'arrêter jamais dans le confort de la réconciliation.

Au petit-déjeuner, le lendemain, Daniel admire l'appétit des enfants face à leur breakfast anglais… les mouillettes beurrées de la Révolution ne sont pas loin.

(*Lignes*, 2010)

Table

V. LA FOI EN L'IMPOSSIBLE